ACCOUNTING

회계의 이해 101

반선섭 · 박창래 · 여은정 · 김태완 · 이다솜

신영사

머리말

이 책은 강릉원주대학교 회계학과 교수진이 모두 참여하여 공동으로 저술한 도서로서, 재무회계, 관리회계, 세무회계와 같은 회계학의 주요 분야별 기초 내용을 포함하고 있습니다. 본서는 회계를 처음 접하는 사람들이 회계정보가 무엇인지 그리고 기업과 관련한 이해관계 속에서나 일상생활에서 어떠한 회계정보가 필요하고 이를 활용하여 의사결정하기 위해서 알아야 할 가장 필수적인 회계적 개념들이 무엇인지를 쉽게 이해할 수 있도록 하기 위해 출판되었습니다.

최근 회계환경은 4차 산업혁명과 AI 시대의 도래, 빅데이터에 대한 관심 증대 등 많은 변화를 겪으며 성장하고 있습니다. 그리고 공공부문 회계 및 기업의 사회적 가치 측정 등과 같은 새로운 회계분야에 대한 필요도 생겨나고 있습니다. 이에 따라 앞으로 회계실무와 회계정보이용자들의 행태에 여러 새로운 변화와 혁신이 나타나게 될 것으로 예측되고 있으며, 이에 기업 및 회계정보이용자 모두에게 회계는 그 역할이 더욱 중요해지고 있고 이러한 변화를 선도할 전문회계인력이 요구되고 있습니다.

따라서 이러한 시대적 분위기에 맞게 최근 모든 대학과 기업에서는 회계를 전공한 전공자뿐 아니라 회계 비전공자들에게까지도 회계학에 대한 지식과 기술을 습득하는 게 필요함을 강조하고 있습니다. 실제 대학 강의실에서도 다양한 학과의 학생들이 회계수업에 많은 관심을 갖고 참여하고 있습니다. 이에 본서는 이처럼 회계를 전공하든, 전공하지 않든 회계를 처음 접하는 학습자들이 전반적인 회계분야에 대해 쉽게 접근하여 그 중요 내용을 파악하고 활용할 수 있도록 하는 데 목적이 있습니다.

저자들 중 다수가 참여하여 2015년에 저술했던 『회계원론』이 있으나, 본서는 새로운 저자 구성과 회계정보이용자 관점에서 모든 내용을 새롭게 저술하였으며, 그동안 대학에서 회계학 강의를 하면서 회계학을 처음 공부하는 학습자들이 어렵게 느끼는 부분 중 불필요하다고 생각되는 기술적 내용들을 과감히 제외시키고, 회계학 입문자들이 본서를 학습한 후 회계정보이용자 입장에서 회계정보를 직접 활용할 수 있도록 하는 것에 초점을 두어 재무회계, 관리회계, 세무회계에서 가장 핵심적인 부분과 재무제표를 분석하는 기본적 내용에 관해 기술하였습니다. 또한 최근 개정된 「재무보고를 위한 개념체계」, K-IFRS 제1109호 「금융상품」, 제1115호 「고객과의 계약에서 생기는 수익」, 제1116호 「리스」 등의 내용을 모두 반영하였습니다.

본서는 구체적으로 제 I 부에서는 외부 이용자를 위한 회계로서 회계의 개념과 역할, 재무제표, 자산, 부채, 자본을 다루었고, 제 II 부는 경영자를 위한 회계로 원가개념과 원가의 흐름, 원가, 조업도, 이익 분석, 종합예산과 특수의사결정을, 제 III 부에서는 세무회계의 이해와 재무분석을 위해 세금의 이해와 부가가치세, 생활과 소득세, 재무제표분석의 개념과 틀, 재무비율분석을 포함하였습니다.

마지막으로 본서를 출간하는 데에는 그동안 강릉원주대학교에서 회계원리, 회계의 이해, 회계와 경영 등 회계학의 기초과목을 수강한 학생들의 도움이 컸습니다. 그리고 강릉원주대학교 회계학과 교수진 모두가 참여하여 끊임없이 소통하며 일관성 있는 저술을 할 수 있었다는 데 보람을 느낍니다. 그리고 본서를 출간할 수 있도록 흔쾌히 도움을 주신 신영사 권영섭 사장님과 편집부 박지영 국장님 등 임직원 여러분께 감사의 마음을 전합니다. 아무쪼록 본서가 회계학을 처음 접하는 독자들에게 회계의 필요성과 유익함이 잘 전달되어 앞으로 회계분야에 대한 지적 성장과 발전이 있었으면 하는 바람입니다.

2020년 12월
저자 일동

차 례

제 I 부 외부 이용자를 위한 회계

제 1 장 회계의 개념과 역할

제 2 장 재무제표

제3장 자 산

제4장 부 채

제 5 장 자 본

제 II 부 경영자를 위한 회계

제 6 장 원가의 개념과 흐름

제 Ⅲ 부 세무회계의 이해와 재무분석

제 9 장 세금의 이해와 부가가치세

제10장 생활과 소득세

제12장 재무비율분석

PART

I

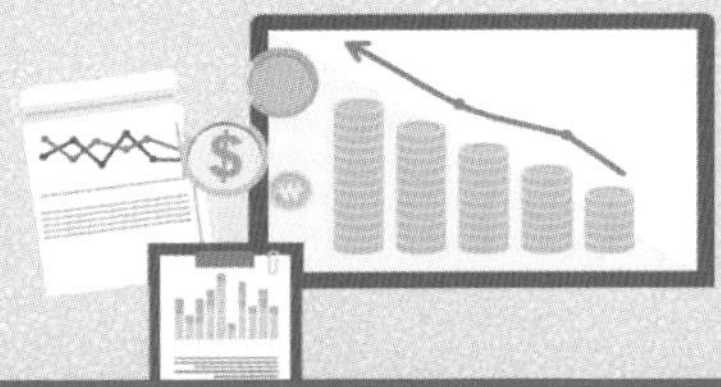

외부 이용자를 위한 회계

제 1 장 회계의 개념과 역할

제 2 장 재무제표

제 3 장 자 산

제 4 장 부 채

제 5 장 자 본

CHAPTER 1

회계의 개념과 역할

회계는 자본주의의 파수꾼이라고 하는 사람들이 있다. 회계를 처음 접하는 사람들은 회계를 전문가의 영역으로 생각하여 회계에 막연한 두려움을 갖는 경우도 있으며 회계를 이해하기 위해서는 어려운 수학적 지식이 필요하다고 생각하는 경우도 있다. 하지만 회계는 우리 일상생활에서 쉽게 활용될 수 있는 것일 뿐만 아니라 자본주의 사회를 지탱하는 근간이 된다.

본장에서는 회계를 처음 대하는 독자들에게 회계가 무엇이고 회계의 역할이 무엇인지를 설명한다. 구체적으로 본장에서는 회계정보의 역할, 회계의 정의, 회계정보의 이용자 및 회계의 분류 등에 대하여 살펴본다.

제 1 절 회계정보의 역할

1.1 의사결정과 정보

우리는 일상생활에서 매일 무엇인가를 결정하며 살아간다. 예를 들어 아침에 출근할 때 어떤 교통수단을 이용할 것인지, 어떤 옷을 입고 갈 것인지를 결정한다. 어떤 교통수단을 이용하여 출근할 것인지를 결정하려면 과거의 경험이나 교통방송 등을 참고하여 출근시간대의 교통상황, 오늘 하루 근무하면서 어떤 일을 할 것이고 회사 외부에서 활동은 어떻게 할 것인지, 퇴근 이후에 어떤 약속이 있는지 등과 같은 여러 요인들을 고려하게 된다. 이처럼 우리는 매일 의식적이건 무의식적이건 의사결정을 하게 되고 의사결정과정에는 여러 요소(정보)를 활용하게 된다.

이러한 의사결정은 개인에게만 필요한 것이 아니다. 기업이나 정부기관, 병원, 학교, 교회 등 모든 조직에서도 조직의 활동을 위해 의사결정이 필요하다. 예컨대, 기업에서는 어떠한 제품을 만들 것인지, 어느 매체(신문이나 방송 등)를 이용해 광고를 할 것인지, 만약 TV광고를 한다면 누구를 모델로 할 것인지 등을 결정해야 한다. 정부기관도 마찬가지이다. 정부의 예산을 어디에 우선 배분할 것인지, 기간산업의 건설이나 국민들의 복지는 어떠한 방법으로 증진시킬 것인지 등을 결정해야 한다.

은행과 같은 금융기관도 마찬가지이다. 은행은 고객들의 예금을 어떻게 활용할 것인지를 결정하게 된다. 은행의 자금을 필요로 하는 기업이나 개인에게 얼마의 돈을 빌려줄 것인지와 돈을 빌려주면 이자는 얼마나 받아야 하는지 그리고 얼마 동안 빌려주는 것이 적절한지를 결정해야 한다. 이러한 결정을 위해서는 돈을 빌려간 고객이 원금과 이자를 갚을 능력은 있는지, 경제상황은 어떻게 될 것인지, 혹시 기업이나 개인에게 돈을 빌려주었는데 빌려준 원금을 받기로 한 기간 이전에 예금주들이 예금을 찾으러 오지는 않을 것인지 등을 고려해야 한다.

고객에게서 자금을 투자받아서 주식에 대신 투자하는 투자신탁회사의 경우도 어느 주식에 얼마나 투자할 것인지 결정해야 한다. 이를 위해 투자신탁회사는 투자 대상이 되는 기업들의 장래 전망과 주식가격의 상승가능성 등을 고려해야 한다. 투자 대상기업이 미래에 얼마의 이익을 낼 것인지, 혹시 자금사정이 나빠져서 부도위험에 처하는 것은 아닌지 등과 같은 수익과 위험요인 등을 고려하여 적절한 투자 대상을 선정해야 할 것이다.

이처럼 개개인이나 조직은 각각의 목적을 달성하기 위해 여러 가능한 선택 대안들을 고려하여 최선의 것을 선택하고 그 선택된 대안을 실행하기 위해 자원을 배분하게 된다. 이처럼 목적을 달성하기 위해 여러 대안을 평가하여 최선의 대안을 선택하는 과정을 의사결정(decision making)이라 한다.[1] 그런데 의사결정을 위해서는 대안을 평가하는 과정이 필요하다. 의사결정은 어떤 대안이 최소의 희생으로 최대의 목적을 달성하게 되는지를 판단하여 가장 유리한 대안을 선택하게 되는데, 대안을 평가하는 과정에 필요한 것이 정보(information)이다. 만약 정보가 없다면 의사결정은 운에 맡길 수밖에

1 사회과학에서 의사결정(decision making)이란 문제를 해결하기 위해 여러 대안을 선정하고, 각 대안 중 최선의 안을 선택하는 일련의 과정을 말한다.

없으며 제한된 자원을 효율적으로 배분하지 못해 후회하는 일이 발생할 것이다.

이처럼 정보는 미래의 불확실성을 감소시켜 줌으로써 의사결정자로 하여금 의사결정을 합리적으로 할 수 있게 하며 그 결과 자원을 효율적으로 배분하는 데 도움을 준다.

1.2 기업에 관한 의사결정과 필요한 정보의 특징

일상생활에서 기업과 관련된 의사결정은 다양하다. 개인 투자자가 주식을 보유할 것인지를 결정하기 위해 기업에 대하여 알고 싶어 할 경우도 있고, 은행이 기업에 어떤 조건(얼마의 자금을 어떤 이자로 언제까지)으로 자금을 빌려줄 것인지를 결정하기 위해 대출을 신청한 기업에 대하여 알고 싶어 할 때도 있을 것이다. 투자신탁회사의 경우 고객이 맡긴 자금을 활용하여 기업에 출자를 하거나 회사채를 구입하려 할 경우 기업에 대하여 알고 싶어 할 것이다.[2] 그뿐만 아니라 기업과 거래관계를 시작하거나 제품을 납품하려는 개인이나 기업은 기업이 상품을 필요한 시점에 적절히 제공해 줄 수 있는지, 혹은 기업이 납품대금을 제때에 잘 지불할 수 있는지에 대한 판단을 한 후 거래를 시작하거나 외상거래와 같은 신용거래를 할 것이다.

2 출자는 기업이나 조합 등에 자금을 제공하여 소유자의 일원이 되는 것을 말한다. 따라서 회사(주식회사를 포함하여 합명회사, 합자회사, 유한회사, 유한책임회사 등)에 투자하여 소유자가 되거나 조합에 자금을 제공하여 조합원이 되는 것도 출자에 포함된다. 한편, 주식회사에 대한 출자는 자금을 제공하고 회사로부터 주식을 교부받아 주주가 되는 것을 말한다. 주식회사에 대한 출자는 회사에 자금을 제공하고 주식을 교부받는 것을 말하는 것으로 이미 발행된 주식을 구입하는 것과는 그 의미가 약간 다르다.

이처럼 개인이나 금융기관 또는 기업은 기업에 자금을 제공하거나 거래관계를 시작하기 위해 기업에 대한 결정을 하게 된다. 이때에는 의사결정의 목적과 의사결정에 필요한 정보라는 두 가지 요소를 생각할 필요가 있다.

의사결정의 목적은 의사결정의 기준이 되는 것으로 기업에 대한 의사결정을 통하여 어떠한 목적을 달성하려 하는가이다. 일반적으로 개인이 기업의 주식을 구입하는 의사결정은 주식을 통하여 자신의 부(경제적 부)를 극대화시키기 위한 것이다.[3] 마찬가지로 은행이나 투자신탁회사도 기업의 주식이나 채권에 투자하여 경제적 부를 극대화시키기를 원할 것이며 거래처도 거래관계를 통하여 자신들의 이익을 극대화하기를 원할 것이다. 이처럼 기업에 관한 의사결정의 목적은 자신들의 경제적 부를 극대화시키기 위한 것이라 할 수 있다. 따라서 기업에 관한 의사결정의 기준은 어떠한 대안이 의사결정자(예를 들어 개인이나 금융기관 혹은 거래처)의 경제적 부를 극대화하는 것인지를 판단하여 선택하는 것이라 할 수 있다.[4]

의사결정 기준은 의사결정과정에서 대안 평가의 기준이 된다. 의사결정과정은 어떠한 대안이 의사결정 목적을 잘 달성하는지를 판단하여 우수한 대안을 선택하는 과정이다. 따라서 의사결정자는 자

3 개인이 기업의 주식을 구입함으로써 얻게 되는 경제적 효익은 배당과 자본이득이 있다. 배당은 기업의 이익을 주주에게 돌려주는 것이며 자본이득은 주식을 구입가격 이상으로 판매하여 발생하는 이익을 말한다. 물론 주식의 구입으로 배당이 없거나 자본이득이 양수가 아닌 음수(투자손실)가 될 수도 있다.

4 경제적 부는 효용의 개념으로 금전적 이익과는 차이가 있다. 따라서 의사결정 기준은 금전의 이익을 극대화하는 것만은 아니다. 예를 들어 주식에 대한 투자의 경우 투자목적에 따라 의사결정 기준이 달라질 것이다. 주식투자의 목적이 기업을 지배(경영참여)하는 데 있다면 주식종목의 선정기준, 즉 대안으로 제시되는 주식의 종목과 의사결정 기준이 달라질 것이다. 이 경우 의사결정의 목적은 금전이 아닌 다른 목적이 있으므로 의사결정 기준도 달라진다.

신의 의사결정 목적 달성을 평가할 수 있는 의사결정 기준을 마련하여 이 기준에 따라 대안을 평가한다.

의사결정 기준에 따라 대안을 평가하기 위해서는 각 대안을 평가하기 위한 정보가 필요하다. 예를 들어 어떤 개인이 주식에 투자하려 한다고 하자. 주식투자를 통하여 자신의 금전적 이익을 극대화한다는 의사결정 목적을 정하고 어느 주식(의사결정의 대안)을 살 것인지를 판단하기 위해 미래에 주식가격도 올라야겠지만 배당을 많이 주는 기업의 주식을 선택하여 투자하기로 정하였다. 이 경우 구입을 고려하는 주식이 의사결정의 대안이 되며 배당을 많이 주는 기업이 의사결정의 기준이 된다. 따라서 이 투자자의 경우 자신이 투자하려고 고려하는 기업 중 미래에 배당을 많이 주는 기업이 어느 기업일까를 판단하기 위한 정보를 요구한다.

그러면 기업에 대한 의사결정에서 의사결정자들이 필요로 하는 정보는 어떠한 특성이 있을까? 기업에 대한 의사결정에 필요한 정보는 기업에 관련된 정보이고 그 정보는 주로 기업에서 제공한다. 기업은 기업의 목적(주로 이윤추구)을 달성하기 위해 활발히 활동하여 이를 위해 다양한 정보를 제공한다. 예를 들어 필요한 자금을 효율적으로 조달하기 위해 다양한 정보를 제공한다. 기업들은 자신들이 소유하고 있는 자원, 기업이 상환해야 하는 채무, 당해 연도 기업의 매출액과 순이익, 기업이 생산하는 제품의 종류와 성능 등 다양한 정보를 제공한다. 기업들은 미래의 상황이나 미래의 성장 및 다음 연도의 매출액 등과 같이 미래와 관련된 정보를 제공하기도 하지만 주로 과거와 관련된 정보를 제공한다. 또한, 장래의 경영계획 등 서술 형태의 정보를 제공하기도 하지만, 매출액 등 주로 화폐금액으로 측정되는 정보를 제공한다. 이처럼 기업이 제공하는 정보로 외부에서 기업에 대한 의사결정자들이 활용할 수 있는 정보는 시점과 정보의 성격에 따라 〈표 1-1〉과 같이 구분될 수 있다.

〈표 1-1〉 기업에 관한 정보의 구분

성격 \ 시점	미 래	과 거
비화폐적 정보	• 차기 연도의 신입사원 채용 인원 • 차기 연도에 개발할 제품 종류 등	• 지난 연도의 파업일수 • 지난 연도의 특허권 등록 수 등
화폐적 정보	• 차기 연도의 매출액 • 차기 연도의 영업이익 등	• 지난 연도 말의 부채총액 • 지난 연도의 당기순이익 등

* 외부에 제공되는 회계정보는 주로 음영으로 표시한 영역이며, 기업의 경영자는 회계정보뿐만 아니라 과거와 미래의 비화폐적 정보와 미래의 화폐적 정보를 이용하여 경영의사결정을 수행한다.

기업에 관한 의사결정을 하는 의사결정의 주체는 위의 네 가지 영역으로 구분된 정보를 모두 고려하여 대안을 평가하게 된다. 따라서 의사결정자는 위의 네 가지 영역의 정보를 모두 필요로 한다. 예를 들어 첨단산업의 주식에 투자하려는 투자자의 경우에는 지난 연도의 당기순이익(과거의 화폐적 정보)보다는 미래의 성장가능성과 산업의 동향(미래의 화폐 · 비화폐적 정보)에 더 많은 관심을 가질 수 있다. 따라서 의사결정자는 시점과 성격을 모두 고려한 정보를 수집하여 의사결정을 하게 된다. 위의 4개 영역 중 과거에 관한 정보이며, 주로 화폐금액으로 측정가능한 정보(위의 〈표 1-1〉에서 음영으로 표시한 부분)는 회계에 의해 제공되며, 이를 **회계정보**(accounting information)라 한다.

1.3 자본시장과 회계정보

기업에 관한 의사결정을 하는 개인이나 집단(기관)은 기업과 이해관계를 갖고 있다. 이러한 개인이나 집단을 이해관계자들이라 한다. 기업의 이해관계자들은 자신들의 의사결정을 위해 기업에 대한 정보를 필요로 한다. 기업은 이러한 이해관계자들에게 정보를 제공하여 기업의 이익을 추구한다. 즉, 기업은 자신에 대한 정보를 제공하는 정보제공자이고, 기업 이해관계자들은 기업이 제공한 정보를 자신들의 의사결정에 활용하는 정보이용자이다.

정보제공자로서의 기업이 정보(특히, 회계정보)를 제공하는 이유와 정보이용자로서의 이해관계자들이 회계정보를 필요로 하는 이유에 대하여 살펴보자. 즉, 자본시장에서 회계정보가 어떠한 역할을 하는지 살펴보자.

자본시장에는 자금을 필요로 하는 기업(경영자)과 여유자금을 가지고 투자할 곳을 찾고 있는 투자자(또는 채권자)가 있다. 기업의 경영자는 사업모델(business model)을 시장에 실현시켜 수익을 얻기를 원하지만 이를 실현시키기 위한 자금이 부족한 상태이다. 반면 자금을 보유한 투자자(채권자 포함)는 가지고 있는 자금을 더 증식시키기를 원하지만 적절한 사업모델을 가지고 있지는 않다. 만일 이 두 집단 사이에 자금의 흐름이 발생한다면 투자자의 여유자금이 기업으로 유입되어 경제 전체에 도움이 되는 사업모델이 실행될 수 있을 것이고 이로 인하여 경영자와 투자자가 혜택을 누릴 뿐만 아니라 더 나아가 사회 전체가 누리게 된다. 이러한 과정이 원활하게 이루어지도록 자본이 중개되어 거래되는 시장을 **자본시장**(capital market)이라고 한다.[5]

자본시장은 다양한 참여자들로 구성되어 있다. 자본시장에 참여하는 중요한 참여자의 자본시장 내의 위치와 역할을 간략히 소개하면 [그림 1-1]과 같다.

[그림 1-1] 자본시장의 참여자와 회계정보의 역할

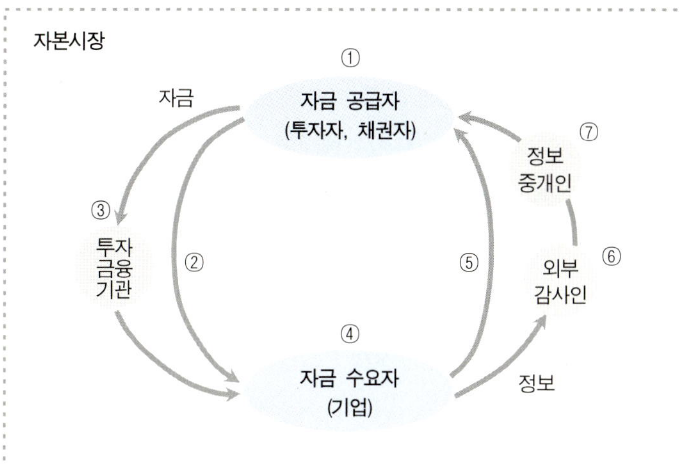

① 자금 공급자－투자자, 채권자　② 직접금융(주식발행)
③ 간접금융(차입)　④ 자금 수요자－기업(경영자)
⑤ 투자성과－배당과 이자　⑥ 외부감사인－공인회계사
⑦ 정보중개인－애널리스트, 신용평가기관

사용할 수 있는 자금은 한정되어 있으므로 가능한 한 한정된 자금이 더 좋은 아이디어를 가진 곳에 투자되는 것이 전체 사회의 효율적인 자원배분을 달성하게 할 것이다. 자금의 공급자인 투자자들은 ([그림 1-1]에서 ①) 기업의 사업모델을 직접 평가하여 투자하거나(②),

5 시장에는 실제 상품이 거래되는 실물시장, 노동력이 거래되는 노동시장, 그리고 자본이 거래되는 자본시장이 있다.

투자를 대신하는 금융기관에 자금을 맡겨 투자한다(③). 기업은 사업모델을 실현하기 자금을 필요로 하며(④), 투자된 자금을 활용한 결과를 바탕으로 자금 투자에 대한 대가(예를 들어 배당이나 이자)를 지급한다(⑤). 그런데 투자자(채권자)는 자금을 필요로 하는 기업 중 어떤 기업에 투자하는 것이 좋을지를 판단하여 의사결정을 해야 한다. 이러한 의사결정을 위해서 정보가 필요한데, 이 중에서 가장 중요한 정보가 바로 회계정보이다. 즉, 투자자들은 자신의 효율적인 자원의 투자(사회 전체적으로 자원의 배분)를 위하여 회계정보를 필요로 한다. 기업은 자신들의 사업모델 및 그 성과를 판단할 수 있는 정보를 만들어 자본시장에 제공하여 투자자들이 자신들에게 투자하도록 유도할 것이다. 이를 통하여 기업은 자금을 조달하게 된다.

그런데 기업은 자금을 저렴하고 쉽게 조달하기 위해 자신의 성과를 과대포장하려는 동기를 가지게 마련이다. 이는 기업의 올바른 성과를 반영하지 못한 거짓된 정보가 제공될 수 있음을 의미한다. 자본시장에 이처럼 거짓된 정보가 흘러 다닌다면 자본시장 내의 여유자금을 가진 투자자(채권자)들은 자신의 자금을 비효율적으로 투자하는 결과를 가져오게 되고 더 나아가 기업의 정보를 믿지 못하게 되어 자본시장에서 더 이상 투자도 하지 않을 것이다. 이러한 결과는 자금의 비효율적인 배분이나 자본시장이 제 기능을 발휘하지 못하는 결과를 초래한다.[6]

이러한 시장의 실패를 방지하기 위해 외부감사제도가 도입되었다(⑥). 외부감사제도는 투자자와 기업(경영자)과 독립된 제3자가 기업이 제공하는 정보(회계정보)가 믿을 만한 것인지를 검증해 주는 장치

6 이러한 상태를 시장실패라 한다. 시장실패는 시장이 기능을 제대로 발휘하지 못하여 자원이 효율적으로 배분되지 않는 상황을 말한다.

이다. 외부감사제도란 결국 기업이 만든 정보에 신뢰성을 부여해 주기 위한 제도이다. 외부감사를 하는 사람은 기업과 아무런 이해관계가 없어야 하며 회계에 대한 전문지식을 갖고 있어야 한다. 자본시장 참여자 중에는 정보중개인(애널리스트, 신용평가기관)도 있다(⑦). 애널리스트는 기업이 공시한 정보들을 분석하는 전문적인 지식을 갖추고 있는 사람들로 기업이 제공한 정보를 분석하여 투자자들이 기업의 정보(회계정보)를 좀 더 쉽고 효율적으로 활용할 수 있도록 하는 사람들이다. 신용평가기관은 회계정보 등을 분석하여 기업의 신용도(예를 들어 부채를 갚을 수 있는 능력 등)를 평가하여 일반 투자자나 채권자에게 제공한다. 이처럼 정보중개인은 어려운 정보들을 투자자들이 이해하기 쉽게 해석해 주는 역할을 담당하고 있다.

자본시장 내의 정보와 자금의 흐름이 잘 이루어진다면 좋은 사업모델을 가진 기업에 더 많은 자금이 저렴한 비용으로 유입될 것이다. 기업은 저렴하고 풍부한 자금을 활용하여 좋은 사업모델을 상품화하여 고객에게 제공하게 된다. 이렇게 되면 사회 전체의 한정된 자원이 효율적으로 배분되며 사회 전체의 후생이 극대화될 것이다. 반대로 자본시장에 거짓정보가 난무하여 투자자들의 의사결정을 어렵게 한다면 투자자들이 투자하지 않거나 투자한 자금마저 회수할 것이므로 자본시장이 실패하게 되고 자원의 효율적 배분에도 실패하게 될 것이다. 이처럼 자본시장에서의 정보, 특히 신뢰할 수 있는 회계정보의 제공은 투자자(채권자 포함)와 기업, 그리고 더 나아가 사회 전체의 효율적인 자원 배분에 공헌하게 된다. 즉, 회계정보는 자원의 효율적인 배분에 공헌하며 자본시장의 발달에 공헌하게 된다. 이러한 이유로 회계가 자본주의의 파수꾼 역할을 한다고 할 수 있다.

제 2 절 회계의 정의와 회계정보

2.1 회계의 정의

회계를 처음 대하거나 막연하게 알고 있는 사람들은 회계는 장부에 기록하고 계산하는 것이라고 생각한다. 회계는 오랜 기간 동안 기업활동을 기록하여 보고하는 역할을 해 왔다. 따라서 회계는 경영 실무와 관련하여 발전되어 왔으므로 기업활동을 파악하여 장부를 기록하고 계산하는 것으로 정의되었다. 즉, 회계를 기업활동을 기록하는 하나의 기법(art)로 정의하기도 하였다.[7] 이는 회계가 생산한 정보의 이용보다는 정보의 창출을 더 강조하는 것이다.[8]

그러나 오늘날에는 회계를 기업의 의사결정과 관련된 정보를 창출하는 정보시스템으로 정의하는 것이 일반적이다. 즉, 회계를 정보를 창출하는 과정으로 정의하고 있다. 이러한 관점에서 현대적 의미에서의 회계는 다음과 같이 정의할 수 있다.[9]

---

7 미국 공인회계사회(AICPA)는 1953년에 발간된 「회계용어공보 제1호(Accounting Terminology Bulletin No. 1)」에서 "회계는 최소한 부분적으로는 재무적 특성을 가진 거래나 사건을 의미 있는 방법으로 화폐적 단위에 의해 기록, 분류, 요약하고 그 결과를 해석하는 기술(art)이다"라고 회계를 정의하고 있다.

8 이런 점에서 일부 사람들은 부기와 회계를 같은 것으로 오해하고 있다. 이러한 오해는 회계가 부기기능을 포함하고 있기 때문인 것으로 풀이된다. 그러나 회계는 부기 이상을 내포하고 있다. **부기**(bookkeeping)는 통상 경제적 사건을 장부에 기록하는 데 한정된다. 그러므로 부기는 회계의 일부분이다. 회계는 경제적 사건을 식별하고 기록하여 이를 전달하는 모든 과정이 포함된다. 뿐만 아니라 회계는 의사결정과 관련된 제반 문제를 연구영역에 포함시킴으로써 서비스를 제공하는 사회과학의 한 학문으로 자리 잡고 있다.

9 American Accounting Association, 1966, *A Statement of Basic Accounting*

회계(會計, accounting)란 회계실체가 정보이용자들이 그들의 의사결정을 합리적으로 할 수 있도록 회계실체에 관한 재무적 정보를 식별·측정·전달하는 과정이다.

이러한 회계의 정의는 다음과 같은 몇 가지 특성을 가지고 있다. 첫째, 회계가 제공하는 정보는 회계실체에 관한 것이다. 회계실체(accounting entity)란 회계가 이루어지는 범위(조직이나 단위)를 한정하는 것으로 소유주나 경영자와는 별도로 존재하는 독립된 단위이다. 즉, 회계는 특정한 단위를 한정하여 해당 단위(이는 특정한 기업일 수도 있고 특정 기업들을 포함하는 기업집단일 수도 있음)에 관한 정보를 제공한다.[10] 회계실체에는 영리를 추구하는 영리조직과 영리를 추구하지 않고 다른 목적의 달성을 목적으로 하는 비영리조직이 모두 포함된다. 영리조직인 기업에서 행하는 회계를 영리회계 또는 기업회계라 하며, 비영리조직에서 행하는 회계를 비영리회계라 한다.

둘째, 회계는 정보이용자(information users)의 의사결정을 돕는 역할을 하고 있다. 회계정보이용자는 기업에 관한 의사결정을 하는 집단으로 기업 내부에 있는 내부 정보이용자와 기업 외부에 있는 외부 정보이용자로 분류할 수 있다. 내부 정보이용자로는 경영자가 있으며, 외부 정보이용자로는 투자자와 채권자, 공급자, 정부당국, 정보중개인 등이 있다. 회계는 정보이용자에 따라 크게 재무회계와 관리회계로 분류된다.[11]

Theory, Evanston, IL. p.1

10 예를 들어, 삼성전자(주)는 삼성전자(주) 전체기업을 하나의 회계실체로 하여 정보를 제공할 수도 있으며, 삼성전자(주)의 여러 사업부나 세계 각 지역에 있는 삼성전자(주)에 속하는 법인들 각각을 회계실체로 하여 회계정보를 제공할 수도 있다. 일반적으로 외부에 공시되는 회계정보는 기업 전체를 회계실체로 하여 정보를 제공한다.

셋째, 회계는 정보이용자들이 합리적으로 의사결정을 할 것이라고 가정한다. 여기에서 **합리적 의사결정**이란 여러 대안 중 동일한 원가(cost)가 소요되는 경우 효익(benefit)이 가장 큰 대안을 선택한다는 의미이다. 회계는 정보이용자들이 회계정보를 이용하여 합리적 의사결정을 하는 것을 전제로 회계정보를 창출하는 활동을 한다. 따라서 회계정보이용자들은 회계정보를 이용하여 한정된 자원을 효율적으로 배분하는 데 활용한다고 가정한다.

넷째, 회계는 주로 회계실체(기업)에 관한 재무적 정보를 제공한다. 여기서 **재무적 정보**(financial information)란 화폐금액으로 측정가능한 정보를 의미한다. 따라서 회계는 앞에서 살펴본 정보의 특성 중 과거의 화폐적 정보에 초점을 둔다. 회계가 주로 제공하는 재무적 정보에는 기업의 재무상태와 경영성과, 현금흐름 및 자본변동에 관한 내용이 포함된다.

다섯째, 회계는 기업활동 중 회계의 대상이 되는 활동(이를 회계상의 거래라 함)을 확인하여 이를 재무적 금액(화폐금액)으로 측정한 후 회계정보(재무제표)로 만들어 전달하는 과정(process)으로서, **용역제공활동**(service activity)에 해당한다. 회계를 기업의 언어(language of business)라고 부르기도 하는데, 이는 회계정보가 적정히 작성되어 이해관계자들의 의사결정에 유용하게 활용될 수 있도록 **전달**(communication)함으로써 이들간의 의사소통수단이 될 수 있기 때문이다.

이러한 회계의 정의를 살펴보면 회계는 용역(service)을 창출하는 과정으로 주로 기업에 관한 재무적 정보를 제공한다. 따라서 회계는

11 정보이용자에 따른 회계의 분류에 대해서는 본장의 뒷부분에서 설명한다.

기업과 관련된 의사결정에 필요한 모든 정보를 제공하는 것이 아니라 기업에 관련된 의사결정에 필요한 정보의 속성 중 재무적 정보(화폐적 정보)를 주로 제공하게 된다.

2.2 기업활동과 회계정보

영리회계(기업회계)는 이윤을 추구하는 기업을 대상으로 하는 회계이다. 기업의 이윤을 추구하기 위해 자금을 조달하여 공장이나 설비를 갖춘 다음 원재료를 구입하고 노동력을 투입하여 산출물(제품이나 용역)을 생산하여 판매하는 과정에서 여러 활동을 수행한다. 이러한 기업의 활동은 크게 재무활동, 투자활동, 영업활동으로 분류할 수 있다. 이를 그림으로 표시하면 [그림 1-2]와 같다.

[그림 1-2] 기업활동의 분류

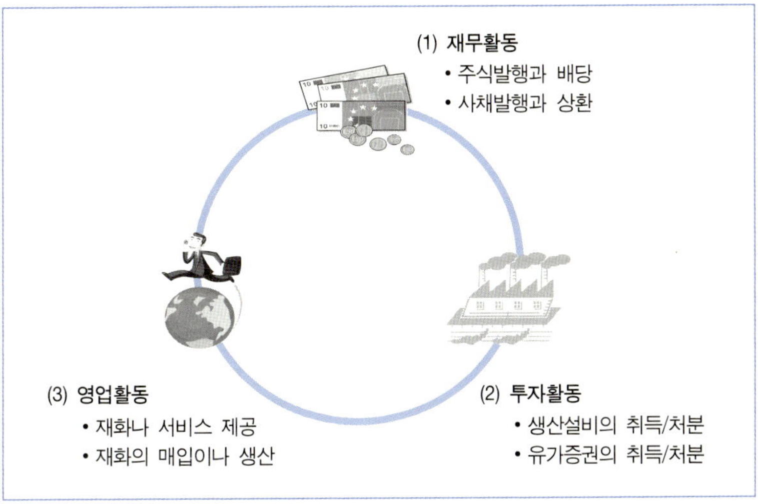

재무활동(financing activities)은 자금을 조달하거나 상환하는 활동이다. 기업을 처음 시작하거나 기업이 성장하는 경우 자금이 필요한데, 필요한 자금은 소유주(주주)가 출자하거나 은행 등 외부로부터 조달해야 한다. 이때 기업이 필요한 자금의 조달방법과 규모를 결정하여 실제로 자금을 조달하거나 이를 상환하는 기업의 활동을 재무활동이라 한다. 소유주가 출자하여 기업이 보유하고 있는 자본을 자기자본이라 하며, 사채를 발행하거나 은행으로부터 차입하여 기업이 보유하고 있는 자본을 타인자본이라 한다.

재무활동의 예

예를 들어 ₩1,000,000의 자금을 조달하는 방법은 다음과 같다.

1) 1주당 ₩10,000씩 100주의 주식을 발행하면 ₩1,000,000의 자금을 조달할 수 있다. (주식발행)
2) 액면 ₩10,000인 회사채를 100장 발행하면 ₩1,000,000의 자금을 조달할 수 있다. (사채발행)
3) 은행으로부터 ₩1,000,000을 차입한다. (금융기관을 통한 차입)

투자활동(investing activities)은 영업활동에 사용할 목적 또는 투자목적으로 경제적 자원을 취득하거나 처분하는 활동을 말한다. 투자활동 중 하나인 영업활동에 사용할 목적으로 취득하거나 처분하는 경제적 자원으로는 사옥이나 창고 등에 활용하기 위한 토지와 건물, 생산이나 물류 활동을 위한 기계장치나 차량운반구 등이 포함된다. 투자활동의 또 다른 하나인 투자목적으로 구입하거나 처분하는 경제적 자원은 배당이나 시세차익을 얻기 위한 유가증권, 여유자금으로 이자소득을 얻기 위해 취득한 다른 회사가 발행한 사채나 타회사에 대여한 자금, 임대소득 목적으로 구입한 부동산 등이 있다.

투자활동의 예

1) 본사 건물의 건설을 위해 ₩1,000,000을 주고 토지를 취득하다.
2) 상품의 운송을 위해 ₩1,000,000을 주고 트럭을 구입하다.
3) 코스닥시장에서 타 기업인 A기업이 발행한 주식 100주(1주당 ₩10,000)를 ₩1,000,000에 취득하다.
4) 1주당 ₩10,000에 취득했던 A기업의 주식가격이 상승하여 1주당 ₩15,000에 10주를 처분하다.

영업활동(operating activities)은 기업이 사업모델에 따라 산출물을 소비자에게 제공하여 수익을 창출하는 활동이다. 영업활동에는 재화를 생산하거나 상품을 매입하여 고객에게 판매하거나 용역 등을 제공하는 활동이 포함된다. 기업은 영업활동을 통해 수익을 창출하고 이를 바탕으로 생산원가(원재료)와 근로자 또는 사원의 노동에 대한 대가(노무비 또는 급여 등) 및 사용한 자금에 대한 대가(이자비용)를 지불하며, 나머지는 기업의 이익으로 소유주의 투자에 대한 대가로 지불(배당 등)하거나 내부에 유보하여 미래의 성장을 위해 재투자한다. 그러므로 영업활동의 결과는 바로 기업의 경영성과와 연계되어 기업이 성장하거나 쇠퇴하는 원인이 되기 때문에 영업활동이 기업활동의 주된 핵심이라 할 수 있다.

영업활동의 예

1) 거래처로부터 상품 ₩1,000,000을 현금으로 매입하다.
2) 원가 ₩500,000인 상품을 ₩600,000에 외상으로 판매하다.
3) 종업원에 대한 급여 ₩300,000을 현금으로 지급하다.
4) 외상판매대금 ₩600,000을 현금으로 회수하다.

위에서 설명한 세 가지 활동은 독립적으로 이루어지는 것이 아니라 상호 연관되어 수행된다. 기업의 주요 활동은 경영자의 의사결정을 통해 이루어지는데, 경영자는 장기계획을 수립하여 투자의사결정을 하고 투자에 소요되는 자금을 조달하기 위해 재무활동을 한다. 그리고 이러한 투자 및 재무 활동을 바탕으로 기업고유의 영업활동에 대한 의사결정, 즉 상품이나 원재료의 구입량과 구입시기, 제품의 생산량과 생산시기 및 판매량과 판매시기 등에 대한 의사결정을 수행한다. 이러한 세 가지 활동을 통합적으로 수행하는 경영자의 활동을 **경영**(management) 또는 **경영관리**(business administration)라고 한다.

제 3 절 회계정보의 이용자와 회계의 분야

3.1 회계정보의 이용자

회계정보의 이용자는 자신들의 의사결정에 회계정보를 이용하는 모든 주체가 된다. 특히, 기업에 대한 의사결정을 하는 모든 대상자들은 기업과 이해관계를 맺고 있는데, 이러한 이해관계자들은 각각 자신들의 의사결정을 위해 회계정보를 활용하는 회계정보의 이용자가 된다. 기업 이해관계자의 이해관계는 모두 동일하지 않다. 이해관계자들 각각은 의사결정 내용이 서로 다르다. 기업에 자금을 제공하는 소유주(주주)와 채권자, 기업에 노동력을 제공하는 종업원, 기업에 원재료나 상품 혹은 설비 등을 제공하는 공급자, 기업의 산출물을 이용하는 소비자, 경제정책을 결정하는 정부기관이나 세무당국, 그리고 기업을 경영하는 경영자 등은 각각 서로 다른 의사결정 내용을 가지고 있으며 자신들의 의사결정을 위해 회계정보를 이용한다. 그런데 이해관계자 집단들이 서로 다른 의사결정 목적을 가지고 있으므로 의사결정을 위해 필요로 하는 회계정보의 내용도 서로 다르다.

의사결정 집단 중 경영자는 기업에 대한 의사결정을 하는 주체로서 기업 내부에서 기업경영활동의 내용(정보)을 근거로 기업경영과 관련된 의사결정을 하는 주체가 된다. 따라서 경영자는 기업 내부의 경영활동 정보를 수집하여 활용하는 내부 정보이용자가 된다. 반면, 투자자나 채권자, 공급자나 소비자 등은 기업의 내부정보를 활용하지 못하고 기업이 제공하는 정보를 활용하여 의사결정을 하는 주체로 외부 정보이용자가 된다.[12] 이해관계자 집단별로 회계정보의 이용자를 좀 더 살펴보자.

투자자(investors)는 기업이 발행한 지분증권(주식)에 투자한 자로서 소유주 또는 주주 등을 말한다.[13] 투자자는 경영성과에 따라 배당을 받거나, 주가가 상승할 경우 이를 매각하여 시세차익을 얻을 목적으로 주식에 투자한다. 투자자는 제한된 투자 자원을 어떻게 효율적으로 배분할 것인지를 결정하기 위하여 회계정보를 필요로 한다. **채권자**(creditors)는 기업에 대해 자금을 상환받을 권리가 있는 **자금대여자**(lenders)를 말한다. 채권자는 기업에 자금을 대여하고 그 대가로 기업의 경영성과에 관계없이 안정적으로 매년 일정한 이자를 수취하며, 약속된 기일에 원금을 회수하려고 한다. 이와 같이 안정적인 이자수취와 원금회수가 목적인 채권자 역시 자신들이 소유하고 있는 한정된 자금을 여러 기업들에 어떻게 효율적으로 배분할 것인가에 관한 의사결정을 위해 기업과 관련된 회계정보를 필요로 한다.

투자자와 채권자 이외에 대표적인 회계정보이용자는 **경영자**(manager)이다. 경영자는 내부 회계정보이용자로 회계정보를 생산하

12 종업원은 기업 내부에서 활동을 하는 주체임과 동시에 기업과 노동력 공급의 계약을 하고 있는 주체이다. 종업원이 기업 내부에서 기업활동과 관련된 의사결정을 하는 것은 경영자의 지위(최고경영자뿐만 아니라 중간관리자 혹은 현장관리자의 역할)에서 활동하는 것으로 이해관계자 집단의 분류에서는 경영자의 영역에 해당하는 것으로 본다. 따라서 종업원은 기업 내부에서 활동하는 경영자라는 측면에서는 내부 정보이용자에 포함된다. 반면, 종업원은 기업과 노동력 공급의 계약을 하는 주체라는 측면에서는 기업과 분리된 외부 이해관계자이다. 따라서 종업원은 외부 정보이용자로 분류한다.

13 광의의 투자자에는 채권자를 포함시키기도 하지만 본서에서는 분리하여 설명하기로 한다. 그리고 일반적으로 투자자는 현재 및 잠재적 투자자로 구분되기도 하는데, 현재 투자자는 주식을 보유하고 있는 자이고 잠재적 투자자는 아직 주식을 취득하지는 않았지만 미래에 주식을 취득할 가능성이 있는 자를 의미한다.

는 생산자이기도 하다. 물론 회계정보의 공급자는 회계실체이다. 그러나 회계실체는 추상적인 개념으로 회계실체를 대신하여 회계정보를 생산하고 제공하는 역할을 하는 것은 경영자이다. 즉, 경영자는 회계정보의 생산자이면서 수요자이다. 경영자는 기업의 전반적인 경영활동과 관련한 다양한 의사결정들을 하게 된다. 기업은 미래에 대한 목표를 설정하고 그 목표를 달성하기 위해 노력한다. 그리고 기간이 종료되면 실적을 측정하고 이를 목표치와 비교한다. 실적이 목표치보다 낮다면 목표를 달성하지 못한 원인이 무엇인지를 분석하고 그 원인을 해소하기 위해 노력해야 한다. 이러한 일련의 경영 의사결정을 위해 경영자도 회계정보를 필요로 한다.

회계정보의 대표적 외부 정보이용자로 투자자와 채권자를 들 수 있다. 투자자와 채권자 이외의 외부 정보이용자로는 공급자, 정부기관, 세무당국, 정보중개인, 종업원, 소비자, 시민단체, 일반대중 등이 있다.

상품이나 원재료 등을 공급하는 **공급자**는 거래하고 있는 기업이 충분한 지불능력을 갖추고 있는지를 판단하기 위해 회계정보를 필요로 한다. 그리고 이를 바탕으로 장기적으로 거래를 지속할 것인가에 대해 판단하기도 한다.

정부기관은 경제정책을 수립하거나 기업을 규제하는 정책을 결정하기 위해 기업들이 제공한 회계정보를 이용한다. 정부기관은 또한 물가정책이나 기업경쟁력 제고를 위한 정책을 수립할 때에도 기업이 작성한 회계정보를 활용하며, 독과점 규제나 정부의 조달가격을 결정하기 위해서 회계정보를 활용하기도 한다.

세무당국은 기업이 적절한 법인세를 납부하였는지를 판단하기 위해 회계정보를 필요로 한다. 기업은 기업이 벌어들인 만큼 세법에 따라 법인세를 납부해야 한다. 따라서 세금을 적게 납부하거나 세금 탈루의 의혹이 있는 기업에 대해서는 그 기업의 회계정보를 자세히 분석하여 세법 규정의 위반 여부를 판단하게 된다.

정보중개인(information intermediaries)은 회계정보의 분석과 활용에 많은 시간과 노력을 투자할 수 없는 정보이용자들을 돕는 역할을 한다. 대표적 정보중개인으로 재무분석가와 신용평가기관 등을 들 수 있다. 재무분석가는 주로 기업의 주식가치평가에 관한 정보를 투자자에게 제공하며, 신용평가기관은 회사가 발행하는 회사채의 신용등급에 관한 정보를 채권자에게 제공한다. 정보중개인은 이러한 정보를 제공하기 위해 기업의 회계정보를 필요로 한다.

기업에 노동력을 제공하는 종업원들은 회계정보를 통해 직업의 안정성이나 승진가능성 및 자기계발 가능성을 알아볼 수 있다. 그리고 노동조합에서는 임금의 인상폭을 결정하는 협상에 회계정보를 활용할 수 있다. 또한 잠재적 근로자, 즉 미래에 취업할 기업을 정하는 사람들도 어떤 기업에 취업할 것인지를 결정할 때 해당 기업의 회계정보 등을 이용하여 기업의 장기전망에 대해 평가하게 된다.

기업의 제품을 구매하는 소비자는 구입할 제품을 사용하는 동안 충분한 사후서비스를 받을 수 있을 정도로 제품판매 회사가 안정적인지에 대해 관심을 가질 것이며 이를 위해 기업에 대한 정보를 필요로 할 것이다.

이 외에도 일반대중, 시민단체도 기업에 대해 관심을 갖고 있으며 현재 이해관계를 갖고 있지 않더라도 미래에 이해관계를 가질 가능성이 있다. 따라서 회계정보이용자는 사회 전체라고 해도 과언이 아니다.

3.2 회계의 분야

회계는 정보이용자에 따라 그 분야를 나눈다. 회계는 외부 혹은 내부 이해관계자 중 누구를 대상으로 정보를 제공하는지에 따라 재무무회계와 관리회계로 크게 구분되고, 기타 특정한 목적을 위해 실행되는 회계활동에 따라 세무회계와 회계감사 분야로 회계가 구분된다.

재무회계(financial accounting)는 기업 외부의 정보이용자를 대상으로 외부 정보이용자가 의사결정을 하는 데 유용한 정보를 제공하는 것을 목적으로 한다. 기업 외부의 정보이용자들은 투자자, 채권자, 공급자 등 매우 다양한 이해관계자 집단이 포함된다.

그런데 기업 외부의 정보이용자들이 필요로 하는 정보는 각기 다르다. 투자자는 주로 배당금을 얼마나 받을 수 있을지, 그리고 앞으로의 주가는 얼마나 될지 등을 예측하는 데 유용한 정보를 필요로 한다. 또한 채권자는 대출시 이자율을 어느 정도로 결정해야 할지와 대출금을 안정적으로 회수할 수 있을지를 평가하는 데 유용한 정보를 요구한다.

이렇듯 외부의 정보이용자들은 서로 다른 이해관계를 갖고 있으므로 모든 외부 정보이용자들의 욕구를 100% 충족시킬 수는 없다. 이에 대한 해결책으로 재무회계는 이들 정보이용자들의 공통된 정보요구를 충족시킬 수 있는 정보를 제공하도록 노력한다. 기업의 내부 상황을 모르는 외부 이용자들의 공통된 정보요구를 충족시키기 위해서는 기업의 활동을 회계정보로 만들어 제공하는 과정에서 모든 기업이 따라야 할 일정한 기준이나 원칙이 필요하다. 이것을 회계에서는 "일반적으로 인정된 회계원칙(generally accepted accounting principles : GAAP)"이라 부른다.

재무회계는 GAAP를 적용하여 외부의 다양한 정보이용자들이 공통적으로 이해할 수 있도록 일정한 형식에 따라 재무보고서를 작성하는데, 이를 일반목적(general purpose) 재무보고서라고 한다. 그러므로 재무회계는 재무보고서(일명 재무제표)의 작성근거가 되는 GAAP에 대한 이해를 중심으로 구성되어 있다. 재무회계는 또한 기업의 과거활동에 대해 재무보고서의 형태로 정보를 제공하므로 재무회계가 다루는 정보는 과거와 관련되어 있다.

관리회계(managerial accounting)는 기업 내부의 경영자의 의사결정에 유용한 정보를 제공하는 회계분야이다. 즉, 관리회계는 경영자들이 영업과 투자 및 재무 활동과 관련된 의사결정을 하는 데 유용한 정보를 제공하는 것을 목적으로 한다. 관리회계가 가지는 일반적인 특성은 다음과 같다.

첫째, 관리회계는 주로 기업 내부의 이해관계자인 경영자의 의사결정에 필요한 정보를 제공하는 것을 목적으로 하므로 재무회계와 달리 일반적으로 인정된 회계원칙에 관계없이 다양한 형태의 회계정보를 제공한다.

둘째, 관리회계는 재무제표와 같은 일정한 형식이 없이 기업의 효율적 관리를 위하여 수시로 다양한 회계정보의 제공이 이루어진다. 기업 내부의 의사결정은 예산편성, 생산라인의 증설이나 폐쇄, 종업원의 업적평가 등과 같이 다양하므로 의사결정의 특성에 따라 한 가지 방법이 아닌 다양한 방법으로 정보를 제공할 수 있다.

셋째, 기업의 의사결정은 대부분 미래지향적이므로 관리회계에서 다루는 정보는 과거뿐만 아니라 미래와 관련되는 경우가 많다.

이처럼 재무회계와 관리회계는 정보이용자와 작성기준 등에서 많

은 차이가 존재한다. 재무회계와 관리회계의 차이점을 요약하여 나타내면 〈표 1-2〉와 같다.[14]

〈표 1-2〉 재무회계와 관리회계의 비교

	재무회계	관리회계
주요 이용자	투자자 및 채권자 등 외부 이용자	경영자(내부 이용자)
작성기준	일반적으로 인정된 회계원칙(GAAP)	특정한 기준이 없음
보고서의 성질	일반목적용 재무제표	주로 특수목적용 보고서
정보의 특성	주로 과거의 재무적 정보	재무적 · 비재무적 정보
정보주기	보통 1년, 6개월(반기), 3개월(분기)	필요할 때마다 수시로 제공

재무회계와 관리회계 분야 이외에 기타의 회계분야로는 대표적으로 세무회계와 회계감사 분야가 있다.

세무회계(tax accounting)는 기업이 창출한 이익을 바탕으로 세무당국에 납부해야 하는 법인세 계산을 목적으로 하는 회계분야이다. 세무당국이 기업에 적절한 세금을 부과하기 위해서는 일정한 기준이나 규정이 필요한데, 이를 세법이라 한다. 기업에서는 재무회계와 세무회계를 별도로 운영하지 않고 재무회계에 의해 거래나 사건을 처리하다가 법인세 산출시 필요한 조정을 행한다. 즉, 법인세를 산

14 재무회계 및 관리회계의 구분 이외에 제품의 생산원가를 결정하는 원가회계가 있다. 원가회계(cost accounting)는 기업이 생산 · 판매하는 제품의 원가를 파악하여 순이익을 계산하는 데 기여한다는 측면에서는 외부 이용자를 위한 재무회계의 분야에 속한다고 할 수 있다. 그러나 경영자가 경영의사결정에 제품의 다양한 원가정보를 이용한다는 측면에서는 관리회계의 영역으로 볼 수도 있다. 일반적으로 회계학에서는 원가회계를 관리회계의 영역에 포함시켜 교육하고 있다.

출하기 위한 이익(과세소득)은 재무회계에서 계산한 순이익으로부터 출발하여 재무회계와 세무회계의 차이를 조정하기 위한 세무조정과정을 거쳐서 계산된다. 세무회계는 주로 이러한 과정을 다룬다.

회계감사(auditing)는 기업이 외부 이용자에게 제공한 재무보고서의 신뢰성 제고를 목적으로 한다. 즉, 회계감사는 기업 외부의 회계와 감사에 대한 전문적인 지식을 갖춘 독립적인 감사인이 기업이 작성한 재무보고서가 재무회계보고서 작성의 근거가 되는 일반적으로 인정된 회계원칙(GAAP)에 맞게 작성되었는지를 검토하여 감사의견을 표명하게 된다. 이런 과정과 관련된 원칙과 문제 등을 다루는 분야가 회계감사이다.

이 외에도 회계정보시스템(AIS), 정부회계 등의 공공부문회계, 부동산회계 등 다양한 회계분야들이 존재하며 관심의 대상이 되고 있다.

생각해 볼 문제

(1) 의사결정에서 대안의 평가와 의사결정 목적의 관계를 설명하시오.

(2) 의사결정 대안의 평가에서 정보의 역할과 의사결정 목적에 따라 필요한 정보가 어떻게 달라지는지 논의해 보시오.

(3) 회계를 기법이라고 정의하는 경우와 정보창출과정으로 정의하는 두 가지의 견해가 있다. 각각의 관점에 어떠한 차이가 있는지 설명하시오.

(4) 회계정보이용자는 내부 이용자 집단과 외부 이용자 집단으로 나눌 수 있는데 각각의 집단이 요구하는 정보는 어떠한 차이가 있는지 설명하시오.

(5) 정보이용자의 의사결정과 회계의 분류의 관계를 논해 보시오.

CHAPTER 2

재무제표

회계를 처음 배울 때 가장 많은 시간과 노력을 할애하는 부분이 재무제표에 대한 학습일 것이다. 그리고 시중에 발간된 회계 관련 각종 교양서적들도 이와 같은 재무제표에 대한 내용들이 대부분이다. 이처럼 재무제표는 기업의 재무상태와 경영성과를 보여주는 대표적인 회계정보이다. 따라서 여기에서는 기업에 관한 중요 회계정보인 재무제표에 대해 살펴본다. 구체적으로 본장에서는 재무제표의 의의와 특성, 재무상태표, 포괄손익계산서, 현금흐름표, 자본변동표, 그리고 이러한 표들의 연계성에 대해 살펴본다.

제 1 절 재무제표 개관

1.1 재무제표의 의의와 특성

재무제표(financial statements : F/S)란 기업과 이해관계를 갖고 있는 정보이용자들의 의사결정을 합리적으로 하기 위해 기업에 관한 정보[1]를 제공해 주는 표이며, 재무상태표, 포괄손익계산서, 현금흐름표, 자본변동표 및 주석의 다섯 가지로 구성된다. 이러한 재무제표는 기업의 현재 및 잠재적 투자자, 대여자와 그 밖의 채권자 중 특정 집단의 관점이 아닌 보고기업 전체의 관점에서 거래 및 그 밖의 사건에 대한 정보를 제공한다. 따라서 재무제표의 목적은 보고기업에 유입될 미래순현금흐름에 대한 전망과 보고기업의 경제적 자원에 대한 경영진의 수탁책임을 평가하는 데 유용한 보고기업의 자산, 부채, 자본, 수익 및 비용에 대한 재무정보를 재무제표이용자들에게 제공하는 것이다. 재무제표는 일반적으로 보고기업이 계속기업이며 예측가능한 미래에 영업을 계속할 것이라는 가정하에 작성된다.

이때 단일의 보고기업을 대상으로 하면 개별재무제표(individual F/S)[2]라 하고, 단일의 보고기업으로서의 지배기업과 종속기업의 자

1 기업에 관한 정보에는 상호, 설립연도, 종업원 수, 기업의 대고객 이미지, 사장의 경영스타일, 당해 연도의 매출액 등 많은 것이 있지만 이 가운데 화폐적 금액으로 측정할 수 있는 것을 재무적 정보, 경영스타일처럼 화폐금액으로 표시할 수 없는 것을 비재무적 정보라고 한다.

2 개별재무제표는 연결 대상 종속기업이 없는 단일의 보고기업을 대상으로 하는 재무제표이고, 이와 구분하여 연결재무제표 작성기업이 작성하는 자신만의 단일 기업 재무제표를 일컬어 별도재무제표(separate F/S)라고 한다.

산, 부채, 자본, 수익 및 비용에 대한 통합된 정보를 제공하는 것을 연결재무제표(consolidated F/S)라 한다. 이 정보는 지배기업의 현재 및 잠재적 투자자, 대여자와 그 밖의 채권자가 지배기업에 유입될 미래현금흐름에 대한 전망을 평가하는 데 유용하다. 그 이유는 지배기업에 유입되는 순현금흐름에 지배기업이 종속기업으로부터 받는 분배가 포함되고, 그러한 분배는 종속기업에 유입되는 순현금흐름에 달려 있기 때문이다.

기업이 작성하여 제공하는 재무제표는 다음과 같은 특성을 갖고 있다. 첫째, 재무제표는 기업에 관한 내용 중 화폐금액으로 표시할 수 있는 항목만을 나타낸다. 둘째, 재무제표는 객관적으로 측정할 수 있는 항목만을 나타낸다. 셋째, 재무제표는 일정한 원칙(GAAP)[3]에 의해 유사한 항목만을 하나의 표에 나타낸다. 넷째, 재무제표는 미래의 예측자료를 지양하고 주로 과거의 자료를 나타낸다.[4] 다섯째, 재무제표는 독립된 감사인의 감사를 받는다.

하지만 이러한 재무제표에도 한계점은 있다. 과거에 발생한 회계거래만을 나타내다 보니 기업가치에 영향을 미치는 미래 기대를 반영할 수 없고, 경영자의 리더십처럼 기업에 가장 중대한 영향을 미치는 요인임에도 측정 문제로 재무제표에는 기록하지 못하는 요소들이 존재한다는 등의 문제이다. 이와 같은 한계점이 있지만 재무제표는 기업의 가치를 설명해 줄 수 있는 가장 대표적인 회계정보라고 볼 수 있다.

3 GAAP(Generally Accepted Accounting Principles)는 일반적으로 인정된 회계원칙으로서 우리나라에는 국제회계기준, 일반기업회계기준, 특수분야회계기준, 중소기업회계기준 등 다양한 기준들이 존재한다.

4 따라서 현재 숫자 그 자체보다는 추세를 파악하는 자료로 할 때 미래 숫자를 예상할 수 있게 해준다.

1.2 재무제표의 종류

재무제표의 제(諸)는 여러 개를 뜻하는 한자로, 한국채택국제회계기준(K-IFRS)에서는 5개의 필수 재무제표를 정하고 있다. 필수 재무제표는 특정한 시점의 기업의 재무상태를 나타내는 **재무상태표**, 일정한 기간 동안 경영성과를 나타내는 **포괄손익계산서**, 일정한 기간 동안 기업의 현금흐름을 나타내는 **현금흐름표** 및 일정한 기간 동안 자본의 변동을 나타내는 **자본변동표**, 그리고 재무항목에 추가적이고 상세한 정보를 제공하는 주석이 있다. 재무제표 중에 특정한 시점에서 나타내는 재무제표는 재무상태표뿐이고 나머지는 모두 일정한 기간 동안의 활동에 관한 것이다. 이러한 재무제표에 대해서는 이후 각각의 절로써 그 내용을 설명하기로 한다.

한편, 재무제표와 관련 있는 것으로 주석, 주기, 부속명세서 등이 있다. **주석**(foot-notes)은 재무제표 본문의 정보에 추가하여 재무제표 항목에 일련번호를 부여한 다음 이에 관한 사항을 본문 아래 또는 별지에 기재하는 형식으로 작성한다. 주석은 재무제표 본문의 내용을 이해하는 데 필수적인 것이므로 주석이 제외된 재무제표는 완전한 재무제표라 할 수 없다. 즉, 주석은 재무제표의 본문과 더불어 재무제표를 구성하는 요소로서 재무제표의 일부이다.

주기(parenthetical disclosure)는 재무제표상의 해당 과목 다음에 그 회계사실의 내용을 간단한 자구 또는 숫자로 괄호 안에 표시하는 방법이다. 요즘은 재무제표를 명료하게 하기 위하여 주기로 제공하는 정보는 점차 감소하는 추세에 있고, 주석으로 대체되는 경향이 있다.[5]

---

5 이 외에도 재무제표에 포함되지는 않지만 정보이용자를 위해 자세한 자료를 제공하

1.3 재무제표의 작성과정

회계는 기업의 재무적 정보를 1년 등과 같은 회계기간으로 인위적으로 구분한 후, 각 회계기간마다 회계정보를 산출하여 보고하고 있다. 이를 위하여 회계에서는 매 회계기간마다 발생하는 수많은 거래들을 장부에 일일이 기록한 후 기말에 이를 요약하여 재무제표를 작성하는 과정을 반복적으로 수행한다. 이와 같이 매 회계기간마다 거래를 식별, 기록, 요약하여 재무제표를 작성하는 순환적 과정을 **회계순환과정**(accounting cycle)이라 한다. 이는 매 회계기간마다 순환적으로 반복된다는 뜻에서 붙여진 용어인데, 이를 나타내면 [그림 2-1]과 같다.

그림에 나타난 대로 회계순환과정은 크게 두 부분으로 구분된다. 하나는 회계기간중에 이루어지는 것으로서 회계기간 동안 발생하는 거래들을 식별하고, 분개장에 분개하며, 총계정원장의 해당 계정에 전기하는 일이다. 이는 회계기간중에 거래가 발생되는 한 계속적으로 수행하는 작업이다.[6] 다른 하나는 경영성과가 얼마만큼이고 재무상태가 어떻게 변동되었는가를 파악하는 결산과정이다. 이는 시산표의 작성부터 시작하여 결산조정분개, 재무제표의 작성 및 마감분개를 통해 이루어진다.[7]

이러한 회계순환과정의 절차에 대해 좀 더 살펴보면, 먼저 회계

거나 추가적인 정보를 제공하는 **부속명세서**(supplementary schedules), 예를 들어 재고자산명세서나 유가증권명세서 등이 있다. 부속명세서는 주로 주석에 의해 공시되기도 한다.

6 분개장은 분개를 행하는 장부이며, 총계정원장은 모든 계정을 모아 놓은 장부이다.

7 이때 시산표 작성부터 재무제표의 작성까지 결산조정분개되는 내용을 자세히 정리하는 정산표를 이용할 수도 있다.

[그림 2-1] 회계순환과정

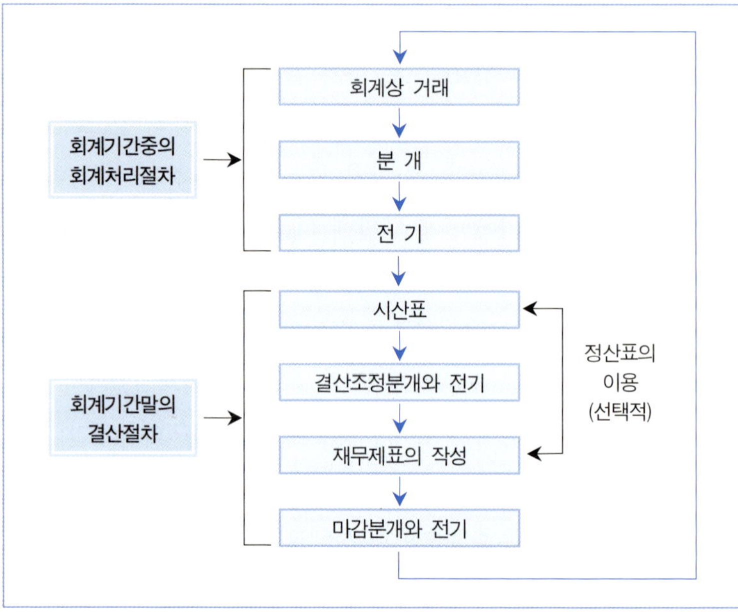

상 거래를 파악하는 것에서부터 시작된다. 회계상 거래(transaction)란 기업의 경영활동 중 재무상태, 즉 자산이나 부채 또는 자본의 변동을 초래하면서, 그 변동 금액을 화폐단위로 신뢰성 있게 측정할 수 있는 사건을 말한다. 이러한 회계상 거래만을 장부에 기록하는 대상으로 한다. 회계상 거래를 파악할 때 주의할 점은 일상생활에서는 거래라 하지만 회계에서는 거래가 아닌 경우, 그리고 일상생활에서는 거래가 아니지만 회계에서는 거래로 보는 경우가 있다는 점이다. 즉, 일상생활에서는 상품의 매매계약이나 건물의 임대차계약 등을 거래라 하지만 회계에서는 거래에 포함시키지 않는다. 왜냐하면 위와 같은 계약 자체만으로 재무상태, 즉 자산이나 부채 또는 자본의 변동을 초래하지 않기 때문이다. 그러나 상품의 도난이나 파손, 화재로 건물이 소실되는 경우, 시간의 경과로 차입금에 이자가 발생하는 사건은 일상생활에서 거래라 하지 않지만 회계상 거래로 간주된다.

회계상 거래가 발생되면 먼저 어느 계정[8]에 얼마만큼의 금액이 증가 또는 감소되었는가를 판단해야 한다. 그리고 계정의 종류에 따라 증가 또는 감소를 차변(왼쪽) 또는 대변(오른쪽)에 기록할 것인가를 결정해야 한다. 즉, 거래가 발생되면 최소한 ① 어느 계정에 기록할 것인가, ② 어느 쪽(차변 또는 대변)에 기록할 것인가, ③ 얼마의 금액으로 기록할 것인가를 결정해야 한다.

회계상 거래가 위와 같이 분석되면 곧바로 계정에 기입할 수도 있지만 발생될 수 있는 오류를 방지하기 위해 분개라는 절차를 거친다. 즉, 분개(journalizing or journal entry)[9]란 차변에 기록할 계정과목과 금액 및 대변에 기록할 계정과목과 금액을 파악하여 분개장(journal)에 기록하는 절차를 의미한다.

회계상 거래는 계정에 옮겨 적기 전에 분개장에 가장 먼저 날짜순으로 기록한다. 즉, 분개장은 거래를 처음으로 기록하는 원시장부인 셈이다. 분개장은 모든 거래에 대해 어느 계정의 차변 또는 대변에 영향을 미쳤는가를 나타내 준다.

분개가 완료되면 이제는 해당 계정에 옮겨 적는 과정을 밟아야 하는데, 이를 전기(posting)라 한다. 즉, 전기란 분개장의 거래기록을

8 계정(account)이란 재무제표에 표시되는 최소 단위를 의미하며, 회계상 거래는 해당 명칭(계정과목)을 갖고 표기된다.

9 회계를 배우기 시작할 때 처음 부딪치는 난관이 이 분개(分介)의 과정을 이해하는 것이다. 계정과목, 약속된 복식부기의 원리(왼쪽, 오른쪽 기입) 등을 학습하다가 기분이 분개(憤慨)하여 좌절되는 경우도 있다. 그러나 현재와 같은 AI 시대에 이러한 기술적 내용들은 회계담당자가 일일이 처리할 필요가 없는 부분이므로, 여기에서는 그냥 분개가 무엇인지만을 서술하는 것으로 한다.

원장에 있는 해당 계정에 옮겨 적는 과정을 말한다. 그러므로 원장은 기업이 사용하고 있는 계정이 있는 장부라는 것을 알 수 있다. 즉, **원장**(ledger)은 기업이 사용하고 있는 자산과 부채, 자본, 수익 및 비용을 나타내는 모든 계정을 모아 놓은 장부를 뜻한다. 이런 의미에서 원장을 **총계정원장**(general ledger)이라 부르기도 한다. 경영자들은 원장에 전기된 내용을 살펴보면 특정 시점의 현금이나 매출채권 또는 차입금의 잔액이 얼마인지, 또한 기초부터 그 시점까지의 광고선전비나 이자수익이 얼마인지를 쉽게 파악할 수 있다.

모든 거래를 바르게 분개하고 전기했다면 각 계정들의 차변을 합계한 금액과 대변을 합계한 금액은 완전히 일치하게 된다. 이를 대차평형의 원리라고 한다. 이와 같이 각 계정의 잔액을 산출하고, 분개 및 전기의 정확성을 검증하기 위해 원장에 있는 모든 계정들과 각 계정의 잔액을 집계하여 작성하는 일람표를 **시산표**(trial balance : T/B)라 한다.

시산표를 작성한 결과 만일 차변합계액과 대변합계액이 일치하지 않는다면, 이는 분개와 전기 중 적어도 하나 이상이 잘못 이루어졌음을 의미한다. 다시 말해 회계기간중 회계기록의 어딘가에 잘못이 있음을 뜻한다. 그러므로 모든 계정과목의 차변합계액과 대변합계액을 구하여 일치 여부를 점검해 보면 회계기록상에 오류가 있었는지 여부를 알 수 있다.

한편, 총계정원장의 계정잔액들은 기업의 재무상태나 경영성과를 나타내는 데 적절하지 않을 수 있다. 이런 경우에는 총계정원장의 일부 계정에 대하여 기말잔액을 수정해야 한다. 이런 수정사항을 결산조정사항이라 한다. 따라서 **결산조정분개**(year-end adjusting entry)란 기업의 재무상태나 경영성과 등을 적정히 나타내기 위해 계정의 기말잔액을 결산시점에서 수정하는 분개를 말하며, **기말정리분개**나 **결산정리분개**, **결산수정분개** 또는 **기말수정분개**라고도 한다. 즉, 결산조정분개는 결산조정사항을 올바르게 반영하기 위해 계정잔액을 수정하는 분개라 할 수 있다. 기업은 재무상태와 경영성과를 적정히 보고하기 위하여 기말에 결산조정분개를 하게 된다. 결산조정분개를 행한 후 이를 각 계정에 전기하여 각 계정의 잔액이 정확하게 되면 정확한 계정잔액을 근거로 재무제표를 작성하게 된다.

마지막으로 임시계정[10]들은 일단 재무제표가 완성되면 그 역할이 종료되므로 다음 회계연도에는 각 계정별로 다시 새로운 거래를 처음부터 기록해 나가기 위해 장부상의 계정잔액을 정리하는 절차가 필요하다. 즉, 다음 회계연도를 위하여 임시계정의 잔액을 0(zero)으로 만들어야 하는데, 이와 같이 임시계정의 잔액을 0으로 만드는 절차를 **마감절차**(closing procedures)라 하고, 이를 위한 분개를 **마감분개**(closing entry) 또는 **결산분개**라 한다. 마감절차가 필요한 이유는 당기의 수익과 비용이 다음 회계연도의 수익과 비용으로 보고되는 것을 방지하기 위한 것이다.

10 계정 중 모든 수익과 비용 및 배당금 계정을 **임시계정**(temporary accounts) 또는 **명목계정**(nominal accounts)이라 한다. 반면에 자산과 부채 및 자본 계정은 특정 회계기간이 지나도 계정잔액들이 소멸하지 않고 다음 회계기간에 이월되기 때문에 **영구계정**(permanent accounts) 또는 **실질계정**(real accounts)이라 한다.

제 2 절 재무상태표

2.1 재무상태표의 의의와 회계등식

재무상태표(statement of financial position : SFP)는 특정한 시점에서의 기업 재무상태를 살펴보는 재무제표로 표의 왼쪽에는 자산을, 오른쪽에는 부채와 자본을 구분하여 나타낸다. 자산은 기업이 보유하고 있는 경제적 자원을 의미하고 부채는 경제적 의무를 나타낸다. 그러므로 재무상태표는 필요한 자금을 어떻게 조달하여 어떤 자산으로 운용하고 있는가를 보여준다.

따라서 재무상태표를 보면 자산규모를 통해서 이 회사가 얼마나 큰 회사인지, 부채와 자본의 금액 비율을 봄으로써 그 구성이 적절한지, 즉 돈을 너무 많이 빌려 쓰고 있는 회사는 아닌지 등을 파악할 수 있다.

이때 자산과 부채 및 자본 간에는 일정한 관계를 항상 유지하고 있다. 이들 관계를 나타내는 등식을 **재무상태표 등식** 또는 **회계등식**(accounting equation)이라 한다. 이를 나타내면 [그림 2-2]와 같다.

[그림 2-2] 재무상태표 등식(회계등식)

자 산 = 부 채 + 자 본

위의 재무상태표 등식은 항등식이며 회계장부에 기록하는 원리이기도 하다. 재무제표의 구성요소는 모두 화폐금액으로 표시하므로 자산총액은 부채총액 및 자본총액의 합과 항상 같아야 한다. 만약 일치하지 않는다면 어디엔가 오류가 있는 것이다.

2.2 재무상태표의 구성요소

재무상태표의 가장 중요한 구성요소는 자산과 부채 및 자본이다. 자산과 부채 및 자본의 세부적인 내용에 대해서는 제3장과 제4장, 그리고 제5장에서 자세히 설명하기로 한다.

그리고 재무상태표 상단에는 ① 재무상태표라는 보고서의 명칭, ② 어느 시점의 재무상태를 나타내는지를 알려주는 특정한 날짜, ③ 어느 기업의 재무상태를 나타내는지를 알려주는 기업의 명칭을 반드시 기재해야 한다. 또한 재무상태표 우측 상단에는 통화 및 금액단위를 표시하는 것이 일반적이다. 즉, (단위 : 백만원)이라면 통화는 우리나라 원화이며, 금액단위는 백만원으로 백만원 이하는 표시하지 않았다는 뜻이다.

어느 기업의 재무상태표를 작성하기 위해서는 일정 시점에서 그 기업이 보유하고 있는 자산과 부채 및 자본을 파악할 수 있어야 하며, 그중에서 화폐단위로 측정가능한 항목만이 재무상태표에 보고된다. 즉, 특정한 시점에서 기업이 보유하고 있는 경제적 자원(자산)과 경제적 희생을 요하는 기업의 채무(부채)가 무엇인지를 알아야 하고, 각각 그 금액이 얼마인지를 알아야만 재무상태표를 작성할 수 있다.

한편, 재무상태표는 **보고식**(reporting form) 또는 **계정식**(accounts

form)으로 작성된다. 보고식은 위에서부터 아래로 자산, 부채, 자본의 순서로 작성하는 것이며, 계정식은 재무상태표의 본문을 왼쪽과 오른쪽으로 구분하여 왼쪽에는 자산, 오른쪽에는 부채와 자본을 표시하여 작성한다.

2.3 재무상태표의 예시

재무상태표는 특정한 시점의 재무상태를 나타내는 재무제표로서 자산과 부채 및 자본으로 구분되고, 자산과 부채는 모두 유동성[11]을 기준으로 유동, 비유동으로 구분하여 보고하며, 자산은 부채 및 자본의 합계와 일치되어야 한다는 점을 예를 통해 살펴보자.

다음은 (주)강릉의 계정식 재무상태표를 예시한 것이며, 올바른 재무상태표에서는 자산 총계와 부채 및 자본 총계는 항상 일치한다. 재무상태표의 윗부분에는 재무상태표라는 명칭과 회사명, 특정한 시점(날짜) 및 화폐단위가 기재되어 있다. 그리고 자산과 부채는 계정과목별로 집계되어 기록되며 유동/비유동 항목을 구분하고 있고, 모든 항목은 전기와 당기를 비교하는 형식으로 보여주고 있다.

11 유동성이란 현금화하기까지의 기대시간을 의미하며 짧을수록 유동성이 높다. 즉, 회계에서 유동/비유동의 구분은 자산의 경우 1년 이내 현금화가 되는지, 그렇지 않은지, 부채는 1년 이내 상환의무가 있는지 없는지를 기준으로 한다.

재무상태표

제8(당)기 20×1년 12월 31일 현재

(주)강릉 제7(전)기 20×0년 12월 31일 현재 (단위 : 백만원)

과 목	금 액		과 목	금 액	
	제8(당)기	제7(전)기		제8(당)기	제7(전)기
자 산			부 채		
유동자산 :			유동부채 :		
현 금	₩7,000	₩8,000	매 입 채 무	₩8,000	₩5,000
매 출 채 권	6,000	7,000	미지급비용	4,000	11,000
선 급 비 용	4,000	6,000	유동부채 총계	12,000	16,000
상 품	3,000	2,000	비유동부채 :		
유동자산 총계	20,000	23,000	사 채	10,000	10,000
비유동자산 :			장기차입금	18,000	4,000
투자부동산	12,000	15,000	비유동부채 총계	28,000	14,000
장기대여금	7,000	2,000	부채 총계	40,000	30,000
토 지	13,000	10,000	자 본		
건 물	25,000	5,000	자 본 금	30,000	30,000
산업재산권	13,000	15,000	이익잉여금	20,000	10,000
비유동자산 총계	70,000	47,000	자본 총계	50,000	40,000
자산 총계	₩90,000	₩70,000	부채 및 자본 총계	₩90,000	₩70,000

다음 사례는 실제 기업의 재무상태표를 보여준다.

사례 2.1 삼성전자의 별도재무상태표

다음은 금융감독원 전자공시시스템에 사업보고서를 공시하면서 첨부 게재된 삼성전자의 요약 별도재무상태표이다. 3기간 자료를 비교 공시하고 있으며, 계정식이 아닌 보고식으로 보여주고 있다. 그리고 요약 재무상태표이기 때문에 개별 계정과목별로 자세히 구분하지 않고 유형별로 합산하여 간략히 작성되었다.

(단위 : 백만원)

구 분	제51기	제50기	제49기
	2019년 12월말	2018년 12월말	2017년 12월말
[유동자산]	72,659,080	80,039,455	70,155,189
· 현금및현금성자산	2,081,917	2,607,957	2,763,768
· 단기금융상품	26,501,392	34,113,871	25,510,064
· 매출채권	26,255,438	24,933,267	27,881,777
· 재고자산	12,201,712	12,440,951	7,837,144
· 기타	5,618,621	5,943,409	6,162,436
[비유동자산]	143,521,840	138,981,902	128,086,171
· 기타비유동금융자산	1,209,261	1,105,978	973,353
· 종속기업, 관계기업 및 공동기업 투자	56,571,252	55,959,745	55,671,759
· 유형자산	74,090,275	70,602,493	62,816,961
· 무형자산	8,008,653	2,901,476	2,827,035
· 기타	3,642,399	8,412,210	5,797,063
자산총계	216,180,920	219,021,357	198,241,360
[유동부채]	36,237,164	43,145,053	44,495,084
[비유동부채]	2,073,509	2,888,179	2,176,501
부채총계	38,310,673	46,033,232	46,671,585
[자본금]	897,514	897,514	897,514
[주식발행초과금]	4,403,893	4,403,893	4,403,893
[이익잉여금]	172,288,326	166,555,532	150,928,724
[기타]	280,514	1,131,186	△4,660,356
자본총계	177,870,247	172,988,125	151,569,775
종속 · 관계 · 공동기업 투자주식의 평가방법	원가법	원가법	원가법
	2019년 1월~12월	2018년 1월~12월	2017년 1월~12월
매출액	154,772,859	170,381,870	161,915,007
영업이익	14,115,067	43,699,451	34,857,091
당기순이익	15,353,323	32,815,127	28,800,837
기본주당순이익(단위 : 원)	2,260	4,830	4,178
희석주당순이익(단위 : 원)	2,260	4,830	4,178

자료출처 : 금융감독원 전자공시시스템 사업보고서상의 요약 별도재무상태표, 2020.3.30

제 3 절 포괄손익계산서

3.1 포괄손익계산서의 의의

포괄손익계산서(statement of income and comprehensive income)는 일정 기간 동안 기업의 경영성과를 나타내는 재무제표이다. 기업의 경영성과는 다양한 방법으로 측정할 수 있는데, 회계에서는 수익과 비용을 파악하여 계산한다.

수익(revenues)은 자산의 유입이나 증가 또는 부채의 감소에 따라 자본의 증가를 초래하는 특정 회계기간 동안에 발생한 경제적 효익의 증가로서, 지분참여자에 의한 출연과 관련된 것(예 : 증자)은 제외한다. 수익을 일상생활에서의 수입 또는 이익과 혼동하는 경우가 종종 있는데, 이를 엄격히 구분해야 한다. 회계에서 수입(receipt)은 현금의 유입을 나타내는 용어로 사용된다. 한편, 이익(profit or income)은 수익에서 비용을 차감하여 계산되는 순액을 지칭하며, 수익은 비용을 차감하기 전의 총액을 의미한다. 즉, 이익은 순액(net)개념이고, 수익은 총액(gross)개념이다. 비용(expenses)은 자산의 유출이나 소멸 또는 부채의 증가에 따라 자본의 감소를 초래하는 특정 회계기간에 발생한 경제적 효익의 감소로서, 지분참여자에 대한 분배와 관련된 것(예 : 배당)은 제외한다. 비용은 대부분 수익을 얻기 위해 소비된 것이다.

포괄손익계산서에는 일정 기간 동안 기업이 창출한 모든 수익과 비용이 망라되며 그 차액을 포괄손익계산서의 가장 끝부분에 총포괄손익으로 보고하게 된다. 총포괄손익은 당기순손익에 기타포괄손익[12]을 가감하여 산출한다. 투자자 등 정보이용자들은 포괄손익계산서를 통해 일정 기간 동안 기업의 경영성과를 알게 되며, 이러한 정보를 통해 기업의 미래 수익력을 예측하거나 경영자의 업적을 측정하기도 한다.

따라서 이와 같은 포괄손익계산서에 나타난 1년 동안 얼마나 벌었는지(수익)에서 그렇게 벌기 위해 얼마나 썼는지(비용)를 차감하고 남는 게 이익이다. 물론 수익보다 비용이 크면 손실이 나는 것이다. 이를 통해서 회사의 수익성이 좋은지, 계속 성장하고 있는지를 파악할 수 있으며, 또한 그 수익을 내기 위해 얼마까지 비용으로 쓸 수 있는지의 범위도 알 수 있다. 따라서 포괄손익계산서는 회사의 수익과 비용 구조를 가늠할 수 있게 해주는 중요한 재무제표인 것이다.

3.2 포괄손익계산서의 구성요소

포괄손익계산서는 ① 포괄손익계산서라는 보고서의 명칭, ② 회사명, ③ 일정한 기간, ④ 통화와 금액단위를 반드시 표시해야 한다. 왜냐하면, 기업의 경영성과란 경영활동을 수행한 일정 기간 동안의 성과이기 때문이다. 일정한 기간은 보통 1년의 회계기간으로 표시되

12 대부분의 수익과 비용은 당기순이익을 결정하는 데 포함된다. 그러나 수익이나 비용 중에서 당기순이익에 포함시키지 않고 포괄손익계산서에 별도로 표시하도록 규정하고 있는 항목을 **기타포괄손익**(other comprehensive income)이라 한다. 기타포괄손익은 보고기간말 현재 미실현된 손익이며, 향후 경제환경의 변화로 손실(이익)이 발생될 수도 있기 때문에 정해진 기준에 따라 당기순이익과 구분하여 보여준다.

며, 경우에 따라 반기(6개월) 또는 분기(3개월)로 표시되기도 한다.

그리고 포괄손익계산서에는 수익, 비용, 당기순손익, 기타포괄손익 및 총포괄손익 등 다섯 가지 정보가 표시된다. 포괄손익계산서의 구조를 이 다섯 가지 정보의 상호관계에 따라 식으로 표현하면 [그림 2-3]과 같다.

[그림 2-3] 포괄손익계산서 등식

수 익 − 비 용 = 당기순손익

당기순손익 + 기타포괄이익 − 기타포괄손실 = 총포괄손익

위 식에 따라 수익을 먼저 열거하고 이어서 비용을 차감한 다음 당기순손익을 표시하고, 이로부터 기타포괄손익을 가감하여 총포괄손익에 도달하는 과정을 보여주는 것을 보고식 포괄손익계산서라 하며 가장 많이 사용되는 형식이다. 그리고 왼쪽에 비용과 순이익을, 오른쪽에 수익을 기록하는 것을 계정식 포괄손익계산서라 한다.

국제회계기준(International Financial Reporting Standards)[13]에서는 기타포괄손익을 포괄손익계산서에 표시할 경우 당기순손익과 기타포괄손익을 하나의 포괄손익계산서에 표시하는 방법(단일보고방법)과 당기순손익까지 표시하는 손익계산서 및 당기순손익부터 시작하여 기타포괄손익의 변동액을 표시하는 포괄손익계산서를 별도로 작

13 국제회계기준은 자본시장 자유화에 따라 "국제적으로 통일된 회계기준 제정"을 목표로 '국제회계기준위원회(International Accounting Standards Board : IASB)'에서 제정한 회계기준이다. 우리나라는 2011년부터 모든 상장기업에 대해 의무 도입 적용하고 있다.

성하는 방법(별도보고방법)을 모두 허용하고 있다.

이때 포괄손익계산서상의 손익을 계산하는 방법에는 두 가지가 있다. 하나는 순자산비교법이고 다른 하나가 거래기록법이다. 순자산비교법(net asset approach)은 기말시점의 순자산이 기초시점의 순자산에 비해 얼마만큼 증가하였는가를 판단하여 손익을 계산하는 것이고, 거래기록법(transaction approach, 거래접근법)은 일정 기간 동안 발생한 수익과 비용을 항목별로 요약한 다음 수익에서 비용을 차감하여 손익을 계산하는 방법이다. 그러므로 거래기록법에서는 수익과 비용의 항목들을 체계적으로 모두 표시함으로써 당기순이익뿐만 아니라 구체적인 수익과 비용의 내역 및 산출과정을 알 수 있다.

3.3 수익과 비용의 인식시점

거래기록법에 의해 순이익을 계산할 때 수익과 비용을 기록하는 시점이 중요하다. 왜냐하면 어느 시점에 수익과 비용으로 기록하느냐에 따라 기업의 기간별 경영성과가 달리 보고되기 때문이다.

먼저 현금주의(cash basis accounting)에 의하면 수익은 현금을 수취하였을 때 기록하고 비용은 현금을 지급하였을 때 기록한다. 현금주의는 기록시점이 명확하므로 객관적이라 할 수 있지만 경영성과를 제대로 반영하지 못하는 경우가 많다.

반면 발생주의(accrual basis accounting)에서는 현금유입과 현금유출보다는 거래나 사건들이 발생한 기간에 장부에 기록하는데, 수익과 비용도 그것이 발생된 기간에 수익과 비용으로 인식한다. 발생주의 회계가 현금주의 회계에 비해 기업의 재무상태와 경영성과를 보다 적정하게 나타내는 방법이다. 또한 발생주의에 의한 회계가 미래의 현금흐름과 순이익의 예측에 보다 유용한 방법이다.

그러나 기업활동에서 현금흐름은 무시할 수 없을 정도로 매우 중요하다. 그래서 기업뿐만 아니라 정보이용자들은 현금주의에 의한 회계정보(예 : 현금흐름표)를 보충적으로 이용하여 의사결정의 질을 개선하려고 한다.

즉, 발생주의하에서 수익은 현금의 수취와 관계없이 수익인식기준을 만족시키면 장부에 기록하고 비용은 현금의 지급과는 관계없이 수익창출을 위해 발생되었을 때 장부에 기록한다.[14] 그러나 이러한 수익인식시점을 결정하는 일은 그리 단순하지 않다. 개별 회계거래에 따라 다양한 상황들이 존재하고 여러 기준서에 산재된 수익인식 규정의 불일치와 취약점들이 있기 때문이다.

이에 국제회계기준위원회(IASB)와 미국의 회계기준 제정기구인 FASB(Financial Accounting Standards Board)는 수익인식 원칙을 명확하게 하기 위해 수익인식기준인 "고객과의 계약에서 생기는 수익"(한국채택국제회계기준의 기준서 제1115호)을 제정하였다. 이 기준서의 핵심원칙은 기업이 고객에게 약속한 재화나 용역의 이전 대가로 받을 것으로 예상하는 대가를 반영한 금액으로 수익을 인식해야 한다는 것이다. 여기에 따르면 수행의무를 충족하는 시점에서 수익을 인식한다. 그리고 핵심원칙에 따라 수익을 인식하기 위해서는 〈표 2-1〉과 같은 다섯 가지 단계를 적용해야 하며, 둘 이상의 계약당사자 사이에 법적인 강행의무 및 권리를 가진 약속인 고객과의 계약을

14 회계에서 비용을 수익창출에 기여했을 때 인식하는 것을 **수익 · 비용 대응의 원칙**(matching principle)이라 한다. 즉, 수익은 수익인식기준에 의해 인식하고 비용은 수익 · 비용 대응의 원칙에 의해 인식하는 것이 발생주의에 대한 정확한 해석이다.

토대로, 판매자가 고객에게 재화 또는 용역을 제공하기로 한 약속인 수행의무를 식별하는 것이 중요하다. 이에 대한 자세한 내용은 중급 회계를 참조하기 바란다.

〈표 2-1〉 수익인식의 5단계

1단계	고객과의 계약을 식별
2단계	수행의무를 식별(하나의 계약에 복수의 수행의무 존재가능)
3단계	거래가격을 산정
4단계	거래가격을 계약 내 수행의무에 배분
5단계	수행의무가 충족되면 수익인식(개별 수행의무에 적용) – 수익인식의 원칙

3.4 포괄손익계산서의 예시

다음은 (주)원주의 포괄손익계산서를 전년도와 비교하는 형식으로 나타낸 것이며 보고식으로 보여주고 있다. 기타포괄손익이 없으므로 당기순이익과 총포괄이익은 그 금액이 같다.

포괄손익계산서

제8(당)기 20×8년 1월 1일부터 20×8년 12월 31일까지

(주)원주 제7(전)기 20×7년 1월 1일부터 20×7년 12월 31일까지 (단위 : 천원)

과 목	금 액	
	20×8년	20×7년
수 익	₩440,000	₩360,000
매 출 원 가	(200,000)	(170,000)
매출총이익	240,000	190,000
기 타 수 익	100,000	120,000
물 류 원 가	(40,000)	(50,000)
관 리 비	(100,000)	(90,000)
기 타 비 용	(20,000)	(30,000)
법인세비용차감전순이익	180,000	140,000
법인세비용	(60,000)	(40,000)
당기순이익	120,000	100,000
기타포괄손익	0	0
총포괄이익	₩120,000	₩100,000
주 당 이 익	₩12	₩10

다음 사례는 실제 기업의 포괄손익계산서를 보여준다.

사례 2.2 삼성전자의 별도손익계산서와 포괄손익계산서

다음은 금융감독원 전자공시시스템에 사업보고서를 공시하면서 첨부 게재된 삼성전자의 별도손익계산서와 포괄손익계산서이다. 재무상태표와 마찬가지로 3기간 자료를 비교 공시하고 있으며, 계정식이 아닌 보고식으로 보여주고 있다. 그리고 손익계산서와 포괄손익계산서를 따로 보여주는 별도보고방식을 따르고 있다.

손익계산서

제51기 2019. 1. 1부터 2019.12.31까지
제50기 2018. 1. 1부터 2018.12.31까지
제49기 2017. 1. 1부터 2017.12.31까지 (단위 : 백만원)

	제51기	제50기	제49기
수익(매출액)	154,772,859	170,381,870	161,915,007
매출원가	113,618,444	101,666,506	101,399,657
매출총이익	41,154,415	68,715,364	60,515,350
판매비와관리비	27,039,348	25,015,913	25,658,259
영업이익(손실)	14,115,067	43,699,451	34,857,091
기타수익	5,223,302	972,145	2,767,967
기타비용	678,565	504,562	1,065,014
금융수익	4,281,534	3,737,494	4,075,602
금융비용	3,908,869	3,505,673	4,102,094
법인세비용차감전순이익(손실)	19,032,469	44,398,855	36,533,552
법인세비용	3,679,146	11,583,728	7,732,715
계속영업이익(손실)	15,353,323	32,815,127	28,800,837
당기순이익(손실)	15,353,323	32,815,127	28,800,837
주당이익			
기본주당이익(손실) (단위 : 원)	2,260	4,830	4,178
희석주당이익(손실) (단위 : 원)	2,260	4,830	4,178

※ 제49기(전전기)는 종전 기준서인 K-IFRS 제1039호와 K-IFRS 제1018호, 제1011호, 제2031호, 제2113호, 제2115호, 제2118호에 따라 작성되었습니다.

포괄손익계산서

제51기 2019. 1. 1부터 2019.12.31까지
제50기 2018. 1. 1부터 2018.12.31까지
제49기 2017. 1. 1부터 2017.12.31까지 (단위 : 백만원)

	제51기	제50기	제49기
당기순이익(손실)	15,353,323	32,815,127	28,800,837
기타포괄손익	(851,958)	(378,321)	319,724
후속적으로 당기손익으로 재분류되지 않는 포괄손익	(851,958)	(378,321)	349,950
기타포괄손익-공정가치금융자산평가손익	73,199	(88,340)	
순확정급여자산 재측정요소	(925,157)	(289,981)	349,950
후속적으로 당기손익으로 재분류되는 포괄손익			(30,226)
매도가능금융자산평가손익			(30,226)
총포괄손익	14,501,365	32,436,806	29,120,561

※ 제49기(전전기)는 종전 기준서인 K-IFRS 제1039호와 K-IFRS 제1018호, 제1011호, 제2031호, 제2113호, 제2115호, 제2118호에 따라 작성되었습니다.

자료출처 : 금융감독원 전자공시시스템 사업보고서상의 요약 별도손익계산서와 포괄손익계산서, 2020.3.30

제 4 절 현금흐름표

4.1 현금흐름표의 의의

현금흐름표(statement of cash flow : SCF)는 일정 기간 동안 현금의 유입과 유출에 관한 정보를 제공하는 보고서이다. 기업의 순이익은 발생주의에 의해 계산되기 때문에 순이익과 현금흐름은 일치하지 않는다. 현금흐름표는 기업의 실제 현금이 어디로부터 유입되고 어디에 사용되었는가를 나타내 준다. 파산한 기업의 재무제표를 분석하다 보면 현금흐름은 적자 상태인데, 당기순이익은 흑자로 부풀려져 분식회계를 이어간 사례들이 많다. 즉, 발생주의에 의한 당기순이익은 경영자의 재량에 의해 조작이 가능할 수 있지만, 현금주의에 의한 현금흐름은 속일 수 없다는 데에 장점이 있다.

현금흐름표는 기업의 미래현금흐름 창출능력에 관한 정보뿐만 아니라 재무상태표와 더불어 기업의 유동성과 재무적 탄력성[15]을 평가하는 데 유용한 정보를 제공한다. 기업의 유동성에 관한 정보는 매우 중요하다. 왜냐하면 유동성의 악화로 만기가 도래하는 채무를 상환하지 못할 경우에는 기업이 도산(bankruptcy)으로 연결될 수도 있기 때문이다.

이러한 현금흐름표는 기업의 활동을 세 가지, 즉 영업활동, 투자활동, 재무활동 현금흐름으로 구분하여 각각 그 변동된 현금액에 기

15 재무적 탄력성(financial flexibility)은 예상치 못한 자금의 수요가 발생하였을 때 이에 대처할 수 있는 능력을 의미한다.

초현금을 가산하여 기말현금을 나타내는 형식으로 작성한다. 영업활동은 재화의 판매와 용역의 제공 등과 같은 기업의 주요 수익창출활동을 말하며, 투자활동은 현금의 대여와 회수 활동, 유가증권 등 투자자산과 유형자산 및 무형자산의 취득과 처분 활동을 포함한다. 재무활동은 현금의 차입과 상환 활동 및 주식의 발행과 배당금의 지급 활동을 포함한다. 따라서 기업의 현금보유액이 어떤 활동을 통해 조성되었는지를 분석할 수 있어 의사결정자들에게 유용한 정보를 제공해 준다.[16]

영업활동 현금흐름을 나타내는 방법으로는 직접법과 간접법이 있다. 직접법은 현금주의에 의해 현금을 수반하여 발생한 수익 또는 비용 항목을 총액으로 표시하되, 현금유입액은 원천별로 현금유출액은 용도별로 분류하여 표시하는 방법이다. 반면에 간접법은 당기순이익(또는 법인세비용차감전순이익)에 현금의 유출이 없는 비용 등을 가산하고 현금의 유입이 없는 수익 등을 차감하며, 영업활동으로 인한 자산 · 부채의 변동을 가감하여 표시하는 방법을 말한다.

4.2 현금흐름표의 예시

여기에서는 간접법에 의한 현금흐름표를 예시한다. 간접법은 당기순이익에서 시작하여 요인별 가감을 통해 영업활동을 구하는 방법으로 작성이 쉽지만, 발생주의 수치에서 출발하여 현금주의 가액을 구하는 데 있어 어떤 항목을 더하고 어떤 항목을 차감하는지를 이해

16 이와 같은 기업활동의 분류와 구체적 설명은 제1장 제2절의 2.2 기업활동과 회계정보에서 자세히 서술한 바 있다.

해야 그 내용을 알 수 있다는 단점이 있다. 최근에는 자동화 프로그램의 개발로 직접법에 의한 현금흐름표 작성도 어렵지 않은 과정이 되어가고 있다.

현금흐름표

(주)서울 20×7년 1월 1일부터 20×7년 12월 31일까지 (단위 : 원)

영업활동 현금흐름		
당기순이익	₩700,000	
가감항목 :		
감가상각비	100,000	
미지급비용의 증가	300,000	
매출채권 증가	(200,000)	₩900,000
투자활동 현금흐름		
토지 취득		(400,000)
재무활동 현금흐름		
주식 발행	600,000	
배당금 지급	(100,000)	500,000
현금의 증가		1,000,000
기초현금		1,600,000
기말현금		₩2,600,000

제 5 절 자본변동표

5.1 자본변동표의 의의

자본변동표(statement of changes in equity)는 일정 기간 동안 기업실체의 자본의 크기와 그 변동에 관한 정보를 나타내는 재무보고서이다. 자본은 회계장부가 측정한 기업가치인 만큼 회계정보이용자들에게 매우 중요한 정보이다. 따라서 이러한 자본변동표를 통해 자본의 변동내역을 알 수 있다. 예컨대 자본 증가가 주식발행으로 이루어진 것인지 아니면 영업활동으로 인한 것인지를 알 수 있게 해준다. 또한, 자본변동표에는 이익잉여금의 변동내역을 보고함으로써 배당가능이익이 얼마인가를 알 수 있게 해주며, 배당금 등으로 인한 사외유출이 얼마인가도 알 수 있게 해준다.

5.2 자본변동표의 예시

자본변동표에는 자본금과 이익잉여금 및 기타자본요소를 각 항목별로 기초잔액과 변동사항 및 기말잔액을 표시한다. 기타자본요소의 대표적 예가 기타포괄손익이다. 자본변동표를 작성하면 주주의 추가 출자나 이익잉여금의 변동내역 등을 알게 된다. 다음은 (주)강원의 자본변동표 예시자료이다.

자본변동표

(주)강원　　20×7년 1월 1일부터 20×7년 12월 31일까지　　(단위 : 원)

구 분	자본금	이익잉여금	기타자본요소	총 계
20×7. 1. 1(기초)	₩2,000	₩1,000	₩0	₩3,000
유 상 증 자	600			600
당기순이익		700		700
배 당 금		(100)		(100)
20×7.12.31(기말)	₩2,600	₩1,600	₩0	₩4,200

제 6 절 재무제표의 연계성

지금까지 재무상태표와 포괄손익계산서, 현금흐름표 및 자본변동표 등 재무제표의 개념과 양식에 대해 살펴보았다. 그런데 이들 재무제표는 각기 독립적으로 유용한 정보를 제공할 뿐만 아니라 서로 연계되어 있다.

우선 포괄손익계산서에 보고되는 당기순이익은 이익잉여금의 증가를 초래하므로 동액이 자본변동표의 이익잉여금란에 보고된다. 그리고 자본변동표상의 이익잉여금란에는 기초이익잉여금에 당기순이익을 가산하고 배당금 등을 차감하여 기말이익잉여금을 나타내므로 자본변동표상의 기말이익잉여금은 재무상태표의 기말이익잉여금과 일치하게 된다.

한편, 포괄손익계산서의 당기순이익은 간접법으로 작성하는 현금흐름표에도 동일한 금액이 보고되어 영업활동 현금흐름을 계산할 때 사용된다. 이렇게 포괄손익계산서상의 당기순이익은 모든 재무제표에 직접 또는 간접적으로 영향을 미친다. 그리고 기초 재무상태표상의 현금은 현금흐름표상의 기초현금으로 보고되어 기업의 여러 활동으로 인한 현금증감액에 가산되어 기말 재무상태표의 현금으로 보고된다. 또한, 현금흐름은 현금계정 이외의 계정의 변동으로 설명되기 때문에 기초 재무상태표의 자산과 부채 및 자본은 현금흐름표상의 변동내역이 가감되어 기말 재무상태표의 자산과 부채 및 자본으로 보고된다.

각각의 재무제표는 상호보완적으로 사용될 때보다 유용성이 증대될 수 있다. 예컨대, 재무상태표는 유동성과 재무탄력성을 평가하는데 유용한 정보를 제공하지만 현금흐름표와 함께 이용될 때 유동성과 재무탄력성에 대한 평가를 더 정확히 할 수 있다. 이러한 재무제표간의 연계성을 나타내면 [그림 2-4]와 같다.

[그림 2-4] 재무제표의 연계성

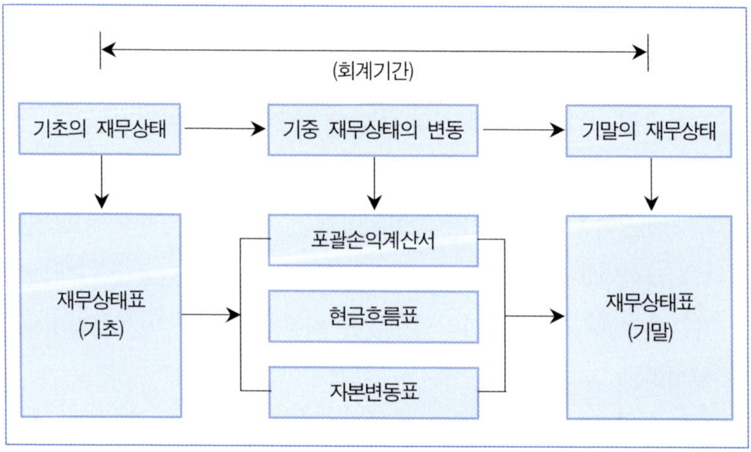

생각해 볼 문제

(1) 특정 시점의 재무상태를 통해서 알 수 있는 것은?

(2) 일정 기간의 경영성과를 보여주는 포괄손익계산서를 통해서 파악할 수 있는 것은?

(3) 비재무적 정보는 재무제표 본문에 표시되지 못한다. 그렇다면 이러한 비재무정보는 회계정보인가 아닌가?

(4) 현금흐름표상의 활동별 현금흐름은 다르지만 현금의 기말잔액이 같은 두 회사의 유동성은 동일한 상태라고 볼 수 있을까?

(5) 현금흐름표상의 속일 수 없는 영업활동 현금흐름이 당기순이익보다 의미 있는 경영성과 측정치가 아닐까?

(6) 당기순이익과 총포괄손익의 차이를 의미하는 기타포괄손익에는 어떤 항목들이 있을까?

(7) 우리나라 상장기업들이 적용하고 있는 회계기준인 한국채택국제회계기준은 원칙중심을 지향하여 경영자의 재량이 많이 개입될 수 있다. 그렇다면 분식회계 가능성이 더 크지 않을까?

(8) 투자의사결정을 할 때 개별재무제표와 연결재무제표 중 어떤 재무제표가 더 유용할까?

(9) 현금은 기업의 심장이라고 할 만큼 중요한 항목이다. 그렇다면 현금보유액이 크면 클수록 유동성이 좋아 파산위험이 없는 것인가?

(10) 모두에게 공시되는 재무제표가 과연 기업에 대한 투자정보로서 유용성이 있을까?

CHAPTER 3

자 산

재무상태표의 왼쪽(차변)에 표시되는 자산은 기업이 보유하고 있는 총자원으로서 총자산은 기업의 규모를 나타내며, 항목별로 어떠한 자원에 투자하고 있는지를 보여준다. 이러한 자산에 대해 이해하는 것은 기업의 재무상태를 파악하기 위한 기본적 단계라고 볼 수 있다. 4차 산업혁명 시대를 맞아 무형자산의 비중이나 중요성이 커지고, 새로운 형태의 자산이 나타나고 있다. 이에 본장에서는 이처럼 변화하는 기업환경 속에 있지만, 회계에서 의미하는 자산이 무엇이고 기업에서 어떤 역할을 하는지에 대해 살펴본다. 구체적으로는 자산의 의의와 인식기준, 자산의 분류, 유동자산 및 비유동자산의 주요 계정별 회계, 기업에서의 자산의 의미 등에 대하여 설명한다.

제 1 절 자산의 의의와 인식기준

회계에서 자산(assets)은 '과거 사건의 결과로 기업이 통제하는 현재의 경제적 자원'이다.[1] 이러한 자산의 정의에 대한 역사는 과거 총재산이라는 정태론적 개념에서 미소멸원가를 포함하는 동태론적 개념으로 확대되어 왔고, 용역잠재력의 집합체로도 그 정의가 확대된 바 있다.[2] 하지만 오늘날 가장 일반적인 자산의 정의는 국제회계기준위원회의 개념체계상 정의를 사용하며, 이 정의에서 알 수 있듯이 자산의 특성은 ① 권리, ② 경제적 효익을 창출할 잠재력, ③ 통제 등으로 요약할 수 있다.

회사가 조달한 자금으로 어떻게 자원을 운용하고 있는지를 보여주는 자산은 첫째, 경제적 효익을 창출할 잠재력을 지닌 권리이다. 여기에서 경제적 효익을 창출할 잠재력을 지닌 권리가 바로 경제적 자원(economic resource)이다. 따라서 경제적 자원은 기업에 계약상 현금흐름 또는 다른 경제적 자원의 수취와 같은 다양한 자격이나 권한을 부여하여 경제적 효익을 창출할 수 있다. 개념적으로 경제적 자원은 권리이다. 또한 이때의 권리들은 계약, 법률 또는 유사한 수단에 의해 확보된다.

둘째, 특정 실체, 즉 기업에 의해 통제되고 있어야 한다. 이때 통

1 이러한 정의는 국제회계기준위원회(IASB) 개념체계상 재무제표요소로서의 자산의 정의에 의한 것이다.

2 1957년 미국회계학회의 회계원칙에서 자산을 특정한 회계실체 내에서 사업활동을 위해 공여된 경제적 자원으로서, 경영활동에 사용되거나 유용한 용역잠재력의 집합체로 정의하였다.

제의 개념은 소유나 법적권리만을 의미하지는 않으며 보다 실질적인 사용과 통제를 의미하는 것이다. 예를 들어 운반용 트럭을 1억원에 구입하기로 하고 5천만원은 일시불로 지급하고 나머지 5천만원은 2년에 걸쳐 할부로 지급하기로 했다고 가정하자. 그렇다면 그 트럭은 구매회사의 자산인가? 아니면 판매회사의 자산인가? 구매회사는 트럭의 구입대금을 완전히 납부하기 전에는 법적 소유권은 가질 수 없지만 트럭을 사용할 수 있는 권리는 갖는다. 그러므로 회계적 측면에서 트럭은 구매회사의 자산이다. 이론적으로 진정한 자산은 트럭을 사용할 수 있는 권리이지 트럭 그 자체가 아니다. 구매회사는 트럭 사용이라는 용역을 획득할 권리를 갖고 있고 따라서 트럭을 통제할 수 있는 것이다. 회계에서 자산에 대한 통제란 다른 실체의 접근이나 사용을 방지할 수 있는 권한이 있다는 것을 의미한다.

셋째, 자산은 과거 사건(past events)의 결과로 보고실체에 의해 통제되어야 한다는 자산의 정의에 비추어 볼 때 계획상의 자산은 배제된다. 예를 들어 회사가 이미 기계장치를 취득했다면 그것은 자산이지만 예산에 따라 취득하려고 예정되어 있는 것은 취득하기 전까지는 자산이 아니다. 왜냐하면 사건, 즉 구매라는 거래가 아직 발생되지 않았기 때문이다.

이러한 자산이 재무제표요소의 정의에 부합하면 재무상태표에 기록 또는 반영해야 하는데, 이러한 과정을 회계상 인식이라고 한다. 이 과정은 해당 항목을 서술하는 계정명칭과 화폐금액으로 기술하고 그 금액을 재무상태표 또는 포괄손익계산서 총계에 산입하는 것을 포함한다. 회계상 자산의 인식기준이란 어떤 항목을 재무상태표에 자산으로 기록 또는 반영할 것인가를 결정하는 기준을 말한다. 회계에서 자산의 인식기준은 다음과 같다.

자산의 인식기준

> 자산의 정의에 부합하는 항목이 다음 기준을 모두 충족한다면 재무상태표에 자산으로 인식되어야 한다.
> (1) 그 항목과 관련된 미래 경제적 효익이 기업에 유입될 가능성이 높다.
> (2) 그 항목의 원가 또는 가치를 신뢰성 있게 측정할 수 있다.

자산의 정의 충족은 자산을 식별하고 기업의 장부에 기록하는 과정에서 첫 번째 단계이다. 하지만 어떤 항목은 자산의 정의를 충족시키지만 자산으로 기록되지 않는 경우도 있다. 이에 대한 하나의 예가 인적자원(human resources)이다. 종업원들은 분명히 과거 사건의 결과(종업원의 채용)로 기업이 얻을 수 있는 가능한 미래 경제적 효익을 제공한다. 그러나 이러한 자원을 자산으로 기록하는 경우는 극히 드물다. 신뢰성 있게 측정할 수 있어야만 자산으로 기록할 수 있기 때문이다.

제 2 절 자산의 분류

앞에서 설명한 자산에는 많은 종류가 있으며, 분류방식에 따라 여러 가지로 나눌 수 있다. 가장 기본적으로는 유동성이 좋은지 여부에 따라 분류하는 방법으로, 정상영업주기 또는 1년을 기준으로 유동자산과 비유동자산으로 구분한다. 유동자산은 현금과 1년 이내에 현금으로 회수되거나 판매 또는 소비되는 재화를 말한다. 유동자산으로 분류되지 않는 자산은 모두 비유동자산으로 분류한다. 여기서 정상영업주기(normal operating cycle)란 현금을 상품 등에 투자하여 이를 판매하고 판매대금을 회수하는 데 소요되는 기간을 의미한다. 정상영업주기는 1년보다 길 수도 있고 짧을 수도 있다.

이 외에도 자산가액이 화폐액 금액으로 확정되어 있는지 여부에 따라 화폐성 자산과 비화폐성 자산으로도 구분하고,[3] 자산의 형체유무에 따라 형체가 있는 자산이면 유형자산, 없으면 무형자산으로 구분한다. 자산은 또한 주 영업과 관련성이 있는지 없는지를 기준으로 구분되기도 한다.[4] 한편 국제회계기준이 도입되면서 생겨난 개념으로 현금및현금성자산, 매출채권, 미수금, 금융상품 등을 포함하는 금융자산도 있다.

〈표 3-1〉에서는 앞서 소개한 (주)강릉의 재무상태표에 표시된 항목을 포함한 주요 자산계정을 소개하고 있다.

3 화폐성 자산이란 현금 및 이에 준하는 현금등가자산으로 매출채권이나 미수금처럼 그 금액이 확정적인 자산을 의미하며, 선급금처럼 계약의 진행과정에 따라 확정되는 금액이 달라지거나 유형자산처럼 물가가 변동하면서 그 가액이 달라지는 자산은 비화폐성 자산이라 한다.

4 예를 들어 주 영업과 관련하여 외상매출된 경우 매출채권, 토지매각 등과 같은 영업 이외의 사유로 못 받은 금액은 미수금이라고 한다.

〈표 3-1〉 자산계정의 구분과 종류

구 분	계정과목	의 미
유동자산	현금및현금성자산	현금은 통화(지폐와 동전)와 타인발행수표 등 통화대용증권을 포함하며, 현금성자산은 일정한 요건을 충족시키는 유동성이 매우 높은 단기금융상품을 말함
	당기손익-공정가치측정금융자산	타 기업이 발행한 주식이나 채권 등에 단기투자 목적으로 보유하고 있는 항목
	매출채권	외상으로 상품(제품)을 판매하거나 용역을 제공한 금액으로 외상매출금과 받을어음을 포함함
	미수금	상품(제품) 이외의 자산(토지, 건물 등)을 외상으로 처분하고 아직 회수하지 않은 금액
	단기대여금	1년 이내에 회수하기로 하고 타인에게 빌려준 채권
	선급비용	비용으로 지급한 대가 중 아직 소멸되지 않은 부분으로 정상영업주기 내에 소멸되는 것
	미수수익	일정한 기간 동안 용역을 제공하기로 하고 용역을 제공하였으나 아직 받지 아니한 금액
	상품	기업이 정상적인 영업순환과정에서 판매할 목적으로 외부로부터 매입하여 보유하고 있는 것(재고자산에 속함)
비유동자산	투자부동산	비업무용으로 시세차익을 목적으로 보유하고 있거나 타인에게 임대할 목적으로 보유하고 있는 토지나 건물 등의 부동산
	장기투자금융자산	장기투자 목적으로 보유하고 있는 금융상품에 대한 투자로 상각후원가측정금융자산과 기타포괄손익-공정가치측정금융자산 등으로 구분됨
	토지	영업활동에 사용할 목적으로 취득하여 보유하고 있는 대지, 임야, 전답, 잡종지 등
	건물	기업이 영업활동에 사용할 목적으로 구입하거나 건설하여 보유하고 있는 건축물 및 부속설비 등
	기계장치	영업활동과정에서 제품을 제조하는 데 사용하기 위하여 보유하고 있는 기계 및 부속설비 등
	비품	업무용으로 보유하고 있는 책상, 전화, 컴퓨터 등과 사원복지용으로 보유하고 있는 냉장고, 정수기, 운동기구 등
	산업재산권	법률에 의하여 일정 기간 독점적·배타적으로 이용할 수 있는 권리인 특허권, 실용신안권 등
	영업권	사업결합 등에서 피취득회사의 순자산의 공정가치를 초과하여 취득한 경우 그 차액

제3절 유동자산 계정별 회계

제3절과 제4절에서는 앞에서 소개된 자산의 주요 계정과목 중 회계적으로 중요성이 있는 항목에 대하여 그 개념과 중요성, 재무제표에의 표시방법 등을 간략히 설명하기로 한다.

3.1 현금및현금성자산

재무상태표에 표시되는 현금및현금성자산은 현금과 현금성자산을 합한 개념이다. 현금은 교환의 매개물로 사용가능해야 하며 단기채무 결제에 즉시 사용될 수 있어야 한다. 현금에는 통화(지폐, 주화), 통화대용증권(당좌수표, 가계수표, 자기앞수표, 지급기일이 도래한 공채와 사채의 이자표, 배당금지급통지표 등), 요구불예금(당좌예금, 보통예금) 등이 있다. 그리고 현금성자산의 예로는 ① 취득 당시 만기가 3개월 이내에 도래하는 국공채와 사채, ② 취득 당시 상환일이 3개월 이내에 도래하는 상환우선주, ③ 취득 당시 만기가 3개월 이내에 도래하는 양도성예금증서(CD) 등이 있다.

현금은 그 자체로는 수익성이 없다. 그러므로 기업들은 수익성을 높이기 위해 현금을 단기간 금융상품(사채, 양도성예금증서, CMA 등)에 투자하기도 한다. 단기간 금융상품에 투자한 항목 중 일정한 요건을 충족시키는 경우 현금성자산으로 분류한다. 현금성자산은 기업이 원하기만 하면 언제라도 현금으로 전환할 수 있다.

현금및현금성자산은 현금, 요구불예금 및 현금성자산을 합하여 표시하며 보고기간종료일 현금및현금성자산의 구체적인 내역을 주석에 공시한다. 현금은 다른 자산과는 달리 평가문제가 발생되지 않는다. 그리고 현금및현금성자산으로 표시되기 위해서는 사용에 제한이 있어서는 안 된다. 사용에 제한이 있는 항목은 기타유동자산이나 투자자산 등으로 분류하여 표시한다.[5] 재무상태표상 주로 가장 처음에 표시되는 현금및현금성자산은 기업의 유동성 상태를 보여주는 직접적인 지표이며, 항상 횡령과 부정의 목표물이 되기도 하므로 회계적인 내부관리에도 매우 주의를 기울여야 하는 항목이다.

3.2 매출채권

매출채권은 고객에게 신용으로 재고자산(상품, 제품)을 판매하거나 용역을 제공하여 발생한 채권으로서 외상매출금과 받을어음을 포함한다. 외상매출금은 산업에 따라 약간의 차이가 있으나 보통 1개월 내지 3개월 이내에 결제되는 것이 일반적이다. 받을어음(notes receivable)은 고객에게 신용으로 재고자산을 판매하거나 용역을 제공하고 그 대가로 받은 어음상의 채권으로서 아직 회수되지 않은 채권이다.

외상매출금과 받을어음은 그 금액이 중요할 경우 기중에 회계처리할 때에는 각기 구분하고, 보고할 때에는 통합하여 재무상태표에

5 사용이 제한된 자산의 예로 '당좌개설보증금'을 들 수 있다. 당좌개설보증금은 은행과 당좌거래를 유지하기 위해 예치한 예금으로 은행예금이지만 당좌거래를 유지하기 위해서는 찾아서 사용할 수 없다. 따라서 당좌개설보증금은 사용이 제한된 예금으로 현금및현금성자산에 포함되지 않는다.

매출채권으로 보고한다. 그리고 매출채권은 회수기일에 따라 유동자산(단기매출채권)과 비유동자산(장기매출채권)으로 구분하여 재무상태표에 표시한다. 매출채권은 다른 수취채권과 마찬가지로 대손충당금[6]을 차감한 순실현가능가치로 재무상태표에 표시한다.

이러한 매출채권은 수취채권의 일종이다. 수취채권(receivables)이란 기업이 고객에게 신용으로 상품이나 기타 자산을 판매하거나 용역을 제공함으로써, 또는 자금 등을 타 기업이나 개인에게 대여해 줌으로써 회수할 권리가 있는 채권을 의미한다. 수취채권은 일반적 상거래와 관련되거나 관련되지 않음에 따라 매출채권과 비매출채권으로 분류할 수 있다.[7]

매출채권은 기업이 신용판매를 통해 수익을 인식한 것과 관련되는 기업의 대표적인 유동자산으로서 현금주의와 발생주의에 의한 이익계산에서 차이를 낳게 하는 주요 항목이다. 또한 매출액을 매출채권으로 나누어 구하는 매출채권회전율을 통해 매출채권의 현금화 속도를 알 수 있는데, 매출채권회전율이 높다는 것은 매출채권이 순조롭게 회수되고 있음을 나타내고, 반대로 매출채권회전율이 낮게 되면 매출채권의 회수기간이 길어지므로 그에 따른 대손발생의 위험이 증가하고 수익감소의 원인이 된다.

6 매출채권 중 일부 또는 전부를 현금으로 회수할 수 없는 경우에 예상되는 손실을 인식하고, 해당 자산을 차감하기 위해 설정한 계정이다.

7 비매출채권으로는 대여금과 미수금 등이 있는데, 이에 대해서는 기타유동자산에서 설명한다.

3.3 재고자산

재고자산은 정상적인 영업과정에서 판매를 위하여 보유중이거나 생산중인 자산 및 생산이나 용역제공에 사용될 원재료나 소모품으로 정의된다. 이때 기업의 정상적인 영업과정이란 기업의 주요 목적을 달성하기 위한 주된 활동을 의미한다. 그러므로 기업이 보유하고 있는 자동차라 할지라도 자동차매매기업의 경우는 재고자산으로, 사원 출퇴근용으로 사용하는 경우에는 유형자산으로 분류한다.

제조업의 주 영업활동과 직접 관련되는 재고자산은 그 가액도 크고, 도난 및 분실의 위험도 있어 주의를 요하는 항목일 뿐 아니라, 기업의 회계장부상 재고자산 금액과 실제 재고자산 금액 차이로 인한 분식회계의 원인이 되기도 한다. 재고자산은 종류도 많고 금액도 커서 세심한 관리가 필요하며, 기업이 경영을 효율적으로 하기 위해 적정재고를 얼마로 할 것인지 결정하는 문제는 기업 성패가 달린 중대한 사안이 된다.

이러한 재고자산의 종류에는 정상적인 영업순환과정에서 판매를 위하여 보유하고 있는 자산으로 상품과 제품이 있으며, 생산중에 있는 자산으로는 재공품과 반제품[8]이 있다. 그리고 생산이나 용역제공에 사용될 자산으로는 원재료와 소모품 등이 있다.

재고자산 유형은 기업의 유형과 기업의 목적활동, 즉 정상적인 영업활동의 행태에 따라 달라진다. 기업의 유형은 서비스기업과 상기업 및 제조기업으로 분류된다. 서비스기업은 주된 활동이 서비스를 제공하는 것이므로 재고자산이 거의 없다. 그리고 상기업은 다른 기

8 반제품은 현재 상태로 판매가능한 재공품을 말한다.

업으로부터 재화를 매입하여 판매하는 것을 목적으로 하기 때문에 상품이 주된 재고자산이다. 반면 제조기업에서는 원재료를 투입하여 제조한 제품판매를 목적으로 하기 때문에 제품과 재공품, 원재료 및 저장품이 주된 재고자산을 구성한다.

재고자산은 재무상태표에 유동자산으로 분류하여 표시한다. 재고자산을 재무상태표에 표시하는 측정기준은 취득원가 또는 순실현가능가치이다.[9] 즉, 재고자산은 종류별로 취득원가와 시가를 비교하여 적은 금액으로 보고하는데, 원가와 비교할 시가로 순실현가능가치를 사용한다. 이러한 재고자산의 평가방법을 **저가법**(lower of cost or market)이라 한다.

3.4 기타유동자산

기타유동자산으로는 대여금과 선급비용, 미수금, 미수수익, 선급금 등이 있다. **대여금**이란 차후에 회수하기로 하고 현금을 대여해 준 채권을 말한다.

선급비용(prepaid expense)이란 일정 기간 동안 계속하여 용역을 제공받기로 약정하고 미리 대가를 지급한 이자, 임차료, 수수료 등의 비용 중에서 결산일 현재 용역을 제공받지 못한 부분에 대해 미리 지급한 금액을 말한다.

미수금이란 상품 이외의 자산인 유형자산이나 유가증권 등을 처분하였으나 그 대가를 미래에 받기로 한 경우, 또는 용역제공을 완

9 자산의 **순실현가능가치**는 자산의 처분가치에서 이를 처분하는 데 소요되는 추가비용(예컨대, 추가가공원가나 추가로 소요되는 판매비용 등)을 차감한 금액이다.

료하고 계약상의 지급기일이 경과하여 법률적으로 받을 권리가 확정되었으나 아직 대가를 받지 못한 경우에 발생하는 채권을 말한다.

미수수익(accrued revenue)이란 일정 기간 동안 계속적으로 용역을 제공하는 경우 당기에 용역은 제공하였으나, 아직 계약상의 수취시기가 도래하지 않아 용역대가를 받을 권리가 법적으로 확정되지 않은 수익을 말한다. 예컨대, 당기에 기간의 경과로 인하여 가득은 되었으나 계약상의 수취시기가 도래하지 않아 받지 못한 건물임대료, 이자수익 등이 미수수익에 속한다. 그러나 미수수익이라 하더라도 계약상의 수취시기가 이미 경과한 경우에는 그 대가를 받을 권리가 법적으로 확정되었으므로 미수수익이 아닌 미수금으로 기록해야 한다. 즉, 미수금은 법률상의 채권이며 미수수익은 발생주의를 적용함에 따른 회계상 자산이다.

선급금이란 매입자가 상품의 매매계약을 확실히 이행하기 위하여 미리 대금의 일부를 지급한 경우에 발생되는 것으로, 상품을 받을 권리가 있다.

대여금은 회수기일에 따라 회수기일이 1년 이내에 도래하면 유동자산, 그렇지 않으면 비유동자산으로 분류하여 표시한다. 선급비용은 제공받는 용역의 기간에 따라 단기이면 유동자산란에 보고하고, 장기이면 장기선급비용이란 과목으로 비유동자산란에 보고한다. 선급비용은 차기 또는 차기 이후의 기간에 비용으로 인식된다. 미수금도 회수기일의 장 · 단에 따라 유동자산(단기미수금) 또는 비유동자산(장기미수금)으로 분류하여 표시한다. 기타유동자산도 마찬가지이다.

제 4 절 비유동자산 계정별 회계

4.1 유형자산

유형자산(property, plant and equipment)은 재화의 생산이나 용역의 제공, 타인에 대한 임대 또는 관리 활동에 사용할 목적으로 보유하는 물리적 형태가 있는 자산으로서, 한 회계기간을 초과하여 사용할 것으로 기대되는 자산이다. 즉, 유형자산은 장기간 기업의 정상적 영업활동에 사용할 목적으로 취득한 자산으로 물리적 형태가 있는 자산을 말한다.[10]

4차 산업혁명 시대가 되면서 앞으로 유형자산의 비중은 줄어들 것으로 예상되고 있지만, 아직은 우리나라 제조업 기업들의 유형자산 비중이 OECD 국가 대비 큰 편이며, 그로 인해 유형자산의 가액과 이에 따른 감가상각비도 회계적으로 큰 비중을 차지하며 논란의 대상이 되기도 하므로 회계상 중요한 항목이다.

유형자산은 다음과 같은 회계적 또는 물리적 특성을 갖고 있다. 첫째, 영업활동에 사용할 목적으로 보유하고 있는 자산항목이다. 그러므로 토지나 건물 등을 취득하였더라도 영업활동에 사용할 목적이 아닌 투자목적으로 취득한 경우에는 투자부동산으로 분류해야 하며, 판매목적으로 취득한 경우에는 재고자산으로 분류해야 한다.

10 토지나 건물 등을 임대수익이나 시세차익 또는 두 가지 모두를 얻기 위하여 보유하고 있는 부동산은 투자부동산이라고 말한다. 투자부동산은 기업이 보유하고 있는 다른 자산과 거의 독립적으로 현금흐름을 창출한다. 투자부동산에는 토지, 건물 또는 건물의 일부분 또는 토지와 건물을 포함한 것이 있다.

둘째, 기업에 장기간 용역을 제공하며 보통 감가상각의 대상이 된다. 감가상각을 하지 않는 자산으로는 토지와 건설중인자산이 있다. 토지는 회계학에서 내용연수가 무한한 것으로 간주되며, 건설중인자산은 수익창출에 기여하고 있지 않기 때문에 감가상각을 하지 않는다.

셋째, 물리적 실체(형태)를 지녀야 한다. 이런 점에서 유형자산은 물리적 실체가 없는 무형자산과 구별된다. 그러나 물리적 형태가 있다고 해서 모두 유형자산으로 분류되는 것은 아니다. 상품은 물리적 형태가 있더라도 판매를 목적으로 보유하고 있기 때문에 재고자산으로 분류한다.

한국채택국제회계기준(K-IFRS)에서 제시하고 있는 유형자산에는 토지, 구축물, 건물, 건설중인자산, 기계장치, 차량운반구, 선박 등이 있다.

4.2 무형자산

무형자산(intangible assets)은 물리적 실체는 없지만 식별이 가능한 비화폐성 자산이다. 재무상태표에 무형자산으로 보고되기 위해서는 무형자산의 다음과 같은 정의와 인식요건을 충족시켜야 한다.

① 식별가능해야 한다.
② 기업이 통제하고 있어야 한다.
③ 당해 자산으로부터 미래 경제적 효익이 창출되어야 한다.
④ 물리적 실체가 없어야 한다.

무형자산은 형체가 없을 뿐만 아니라 유형자산에 비하여 미래의 수익창출능력에 있어서 보다 높은 불확실성이 존재한다. 그 이유는 ① 무형자산은 일반적으로 특정 기업에 대하여만 가치가 있어 대체적 용도에 사용하기 곤란하고, ② 내용연수의 추정이 매우 어려우며, ③ 그 가치가 기업간의 상대적 경쟁력에 의하여 좌우되는 경우가 많아 그 가치의 변동이 매우 심하기 때문이다.

K-IFRS에서는 무형자산의 분류 예를 다음과 같이 제시하고 있다.

무형자산의 분류 예시

① 브랜드명
② 제호와 출판표제
③ 컴퓨터소프트웨어
④ 라이선스와 프랜차이즈
⑤ 저작권, 특허권, 기타 산업재산권, 용역운영권
⑥ 기법, 방식, 모형, 설계 및 시제품
⑦ 개발중인 무형자산
⑧ 영업권

몇 가지 중요한 무형자산의 개념에 대해 설명하면 다음과 같다. 산업재산권이란 법률에 의하여 일정 기간 독점적·배타적으로 이용할 수 있는 권리인 특허권, 실용신안권, 의장권, 상표권 등을 말한다.

개발비는 개발단계에서 발생된 비용 중에서 일정한 요건을 충족시키는 경우에 무형자산으로 계상한 금액이다. 여기서 개발은 상업적인 생산이나 사용 전에 연구결과나 관련 지식을 새롭거나 현저히 개량된 재료, 장치, 제품, 공정, 시스템이나 용역의 생산을 위한 계획이나 설계에 적용하는 활동을 말한다. 한편, 연구는 새로운 과학적 · 기술적 지식이나 이해를 얻기 위해 수행하는 독창적이고 계획적인 탐구활동을 말하는데, 모든 연구비는 발생 즉시 비용으로 계상해야 한다. 따라서 연구비는 무형자산에 포함되지 않는다.

영업권(goodwill)은 사업결합(인수와 합병)의 경우 인수대가가 식별가능한 순자산의 공정가치를 초과할 때 발생한다. 사업결합으로 취득하는 영업권은 개별적으로 식별되지 않고 분리하여 인식될 수 없는 자산에서 미래 경제적 효익을 기대하여 취득자가 지급하는 대가를 말한다. 이런 경우 미래 경제적 효익은 취득한 식별가능한 자산 사이의 시너지효과에서 발생하거나 개별적으로 재무제표상 인식기준을 충족하지는 않지만 취득자가 사업결합에서 대가를 지급하고자 하는 자산으로부터 발생할 수 있다. 그러나 기업 스스로가 계상하는 영업권은 인정되지 않는다. 영업권은 다른 무형자산과는 달리 식별이 불가능할 뿐만 아니라 영업권만 별도로 분리할 수도 없으며 상각도 하지 않는 항목이기 때문에 그 측정과 보고에 있어 논란이 있어 왔다.

무형자산은 제조업 중심에서 벗어나 첨단 및 각종 여러 서비스업의 확대와 4차 산업혁명 시대로의 진입 환경 속에서 점점 더 중대한 비중을 차지해 가는 항목임에도, 현행 회계에서도 기업에 실제 존재하는 무형자산을 객관적인 화폐금액으로의 측정이 불가능하다는 이유로 인식하지 못함으로 인하여 여러 문제가 발생한다. 특히 게임, 엔터테인먼트, 바이오 업종의 무형자산 가치 미반영으로 인한 재무제표가 비현실적으로 되는 문제는 심각하다. 그러나 국제회계기준(IFRS)을 비롯한 현행 회계기준은 기업이 보유한 토지와 설비, 기계장치 등 유형자산을 중심으로 구성되어 있다. 즉, 기술과 사업모델,

브랜드, 네트워크, 지식재산권, 가입자 수 등 눈에 보이지 않는 무형자산과 관련된 부분은 재무제표에 정보를 제대로 담지 못하고 있다. 미국 최대 IT기업인 애플의 재무상태표상 순자산가치(2019년 기준)가 시가총액의 7분의 1 수준에 그친 것도 무형자산이 반영되지 않은 결과라는 것이다. 따라서 회계적으로 무형자산의 인식과 측정에 관한 적절한 기준이 마련되고 연구되어야 할 분야이다.

유형자산과 마찬가지로 무형자산을 최초인식할 때에는 **원가**(취득원가)로 측정한다. 그리고 무형자산의 원가배분을 **상각**(amortization)이라 한다. 따라서 상각누계액으로 표시하고, 손상차손누계액과 재평가모형을 적용할 수 있는 것은 유형자산의 경우와 동일하다. 뿐만 아니라 무형자산의 표시와 측정기준도 유형자산의 경우와 동일하다.

4.3 금융자산

금융자산은 금융상품 보유자의 자산을 의미한다.[11] 이에 대해서 현재 K-IFRS에서는 3개의 기준서를 통하여 여러 복잡한 내용을 규정하고 있다.[12] 이러한 금융자산 및 금융부채에 대한 내용은 과거 우리나라 기업회계기준에서 다루지 않았던 내용으로 국제회계기준의 도입으로 기업의 여러 자산 가운데 금융자산의 중요성이 부각된 것이며, 이에 대해서는 그 측정과 평가도 계정과목의 분류에 따라 다

11 반면 금융상품 발행자는 금융상품의 성격에 따라 금융부채 또는 지분상품(자본)으로 인식한다.

12 제1032호(금융상품: 표시), 제1107호(금융상품: 공시), 그리고 제1109호(금융상품: 인식과 측정)가 여기에 해당한다.

르게 적용하고 있다. 자세한 내용은 중급회계에서 다루기로 하고, 여기에서는 정의와 분류, 측정에 대해 간략히 설명한다.

금융자산은 현금, 주식, 수취채권, 그 이외의 금융상품 등을 말하며 K-IFRS에서의 금융상품은 거래당사자 일방에게 금융자산을 발생시키고 동시에 다른 거래상대방에게 금융부채나 지분상품을 발생시키는 모든 계약을 뜻한다. 이러한 금융상품은 일반적으로 주거나 받을 금액이 화폐액으로 정해진다. 따라서 용역을 제공하거나 제공받기로 한 것 또는 비화폐성 항목을 주거나 받기로 한 것은 금융상품의 범주에 속하지 않는다. 이러한 금융상품은 주로 주식, 채권이나 파생상품을 포함하게 되며, 이에 대해 보유자는 금융자산을 당해 금융상품의 현금흐름 특성과 이를 보유하는 기업의 사업모형에 따라 상각후원가측정금융자산,[13] 기타포괄손익-공정가치측정금융자산,[14] 그리고 당기손익-공정가치측정금융자산[15]으로 분류하고 있다.

금융자산은 최초인식시점에 공정가치로 측정한다. 하지만 이후 각 그 명칭에서 파악할 수 있듯이 공정가치 측정을 하되 평가차손익을 당기순손익에 반영하는 것과 기타포괄손익에 반영하는 경우, 공정가치 측정을 하지 않고 상각후원가로 측정하는 경우가 있다.

---

13 AC(Amortized Costs)금융자산

14 FVOCI(Fair Value through Other Comprehensive Income)금융자산

15 FVPL(Fair Value through Profit or Loss)금융자산

제5절 기업과 자산

자산이 기업에서 어떠한 의미가 있을까? 기업의 자산총액은 기업이 보유하고 있는 총자원으로서 그 규모를 대별해 주고 항목별로 어떠한 자원에 투자하고 있는지를 보여준다. 그래서 기업의 총자산을 기준으로 규제가 이루어지기도 한다.[16]

자산은 미래에 효익을 가져다주는 경제적 자원으로 미소멸원가라고도 한다. 이는 효익이 아직 소멸되지 않은 경제적 자원을 의미하는 것인데, 만약 효익이 소멸되면 그때는 자산이 아니라 비용으로 대체된다. 예를 들어 사무실을 임차하고 선급임차료를 지급했다면 미리 지급한 선급임차료는 자산이다. 따라서 사유 발생으로 임차를 하지 않게 되면 그 환불을 청구할 수 있는 자산인 것이다. 하지만 임차기간이 지나면서 사용을 하게 되면 그러한 혜택이 없어지는데, 그 부분은 임차료라는 비용으로 바뀌게 된다. 자산과 비용의 차이는 효익을 가져다주는 시점의 차이인 것이다.

앞에서 자산에 대해 현금, 매출채권, 재고자산 및 기타유동자산, 유형자산, 무형자산, 금융자산 등의 항목을 살펴보았는데, 이 외에도 여러 종류의 자산이 존재한다. 우리나라 기업들은 전체 자산 중에서 공장이나 설비 등 유형자산이 차지하는 비중이 미국이나 일본보다 현저하게 높은 편이다. 반면에 무형자산은 그리 높지 않게 나타나고 있다. 이는 업종별로 차이가 있고 또 점차 무형자산의 비중이 커져

16 예를 들어 주식회사 등의 외부감사에 관한 법률에 따르면 자산총액 120억원 이상인 기업은 외부감사를 받아야 한다.

가는 변화도 나타나고 있다. 여기에 대한 최근 기사[17]를 보면 월트 디즈니(Walt Disney)사의 무형자산 비중이 총자산의 53%이고, 애플(Apple)은 1조 900억달러로 기업가치의 92%를 차지한다고 할 만큼 무형자산의 가치와 중요성이 크다는 것을 알 수 있다. 반면 한국 상장사들은 무형자산이 유형자산보다 높게 평가되지는 않았다. 코스피(KOSPI)와 코스닥(KOSDAQ)에 상장된 2천여 상장사의 기업가치에서 무형자산이 차지하는 비중은 18%에 불과했다. 하지만 시장을 나눠보면, 코스피 기업은 13%, 코스닥 기업은 48%로, 코스피 기업보다 코스닥 기업의 무형자산 비중이 더 컸다. 시장에 참여하는 기업의 업종에 따라서도 비중이 달라지는 모습이다.[18]

자산은 기업의 미래 경제적 효익을 가늠해 볼 수 있는 중요 요소로서 기업의 자산에 대한 분석을 위해서는 재무제표상의 수치적 분석을 기본으로 하여 주석의 자세한 내용, 그리고 실질적인 자산의 상태[19]까지를 모두 파악하는 것이 중요하다.

다음 사례는 무형자산을 재무제표에 반영할 필요를 보여주는 기사의 일부이다.

---

17 아시아경제, "세계 시총 1위 애플, 무형자산 제로?… 숨겨진 가치 1조 900억 달러," 2019.11.17

18 비즈니스워치, "무형자산 가치에 미치는 ESG 영향을 측정해야," 2020.2.26

19 예를 들어 유동자산에 포함된 재고자산 가액이 크다 해도 만약 그 재고자산이 제철 상품으로서 철이 지나 팔리지 않는 항목이라고 한다면 유동자산의 의미를 상실할 것이고, 비유동자산에 포함된 건물이라 할지라도 거래가 활발한 지역의 APT처럼 매우 유동성이 좋은 항목일 수도 있기 때문이다.

사례 3.1 "IT시대… 무형자산 회계반영 확대를"

"순이익과 기업가치의 상관관계가 갈수록 약해지고 있습니다. 회계학계가 투자자에게 더 유용한 정보를 전달할 방법을 찾아 실무에 적용할 수 있도록 도와야 합니다."

메리 바스 미국 스탠퍼드대 교수는 지난 26일 인천 송도컨벤시아에서 한국경제신문사 후원으로 열린 '2020년 한국회계학회 국제학술대회(KAGM)' 기조강연에서 "제조업 중심의 고전 경제가 정보기술(IT)과 서비스 중심의 신경제로 옮겨가고 있다"며 "기업의 특허권 등 무형자산 가치를 계산하는 방법을 정교하게 바꾸고, 얼마나 성장할지를 따지는 방법도 다양하게 개선해야 한다"고 강조했다.

바스 교수는 9년간 국제회계기준위원회(IASB) 위원으로 활동한 세계적인 회계 전문가다. 그는 "회계학자들이 학문적 연구에 그칠 것이 아니라 이론적 성과를 정책 입안자에게 적극적으로 설명해야 한다"고 주문했다.

… 후략 …

출처 : 한국경제신문, 2020.6.28

생각해 볼 문제

(1) 자산의 정의는 변화되어 왔다. 오늘날 일반화된 자산의 정의는 무엇인가?

(2) 자산의 인식요건은 무엇인가?

(3) 자산의 인식요건을 충족하는데 자산이 아닌 경우나, 자산의 인식요건을 충족시키지 못하는데 자산으로 분류되는 경우가 있는가?

(4) 자산을 유동자산과 비유동자산으로 구분하는 이유는 무엇인가?

(5) 기업의 총자산은 그 규모를 보여준다고 할 수 있다. 그렇다면 자산이 많으면 많을수록 좋은 기업인가?

(6) 토지나 건물이 유형자산에 분류되지 않고 투자부동산에 포함되는 경우는 어떤 경우인가?

(7) 국제회계기준에서 금융자산을 강조하고 그 세분류별 측정방식도 세분화한 이유는 무엇인가?

(8) 최근 기업의 무형자산이 중요해진 이유는 무엇인가?

(9) 게임, 제약, 엔터테인먼트 기업에서는 유형자산과 무형자산 중 어떤 자산의 반영이 더 어려울까?

(10) 자산 가치의 측정이 불확실한 상황이라면 자산을 크게 보고하는 것과 작게 보고하는 것 중 무엇이 더 위험할까?

CHAPTER 4

부 채

일상생활에서 우리는 부채가 많은 사람들에 대한 선입견이 있다. 하지만 기업에서 부채란 기업의 자원을 획득하기 위한 자금 원천의 하나이며, 계속기업을 전제하기 때문에 부채의 상환보다는 해당 부채를 유지할 수 있는 기업의 능력이 더욱 중요할 수 있다. 또한 부채는 이자비용의 절세효과 등에 의해 자본보다 자본조달비용이 더 낮은 자금이라는 이론도 있다. 따라서 본장에서는 이러한 기업의 부채에 대해 그 의미와 역할 등을 분석해 본다.

구체적으로 본장에서는 부채의 의의와 인식기준, 부채의 분류, 유동부채 및 비유동부채의 주요 계정별 회계, 마지막으로 기업에서의 부채 의미를 정리해 본다.

제 1 절 부채의 의의와 인식기준

일반적으로 부채는 갚아야 할 돈, 빚이라고 볼 수 있다. 그래서 빚에 대해서는 갚아야 하는 것, 안 좋은 것, 무서운 것 등의 관념이 있는 게 사실이다. 하지만 기업에서의 부채는 자금조달의 한 방식이며 덕이 되는 경우도 있다.[1] 한국채택국제회계기준(K-IFRS)의 개념체계에서 정의하는 **부채**(liability)는 '과거 사건의 결과로 기업이 경제적 자원을 이전해야 하는 현재 의무'로 정의하고 있다. 즉, 부채의 세 가지 특징은 다음과 같다.

① 기업에게 의무가 있다.
② 의무는 경제적 자원을 이전하는 것이다.
③ 의무는 과거 사건의 결과로 존재하는 현재 의무이다.

첫째, 의무란 기업이 회피할 수 있는 실제 능력이 없는 책무나 책임을 말하며, 의무는 항상 다른 당사자에게 이행해야 한다. 둘째, 의무에는 기업이 다른 당사자에게 경제적 자원의 이전을 요구받게 될 가능성이 있어야 한다. 이때 경제적 자원을 이전해야 하는 의무에는 재화의 인도, 용역의 제공과 같은 다양한 의무가 있다. 셋째, 의무는 과거 사건으로 생긴 현재 의무이어야 한다. 현재 의무는 기업이 이

1 주식발행보다 금융권 부채는 이자의 절세효과도 있어 자본비용이 낮다고 보고된 바도 있고, 은행의 부채를 많이 조달받을 수 있는 기업은 그만큼 자산이 크거나 수익성이 좋은 기업일 가능성이 크다.

미 경제적 효익을 얻었거나 조치를 취했고, 그 결과로 이전하지 않아도 되었을 경제적 자원을 이전해야만 하는 경우에만 과거 사건의 결과로 존재한다.

기업이 거래상대방의 요구에 따라 현재 의무를 이행하기 위해서는 일반적으로 미래 경제적 효익이 내재된 자원을 희생하게 된다. 현재 의무는 다양한 방법, 예컨대 현금의 지급, 다른 자산의 이전, 용역의 제공, 다른 의무로 대체하거나 자본으로 전환됨으로써 이행될 수 있다. 부채는 한마디로 현금으로 상환하거나 재화를 인도 또는 용역을 제공해 주어야 하는 의무를 말한다.

이러한 부채를 재무상태표나 포괄손익계산서에 반영하는 과정인 부채의 인식기준은 다음과 같으며 한국채택국제회계기준의 개념체계의 규정에 따른 것이다. 자산의 인식기준과 유입 · 유출의 관점만 다를 뿐 동일함을 알 수 있다.

부채의 인식기준

부채의 정의에 부합하는 항목이 다음 기준을 모두 충족한다면 재무상태표에 부채로 인식되어야 한다.

(1) 현재 의무의 이행에 따라 경제적 효익이 내재된 자원의 유출가능성이 높다.

(2) 결제될 금액을 신뢰성 있게 측정할 수 있다.

이처럼 부채는 현재 의무의 이행에 따라 경제적 효익을 갖는 자원의 유출가능성이 높고 결제될 금액을 신뢰성 있게 측정할 수 있을 때 재무상태표에 인식한다.

부채의 인식기준에서 알 수 있듯이 부채의 인식과 관련한 주요 문제는 경제적 효익의 유출가능성과 측정의 신뢰성이다. 사실 이 기준을 실무에 적용시킨다는 것은 그리 쉬운 일이 아니다. 예컨대 자산의 인식에서 언급한 바 있듯이 가능성은 어느 정도의 확률을 의미하는 것일까? 문헌에는 '가능성이 높다'는 것이 발생되지 않을 경우보다 더 많은 경우를 의미하는 것으로 되어 있지만, 동일한 경제적 현상에 대해서 사람마다 발생가능성을 각기 달리 측정할 것이다. 이는 인식과 측정에서 일관성이 지켜지지 않는 이유이기도 하다.

제 2 절 부채의 분류

부채는 보통 1년을 기준으로 유동부채와 비유동부채로 구분한다. 유동부채는 1년 이내에 상환하기로 되어 있는 부채이고, 유동부채로 분류되지 않는 부채는 모두 비유동부채로 분류한다. 유동부채로 분류하는 자세한 기준을 나타내면 다음과 같다.

유동부채의 분류기준

① 정상영업주기 내에 결제될 것으로 예상하고 있다.
② 주로 단기매매 목적으로 보유하고 있다.
③ 보고기간 후 12개월 이내에 결제하기로 되어 있다.
④ 보고기간 후 12개월 이상 부채의 결제를 연기할 수 있는 무조건의 권리를 가지고 있지 않다.

물론 자산의 분류에서 살펴본 바와 유사한 방법으로 화폐성 부채와 비화폐성 부채로 나누기도 한다. 화폐성 부채란 법령이나 계약에 의해 확정된 화폐액으로 표시된 부채로서 물가가 변동되더라도 표시금액이 변동되지 않는다. 반면 비화폐성 부채는 주로 재화를 인도하거나 용역을 제공함으로써 소멸되는 부채로 고정된 화폐금액으로 표시되지 않는 부채이다. 부채는 대부분 화폐성 부채이며, 비화폐성 부채로는 선수금이나 충당부채 등이 있다. 또한 부채를 금융부채와

〈표 4-1〉 부채계정의 구분과 종류

구 분	계정과목	의 미
유동부채	매입채무	상품을 외상으로 매입한 금액으로 외상매입금과 지급어음을 포함함(매출채권과 대조)
	단기차입금	1년 이내에 상환하기로 하고 타인으로부터 차입한 채무(단기대여금과 대조)
	미지급금	상품 이외의 자산(토지나 건물, 비품 등)을 외상으로 매입하고 아직 지급하지 않은 금액(미수금과 대조)
	미지급비용	발생된 비용 중 아직 지급하지 아니한 것으로 정상영업주기 내에 결제될 것으로 예상되는 금액(선급비용과 대조)
	선수수익	일정한 기간 동안 용역을 제공하기로 하고 미리 수취한 금액으로 아직 제공하지 않은 용역에 대한 대가(미수수익과 대조)
비유동부채	사채	주식회사가 장기자금을 조달하기 위하여 일정한 이자를 지급하기로 하고 일정한 시기(만기)에 상환하기로 하고 발행한 채무증권
	장기차입금	1년 이후에 상환하기로 하고 타인이나 금융기관으로부터 차입한 채무
	퇴직급여부채	퇴직할 종업원에게 지급할 의무가 있는 부채
	장기제품보증충당부채	제품을 보증해 주기로 하고 판매한 경우 기업이 잠재적으로 부담하고 있는 보증비용 추계액

비금융부채로 분류할 수도 있다. 금융부채란 "거래상대방에게 확정된 현금 등의 금융자산을 인도하기로 한 계약상의 의무"를 말하는데 매입채무, 차입금, 사채와 같은 부채가 여기에 속한다. 비금융부채로는 충당부채,[2] 선수금, 선수수익, 그리고 퇴직급여부채 등이 있다.

〈표 4-1〉에서는 앞서 소개한 (주)강릉의 재무상태표에 표시된 항목을 포함하여 주요 부채항목을 소개하고 있다.

제 3 절 유동부채

유동부채로는 매입채무, 단기차입금, 미지급비용, 미지급법인세, 선수수익, 미지급금, 선수금 등이 있다.

매입채무는 상품을 매입하거나 용역을 제공받는 과정, 즉 일반적 상거래에서 발생된 채무를 말한다. 그리고 일반적 상거래 이외의 활동으로 인한 지급채무를 비매입채무라 한다. 외상매입금과 지급어음은 매입채무에 속하며, 차입금과 미지급금 등은 비매입채무에 속한다. 일반적으로 외상매입금과 지급어음을 통합하여 매입채무로 보고하고 있다. 그러나 그 금액이 중요할 때에는 각기 구분하여 사용하고 보고할 때에는 통합하여 보고한다.

2 충당부채란 우발손실의 가능성이 있는 항목 중에서 지출의 시기나 금액이 불확실한 부채이지만 재무상태표에 인식되는 부채이다. 반면 우발부채는 불확실성이 커서 재무상태표에 부채로 인식하지 않고 주석에만 공시하는 것을 말한다.

단기차입금은 보고기간 후 12개월 이내에 결제하기로 되어 있는 차입금을 말하며, **미지급비용**이란 일정 기간 계속 제공받는 용역에 대하여 이미 당기에 기간의 경과로 인하여 발생은 되었으나, 아직 계약상의 지급기일이 도래하지 않아 용역대가를 지급할 의무가 법적으로 확정되지 않은 비용을 말한다.

미지급법인세란 법인세 등의 미지급액을 말하며, **선수수익**이란 일정 기간 동안 계속하여 용역을 제공하기로 약정하고 미리 대가를 받은 이자, 임대료, 수수료 등의 수익 중에서 결산일 현재 용역을 제공하지 못한 부분에 대한 채무를 말한다.

미지급금이란 유형자산이나 유가증권 등을 구입하였으나 그 대가를 아직 지급하지 않은 경우 또는 용역을 제공받고 계약상의 지급기일이 경과하여 법률적으로 지급할 의무가 확정되었으나 아직 대가를 지급하지 않은 경우에 발생하는 채무를 말한다.

선수금은 판매자가 상품판매대금의 일부를 먼저 받은 경우에 발생되는 것으로, 상품을 인도할 의무를 말한다.

K-IFRS에서는 단기매매 목적으로 보유하고 있고, 보고기간 후 12개월 이내에 결제하기로 되어 있는 경우 유동부채로 표시한다.

또한 비유동부채 중 일부 또는 전부에 대한 상환일이 결산일로부터 1년 이내에 도래하게 되면 이를 비유동부채에서 분리하여 유동부채로 재분류해야 하는데, 이를 **유동성장기부채**(단기성장기부채)라 한다. 예를 들어, 장기차입금 중 상환일이 결산일로부터 1년 이내에 도래하게 되면 이를 유동부채로 분류하여 보고해야 한다. 유동성장기부채계정은 1년 이내에 별도의 상환자금이 필요한 부분을 구분하여 정보이용자에게 전달하기 위한 것이다.

제 4 절 비유동부채

여기에서는 금융부채와 금융부채에 속하지만 기업의 대표적인 금융부채여서 좀 더 자세히 설명할 필요가 있는 사채, 그리고 금융부채 이외의 비유동부채로 나누어 설명하기로 한다. 금융부채가 유동부채 또는 비유동부채로 표시되어야 하는지를 평가하는 데는 '단기매매' 범주를 기준으로 한다. 만약 금융부채를 주로 단기매매 목적으로 보유하고 있다면 그 만기에 상관없이 유동으로 표시해야 한다.[3]

4.1 금융부채

앞에서 금융부채란 "거래상대방에게 확정된 현금 등의 금융자산을 인도하기로 한 계약상의 의무"로 매입채무, 차입금, 사채와 같은 부채가 여기에 속한다고 설명한 바 있다. 이러한 금융부채에 대해 K-IFRS(제1032호, 금융상품: 표시)에서는 금융부채를 지분상품(자본)과 명확하게 구분하고 있다. 금융부채와 지분상품(자본)의 근본적 차이는 만기(상환일)가 존재하는가 여부이다.

K-IFRS에서는 아래와 같이 금융부채를 정의하고 있다.

---

3 그러나 금융보증계약이 아닌 파생상품 또는 지정된 위험회피수단이 아닌 파생상품과 같이, 단기매매 목적으로 보유하는 것이 아닌 금융부채는 결제일에 기초하여 유동 또는 비유동으로 표시해야 한다.

금융부채의 정의

> ① 다음 중 하나에 해당하는 계약상 의무
>
> (1) 거래상대방에게 현금 등 금융자산을 인도하기로 한 계약상 의무
>
> (2) 잠재적으로 불리한 조건으로 거래상대방과 금융자산이나 금융부채를 교환하기로 한 계약상 의무
>
> ② 자기지분상품으로 결제되거나 결제될 수 있는 다음 중 하나의 계약
>
> (1) 인도할 자기지분상품의 수량이 변동가능한 비파생상품
>
> (2) 확정수량의 자기지분상품에 대하여 확정금액의 현금 등 금융자산의 교환이 아닌 방법으로 결제될 파생상품

①-(1)에서 설명하고 있는 금융부채에는 매입채무, 차입금,[4] 사채가 있다. 그리고 ①-(2)는 금융보증계약을 말하고, ②-(1)은 주식이지만 부채금액이 더 확정적인 경우라서 금융부채이며, ②-(2)는 선물, 옵션 등의 파생상품을 통하여 주식을 발행하더라도 주당발행금액이 정해지지 않았다면 금융부채로 분류함을 의미한다. 정의 자체가 쉽지는 않다. 이해가 어렵다면 회계의 입문 단계에서는 넘어가도 무리가 없다.

금융부채는 최초인식시점에서는 공정가치로 측정하지만 후속적으로 상각후원가로 측정하는 금융부채와 상각후원가로 측정하지 않고 별도의 후속측정 기준을 적용하는 금융부채로 분류한다. 대부분의 금융부채는 상각후원가측정금융부채이다. 다만 회계불일치[5]를 해소하기 위하여 제한적으로 허용되는 당기손익-공정가치측정금융부채

4 비유동부채에 해당하는 **장기차입금**은 보고기간 후 12개월 이후에 결제하기로 되어 있는 차입금을 말한다. 차입금에 대한 상세내역은 주석으로 공시한다.

5 회계불일치란 서로 다른 기준으로 자산이나 부채를 측정하거나 그에 따른 손익을 인식함으로써 발생할 수 있는 인식이나 측정상의 불일치를 말한다.

로 분류될 수 있다.

4.2 사 채

사채란 회사가 직접 금융시장인 증권시장으로부터 자금을 차입하기 위하여 사채권이라는 유가증권을 발행하여 교부하고 자금을 차입하는 일종의 차입금이다. 사채는 일반 대중 또는 기관투자자들로부터 많은 금액을 차입해야 하는 경우의 자금조달 수단이다. 사채권은 1만원 이상 균일한 금액단위로 나누어 발행된다. 따라서 사채에 투자하려는 투자자의 자금 능력에 맞추어 투자할 수 있게 함으로써 자금을 용이하게 조달할 수 있게 한다.

이러한 사채에는 여러 종류가 있다. 보증유무에 따른 보증사채와 무보증사채, 담보 여부에 따른 담보사채와 무담보사채, 주식으로 전환할 수 있는 전환사채, 신주를 인수할 수 있는 권리가 부여된 신주인수권부사채, 만기에 상환되는 일시상환사채, 원금을 분할상환하는 연속상환사채 등 이 외에도 여러 다양한 종류가 있다.

그리고 사채는 유효이자율과 표시이자율의 관계에 따라 할인발행과 할증발행이 이루어진다. 유효이자율은 사채를 발행하는 시장에서의 발행 당시 이자율을 의미하며, 표시이자율은 사채권면에 약속된 이자율을 뜻한다. 따라서 유효이자율이 표시이자율보다 높을 경우에는 할인발행, 유효이자율이 표시이자율보다 낮을 경우에는 할증발행이 이루어진다.

차입금과 사채 등 금융부채를 재무상태표에 표시하기 위해서는 유효이자율법[6]에 의한 상각후원가로 표시한다. 즉, 미래지급액을 채무발생 당시의 유효이자율로 할인한 금액으로 재무상태표에 표시한다.

4.3 기타 비유동부채

기타 비유동부채의 예로는 순확정급여부채, 이연법인세부채, 장기충당부채 등이 있다.

순확정급여부채는 종업원의 퇴직급여와 관련하여 발생하는 부채로 확정급여채무에서 사외적립자산을 차감하여 표시한다. **확정급여채무**는 종업원이 당기와 과거 기간에 근무용역을 제공하여 발생한 퇴직급여채무를 결제하는 데 필요한 예상 미래지급액의 현재가치이다. **사외적립자산**은 확정급여채무를 이행하기 위해(미래에 지급하기 위해) 기업이 사외에 적립해 놓은 자산이다.

이연법인세부채란 가산할 일시적 차이와 관련하여 미래 회계기간에 납부할 법인세 금액을 말한다. 여기서 **가산할 일시적 차이**란 자산이나 부채의 장부금액이 회수나 결제되는 미래 회계기간의 과세소득 결정시 가산할 금액이 되는 자산과 부채의 장부금액과 세무기준액의 차이를 말한다.

충당부채는 지출의 시기나 금액이 불확실한 부채를 의미한다. 충당부채의 예로는 판매 후 품질 등을 보증하는 경우의 관련 의무(제품보증충당부채), 판매촉진을 위해 시행하는 환불정책, 경품 등과 관련한 의무(경품충당부채), 손실부담계약, 타인의 채무 등에 대한 보증

6 사채의 기초장부금액에 유효이자율을 곱하여 사채이자비용을 구하고 여기에서 현금이자를 차감하여 상각액을 구하는 방식을 말한다.

의무, 계류중인 소송사건, 구조조정과 관련된 의무(구조조정충당부채), 환경관련의무(복구충당부채) 등이 있다.

제 5 절 기업과 부채

부채는 기업이 보유하고 있는 경제적 자원인 자산에 대한 채권자의 청구권을 의미하며, 다수 정보이용자들에게 관심의 대상이 되고 있는 부채비율은 부채총액을 자기자본으로 나눈 비율인데, 일반적으로 100% 이하라면 이상적이라고 볼 수 있다. 물론 부채비율이 높다고 해서 모두 위험하다고 볼 수는 없다.[7] 최근 기사[8]에 의하면 폭스바겐이 전 세계 900개 상위기업 가운데 가장 많은 빚을 지고 있고, 부채가 가장 많은 10개 기업 중 5개가 도요타, 포드, BMW 등의 유수 자동차 회사인 것으로 나타났다.

이처럼 기업에 있어서 부채의 의미는 개인에게 부여되는 부채의 의미와는 다른 부분이 있다. 사람은 죽기 전에 빚을 갚아야 하기 때문에 채무에 대한 압박감과 빚에 대한 부정적 관념이 있지만, 기업에 있어서 부채는 자금조달의 원천일 뿐이며 계속기업을 가정하기 때문에 이자를 보상할 만한 자금 능력이 있는 범위 내에서의 부채는

7 우량기업이 담보력이 좋거나, 성장 단계 기업이 미래 현금유입 가능성이나 프로젝트의 성공가능성 등으로 좋은 평가를 받아 금융권으로부터 많은 부채를 조달했다면 이는 기업분석에서 오히려 좋은 신호가 될 수도 있는 것이다.

8 모터데일리, 2020.7.20

계속적인 유지가 가능한 것이다. 또한 재무관리의 자금조달순위이론(pecking order theory)에 의하면 부채가 주식을 발행하여 조달받는 자본보다 자본비용이 적게 드는 방법이라고 한다. 부채를 얻으면 이자비용을 내고, 이러한 이자비용이 기업이 내는 세금인 법인세를 절감시키는 효과도 있기 때문이다.

그렇다면 부채는 기업에 어떠한 영향을 미칠까? 채권자는 주주와 달리 경영의사결정에 참여할 수 없기 때문에 어떻게든 자신의 이해에 반하는 경영을 하지 못하도록 하는 장치가 필요하다. 이것이 채권자와 경영자 간의 이해상충 문제인데, 예를 들어 위험한 사업에 투자한다거나 청산배당을 하는 등의 문제가 그 대표적인 것이다. 따라서 채권자는 부채를 발행할 때 이런 행위들을 제한할 필요가 있으며, 이를 가능하게 하는 것이 부채계약서상의 채무이행조항(debt covenants)이다. 따라서 채무기업은 이러한 계약을 위반하지 않았다는 이행조항서를 재무제표 검토와 함께 매년 제출해야 한다. 이때의 이행조항들은 회계수치를 이용하여 작성되는 것이 일반적이다.

또 부채의 청구권자인 채권자는 다음 장에서 설명될 자본의 청구권자인 주주와 기업에 자금을 제공해 준 주체라는 측면에서 유사하지만 여러 가지 측면에서 다른 점이 있다. 채권자는 대여한 자금의 원금과 이자의 원활한 회수를 목적으로 하기 때문에 기업의 가치에 대해서도 수익성보다는 안정성에 더 큰 비중을 둘 것이다. 채권자는 앞의 경영자와의 이해상충에서도 설명한 바처럼 위험한 사업을 채택해서 부채상환이 어렵게 되는 상황이나 청산배당, 그리고 다른 비상장회사의 주식을 고가매입하는 등의 사례를 매우 꺼리게 된다. 따라서 상법에서도 이와 같은 면을 고려하여 의결권이 없는 다수의 채권자를 보호하기 위한 조항들이 있다.

기업은 사업을 계속하기 위하여 끊임없이 자금이 필요하며 부채는 그 첫 번째 우선수단이 되고 있다. 따라서 이와 같은 부채를 이해하는 것은 기업을 분석하는 데 매우 중요한 의미가 있다.

다음 사례는 최근 국내 기업들의 부채비율이 늘어났음을 보여주는 기사의 일부이다.

사례 4.1 "대기업도 빚내서 버틴다" 1분기 기업부채 폭증

신종 코로나바이러스감염증(코로나19) 직격탄을 맞은 국내 주요 기업들의 부채비율이 급격하게 높아진 것으로 나타났다. 코로나19가 장기화 국면에 들어가면 기업들의 재무 상황이 더 나빠져 존속 자체가 불투명한 곳이 급증할 것으로 보인다.

항공과 자동차, 해운, 숙박 등 코로나19로 피해를 입은 업종을 대표하는 기업들의 1분기 보고서를 분석한 결과 이들의 부채비율과 영업적자가 크게 늘어난 것으로 조사됐다.

… 중략 …

부채비율은 대표적인 기업 건전성 지표로, 보유 자산 중 부채가 얼마 정도인지를 나타낸다. 우량한 기업의 부채비율은 대개 100%를 넘지 않고 200~300%가 넘어가면 재무가 부실하다는 평가를 받는다.

항공사 재무 상황이 크게 악화한 것은 코로나19로 여객 사업이 어려움을 겪었기 때문으로 풀이된다. 영업적자가 심해지면서 빚은 늘고 자본금을 까먹으면서 부채비율이 급등한 것으로 분석된다. 자동차와 해운, 숙박 등 다른 피해 업종도 상황은 비슷했다.

출처 : 아시아경제, 2020.5.18

생각해 볼 문제

(1) 부채는 현재의 의무라고 했는데, 그렇다면 기업 경영진이 미래에 특정 자산을 취득하겠다는 약속을 계약서에 명시했다면 이것은 부채인가 아닌가?
(2) 부채비율이 100%를 넘으면 위험한 기업인가?
(3) 기업의 자금조달방식인 부채와 자본 중에는 어떤 것이 더 유리한가?
(4) 유동부채와 비유동부채 중 어떤 부채가 많은 기업이 안정성 측면에서 더 불리한가?
(5) 금융부채는 보유기간 동안 공정가치 측정을 하는 게 원칙일까 보통 하지 않는 게 원칙일까?
(6) 계속기업에 있어서 부채는 상환보다 유지 능력이 중요하다. 이런 측면에서는 부채비율 자체보다 어떠한 요소를 살펴보는 게 필요할까?
(7) 사채의 유효이자율이 표시이자율보다 높을 때 할인발행을 하는 이유는 무엇인가?
(8) 채권자와 주주의 주요 차이점은 무엇인가?
(9) 지급금액과 지급시기가 확실하지 않아도 재무제표에 부채로 인식할 수 있을까?
(10) 채권자가 경영자와 이해상충이 있을 때 경영자를 제약할 수 있는 수단으로 어떠한 것이 있는가?

CHAPTER 5

자 본

자본은 주주에게 귀속되는 지분을 말한다. 자본의 변동사항에는 유상증자, 무상증자, 자기주식 취득, 주식분할, 배당 등 회사의 가치와 관련된 다양한 정보를 원인으로 하고, 이는 주식의 가치와 밀접한 관련을 가지고 있다. 또한, 이익잉여금의 처분은 회사의 경영계획, 주주의 성향 등에 관한 정보를 보여준다. 따라서 자본은 회사 경영진, 주주 등이 관심을 많이 가지는 분야이면서 상법, 세법 등 다른 영역과도 연결되는 부분이 많다.

본장에서는 자본의 기본적인 내용과 회계처리를 중심으로 살펴본다. 다만, 자본의 회계처리에 관하여 한국채택국제회계기준과 일반기업회계기준이 약간의 차이가 있지만 공통적인 부분을 중심으로 살펴본다.

제 1 절 자본의 의의

자본은 주주로부터 조달된 자금을 의미한다. 자본은 기업이 소유한 경제적 자원인 자산에서 부채를 차감한 금액으로 자산에 대한 청구권 측면에서 소유주청구권이라고 한다. 그리고 자산에 대한 청구권이 채권자에게 우선 적용되기 때문에 잔여지분이라고 하며, 주식회사의 경우 소유주를 대신하여 주주의 개념을 사용하기 때문에 주주지분이라고 부른다. 따라서 자본에 대해서는 소유주청구권, 순자산, 소유지분, 자기자본, 잔여지분, 주주지분이 모두 같은 말로 통용되고 있다.

자본을 좀 더 깊게 설명하면 주식발행, 자본거래, 영업거래와 관련되어 조달된 자금으로 구성된다. 즉, 주식을 발행하였을 때 자본금계정이 증가되고, 자본거래의 손익으로 자본잉여금 및 자본조정계정이 증감하며, 영업거래에서 손익이 발생하였을 때 이익잉여금계정이 증감되어 자본에 반영된다. 또한, 주식발행, 자본거래, 영업거래 외에 자본에 영향을 미치는 사항은 기타포괄손익누계액으로 집계된다. 일반기업회계기준에서 자본은 〈표 5-1〉과 같이 구분하고 있다.

한국채택국제회계기준에서는 자본을 납입자본, 이익잉여금, 기타자본구성요소로 분류하고 있는데, 이는 국제회계기준이 개별 나라의 법률을 통일적으로 적용하기 어려운 측면을 감안한 것으로 보인다. 여기에서는 일반기업회계기준으로 설명한다.

〈표 5-1〉 자본의 구성항목

구 분	구성항목
자본금	보통주자본금, 우선주자본금
자본잉여금	주식발행초과금, 감자차익, 자기주식처분이익, 전환권대가
자본조정	자기주식, 주식할인발행차금, 감자차손, 자기주식처분손실, 미교부주식배당금
기타포괄손익누계액	FVOCI금융자산평가손익, 해외사업환산손익, 파생상품평가손익, 지분법자본변동
이익잉여금	이익준비금, 기타법정적립금, 임의적립금, 미처분이익잉여금

제 2 절 자본금

자본금은 앞서 설명한 자본과 개념이 다름에 유의해야 한다. 자본금은 아래와 같이 1주당 액면가액에 발행주식총수를 곱하여 계산된다.

$$자본금 = 액면가액 \times 발행주식총수$$

2.1 액면가액

액면가액은 주권의 표면에 표시된 가격을 말하는 것으로 상법에서는 액면가액은 100원 이상으로 해야 하고, 그 금액은 균일해야 한다고 규정하고 있는데, 액면가액은 100원, 500원, 1,000원, 5,000원, 10,000원 등이 있다. 한편, 정관으로 정한 경우에는 주식의 전부를 1주당 액면가액의 기재가 없이 주식수만 기재된 무액면주식으로 발행할 수 있으며, 이 경우에는 총발행가액 중 1/2 이상을 자본금으로 정하고 나머지는 법정준비금으로 적립해야 한다.

액면가액은 법정자본금을 나타내는 금액으로 실제 주식의 공정가치를 의미하지 않으며, 실제 주식발행가액과 다를 수 있다. 주식을 발행할 경우에는 시장의 상황 등을 감안한 발행가액을 결정하게 되는데, 액면가액과의 차액에 따라 〈표 5-2〉와 같이 구분된다.

〈표 5-2〉 자본의 구성항목

구 분	내 용	계정과목
주식할인발행	액면가액 > 발행가액	주식할인발행차금
주식액면발행	액면가액 = 발행가액	
주식할증발행	액면가액 < 발행가액	주식발행초과금

2.2 발행주식총수

자본금은 기업이 유지해야 할 최소한의 자본을 말한다. 주식회사는 설립시 정관에 발행할 주식의 총수를 기재해야 하며, 그 발행할 주식총수의 범위 내에서 이사회 결의에 의하여 주식을 발행하게 되는데, 정관에 기재된 발행할 주식총수를 수권주식수라고 한다. 이러한 수권주식수는 발행주식수와 미발행주식수로 구분되며, 발행주식수는 유통주식수와 자기주식수로 나누어진다.

2.3 보통주와 우선주

주식은 일반적으로 보통주와 우선주로 구분된다. 우선주는 배당이나 잔여재산의 배분에 있어서 우선권을 갖는 반면, 의결권이 없는 주식이고, 보통주는 이와 같은 우선주와 구분하기 위한 상대적인 명칭이다. 우선주는 회사의 입장에서는 배당 이외의 추가부담이 없고, 대주주의 부담을 줄이면서 자금조달을 할 수 있으며, 보통주보다 낮은 가격으로 발행할 수 있는 점 때문에 이용된다.

우선주는 투자자의 투자욕구를 충족시키면서 자금조달을 활성화하기 위해 다음과 같은 권리를 부가할 수 있다.

① 전환우선주 : 우선주 발행일 이후 약정된 시기에 일정한 가격으로 보통주로 전환할 수 있는 권리가 부여된 우선주
② 상환우선주 : 상환하기로 한 기간이 만료되면 해당 주식을 발행한 회사로부터 상환받을 수 있는 권리가 부여된 우선주

상환우선주는 보유자가 상환을 청구할 수 있는 경우와 발행자가 의무적으로 상환해야 하는 경우에 부채로 분류된다.

2.4 액면분할

주식의 액면가액을 일정 비율로 분할하는 것을 액면분할이라고 한다. 즉, 5,000원 1주를 나누어 500원 10주로 만들 수 있다. 액면분할은 주식수와 액면가액은 변동하지만 자본금에는 변동이 없어 회

계처리의 대상이 되지 않는다. 다만 주식의 액면분할에 관한 사항은 주석에 기재해야 한다. 액면분할은 회사의 자본금 등 재무상태에는 영향을 미치지 않지만 주식거래의 촉진, 신주발행의 용이, 경영권 방어 등에 이용된다. 액면분할과 반대의 상황은 액면병합이라고 한다.

사례 5.1 '액면분할' 발표에 18% 오른 테슬라… 삼성전자는 어땠나

최근 애플, 테슬라 등 미국 기술주가 잇따라 액면분할 계획을 발표한 뒤 주가도 급등세를 보였다. 그렇다면 국내 기업의 액면분할 이후 주가 성적표는 어땠을까.

14일 증권업계에 따르면 테슬라는 지난 11일 5 대 1 액면분할 계획 발표 이후 전날까지 주가가 18% 가까이 올랐다. 현재 1주당 1,600달러(약 190만원) 안팎인 테슬라 주가는 5 대 1 액면분할을 거칠 경우 300달러선으로 낮아질 것으로 기대된다. 애플도 지난달 30일 4 대 1 액면분할을 발표한 바 있다.

엄밀히 말하면 미국은 액면분할보다 '주식분할'이라는 표현이 정확하다. 다만 주식을 추가 발행하는 것이 아니라 기존 1개 주식을 분할해 여러 개의 주식으로 늘린다는 점에서 우리나라의 액면분할과 개념이 비슷하다. 액면분할은 통상 주식 시장가격이 너무 높아 거래가 부진할 때 접근성을 높여 거래를 활성화하기 위해 사용된다.

그러나 일각에서는 국내 기업들은 액면분할로 인한 주가상승 효과를 보지 못했다는 평가도 있다. 14일 기준 삼성전자 주가는 액면분할 직후 주가(5만1,900원, 2018년 5월 4일) 대비 11.75% 오른 5만8,000원이다. 그러나 액면분할 효과로 상승했다고 보기는 어렵다. 상장 직후 삼성전자의 주가는 4만원대로 떨어졌고 지

난해 1월에는 3만6,850원까지 추락했다가 11월에야 5만원대를 회복했다

출처 : 머니투데이, 2020.8.13 기사 수정

2.5 유상증자와 무상증자

증자는 회사가 자본금을 늘리는 것을 말한다. 증자는 신주발행과 함께 실질적인 자산이 증가하는 유상증자와 실질적 자산의 증가 없이 자본만 증가하는 무상증자로 구분된다.

유상증자는 회사의 자본조달방법 중 하나로 자본금 증가와 함께 현금이 증가하기 때문에 회사의 입장에서는 재무구조 개선효과가 있다. 유상증자는 신규투자 또는 사업확장을 위한 목적이 있을 수 있는 반면, 실적부진 및 경영부실을 원인으로 실시하는 경우가 있기 때문에 유상증자가 반드시 주식의 가격상승에 직접적인 영향을 미치는 것은 아니다. 유상증자의 유형은 다음과 같다.

① 주주배정방식 : 신주인수권을 기존의 주주에게 배정하는 방식
② 주주우선공모방식 : 기존 주주에게 우선 배정한 이후 실권주가 발생하면 일반인에게 공개모집하는 방식
③ 제3자배정방식 : 기존 주주의 신주인수권을 배제하고 제3자에게 배정하는 방식
④ 일반공모방식 : 기존 주주에 대한 신주인수권을 배제하고 불특정다수인에게 공개모집하는 방식

한편, 무상증자는 자본잉여금이나 이익잉여금 중 법정적립금을 재원으로 기존 주주에게 신주를 무상으로 배정하는 것을 말한다. 무상증자는 자본잉여금이나 이익잉여금이 감소하는 대신에 자본금이 증가하기 때문에 순자산에는 변동이 없고 자본금과 발행주식수만을 증가시키기 때문에 이론상 기업가치 및 주주가치에는 변화가 없다.

2.6 출자전환

출자전환은 회사의 부채를 자본금으로 전환하는 것을 말한다. 은행 등이 회사에 대출해 주거나 보증을 선 자금이 부실화되었을 경우 경영정상화를 위해서 이용되는 방법이다. 부실화된 채권을 회수할 경우에는 회사가 부도 등으로 인하여 손실이 발생될 수 있기 때문에 부채를 자본으로 전환하여 회사를 정상화시킨 다음 매각하는 방식이다. 출자전환을 하는 경우 부채의 장부금액과 주식의 공정가액 차액을 금융부채상환이익으로 처리한다.

제 3 절 자본잉여금

자본잉여금은 자본의 증가나 감소 등 자본과 관련된 거래에서 발생하는 잉여금을 말한다. 자본잉여금은 영업에서 벌어들인 이익인 손익계산서상의 당기순이익과 대비되는 개념으로 배당으로도 사용할 수 없으며, 자본전입과 결손보전에만 사용할 수 있다. 자본잉여금은 주식발행초과금, 감자차익, 자기주식처분이익 등으로 구성된다.

3.1 주식발행초과금

주식발행초과금은 회사가 주식을 발행할 때 해당 주식의 발행가액이 액면가액을 초과하는 경우 그 초과하는 금액을 말한다. 주식을 발행하는 회사의 재무상태, 미래의 현금흐름 등이 좋으면 주식을 발행할 때 투자가의 관심을 얻게 되어 액면가액보다 높게 주식을 발행할 수 있다. 이와 반대인 경우에는 주식을 액면가액보다 낮은 가액으로 발행할 수밖에 없는데, 이 경우에는 주식할인발행차금이 발생하게 된다.

주식할인발행차금은 회사가 주식을 발행할 때 해당 주식의 발행가액이 액면가액에 미달하는 경우 그 미달하는 금액을 말하는 것으로 주식발행초과금의 반대 개념이다. 주식이 할인발행되는 이유는 해당 회사의 미래 가치나 현재 재무상태 등을 고려한 주식가격이 액면가액보다 낮게 형성되어 있지만 불가피하게 자금을 조달해야 하는 경우에 발행된다. 주식의 할인발행은 상법상 자본충실의 원칙에 따라 금지되는 것이 원칙이지만 회사 설립일로부터 2년을 경과한 후에 주주총회의 특별결의와 법원의 인가를 얻어 주식을 발행할 수 있다. 주식할인발행차금은 자본조정에 차감하는 형식으로 표시되며, 발행연도부터 3년 이내에 매기 균등액을 이익잉여금으로 상각한다.

3.2 감자차익

감자는 회사의 자본금을 감소시키는 것으로 주식소각이라고도 하는데, 유상감자와 무상감자로 구분된다.

유상감자는 자본금을 감소시키면서 주주들에게 감소되는 주식가액의 일부를 현금으로 지급하는 방식을 말한다. 유상감자는 자본금이 줄어들고 회사의 현금이 유출되어 회사의 자산규모가 줄어들기 때문에 실질적인 감자라고 한다. 유상감자에서 주주에게 지급되는 현금이 주식의 액면가액보다 낮으면 감자차익이 발생하고, 액면가액보다 높으면 감자차손이 발생한다. 가령, 액면가액 5,000원 주식을 주주에게 현금 4,000원에 지급하는 감자를 실행하는 경우 1,000원의 감자차익이 발생하게 된다. 이때 감자차익은 자본잉여금으로, 감자차손은 자본조정으로 분류된다. 유상감자는 회사의 규모에 비하여 자본금이 지나치게 클 경우 자본금을 감소시켜 주가를 관리하고 회사의 합병, 매각 등을 위하여 회사 규모를 축소할 필요성이 있을 때 실시된다.

무상감자는 자본금을 감소시킬 때 현금을 지불하지 않는 방식을 말한다. 자본금은 줄어들지만 현금유출이 발생하지 않고 이월결손금계정을 줄여주기 때문에 형식적 감자라고 한다. 즉, 무상감자는 자본금과 이월결손금이 감소하기 때문에 자본총계에는 변동이 없게 된다. 무상감자에서는 이월결손금보다 감소되는 자본금이 클 경우에는 감자차익이 발생하게 되지만, 감자차손은 발생하지 않게 된다. 가령 액면가액 5,000원을 감자하면서 이월결손금 4,000원을 감소시키면 감자차익 1,000원이 발생한다. 무상감자는 결손금이 너무 많아 이익배당을 할 수 없거나 주가하락으로 신주발행이 어려운 경우에 실시된다.

한편, 감자는 주주의 이해관계에 영향을 미칠 수 있기 때문에 상법상 주주총회의 특별결의가 있어야 한다.

사례 5.2 유 · 무상감자 공시한 쌍용양회… 증권가 "배당 여력 확대" 평가

쌍용양회가 감자를 한다. 주주가치 제고가 목적이다. 증권가에선 배당 여력이 확대됐다고 평가했다. 쌍용양회는 보통주 10 대 1 무상감자와 우선주 전량 유상감자를 1일 공시했다. 보통주 무상감자는 액면가 1,000원을 100원으로 줄이는 방법으로 이뤄진다. 이에 따라 쌍용양회 보통주 자본금(액면가×발행주식수)은 5,039억원에서 504억원으로 10분의 1로 줄어든다. 줄어든 자본금 4,535억원은 자본잉여금에 더해진다.

증권가에선 무상감자로 쌍용양회 배당 여력이 확대됐다고 분석했다. 장문준 KB증권 연구원은 "이번 감자로 쌍용양회의 배당가능이익이 1조원 이상 증가할 것"이라고 말했다. 감자차익 4,535억원을 더해 자본잉여금이 1조2,000억원 수준으로 늘어나는데, 상법상 자본금의 1.5배를 초과하는 금액은 이익잉여금으로 전환할 수 있기 때문이다. 전환 후 이익잉여금은 1조7,000억원대가 된다.

일각에선 최대주주인 한앤컴퍼니가 투자금 회수를 서두를 목적이 아니냐는 해석을 내놓고 있다. 사모펀드(PE)인 한앤컴퍼니는 2016년 쌍용양회를 약 1조3,000억원에 인수했다. 특수목적회사(SPC) 한앤코시멘트홀딩스를 통해 쌍용양회 지분 77.4%를 들고 있다. 쌍용양회는 이후 순이익보다 많은 배당을 하고 있다.

우선주 유상소각은 소각 가격이 주당 9,297원에 결정됐다. 최대주주가 11월 11일까지 1만5,500원에 우선주를 매수하며, 이에 응하지 않으면 주당 9,297원을 돌려받게 된다. 우선주 주주는 최대주주에게 주식을 파는 게 나은 선택이다. 이날 쌍용양회 보통주는 1.06% 오른 5,700원, 우선주는 29.90% 오른 1만8,900원에 마감했다.

출처 : 한국경제, 2020.9.1 기사 수정

3.3 자기주식처분이익

자기주식이란 회사가 자신의 계산으로 발행한 주식을 다시 취득하여 보유하고 있는 주식을 말한다. 자기주식은 회사의 자본이 실질적으로 반환되기 때문에 상법상 자본충실의 원칙에 반한다. 그렇기 때문에 주식소각, 합병, 영업의 전부양수, 단주처리, 주식매수청구권 행사 등 이외에는 자기주식을 보유할 수 없는 것이 원칙이다.

자기주식을 취득한 경우 자본금은 그대로 두고 자기주식이라는 계정과목으로 회계처리하고 자본조정의 차감항목으로 표시한다. 가령 액면가액 5,000원 주식을 10,000원에 취득하면 자기주식이라는 계정과목에 10,000원을 계상한다.

자기주식처분이익은 회사가 보유하고 있는 자기주식을 다시 팔 경우 매입한 가액보다 높은 가격으로 처분하는 경우에 발생하게 된다. 반면, 자기주식을 매입한 가액보다 낮은 가격으로 처분하는 경우에는 자기주식처분손실이 발생한다. 자기주식처분손실은 자기주식처분이익과 상계한 이후에도 잔액이 남을 경우에 자본조정에서 차감항목으로 표시된다. 또한, 회사가 자기주식을 매각하지 않고 소각할 경우에는 자기주식 취득가액과 액면가액을 비교하여 감자차익 또는 감자차손이 발생하게 된다.

사례 5.3 아진엑스텍, 29억 규모 자기주식 소각 결정… "주주가치 제고"

IT장비·로봇모션제어 전문기업 아진엑스텍이 주주가치 제고를 위해 자기주식 39만여주를 소각키로 결정했다. 20일 아진엑스텍(대표이사 김창호)은 주주가치 제고를 위해 기 취득 자기주식 소각 결정을 했다고 공시를 통해 밝혔다.

소각할 주식은 기 취득한 자기주식이며 수량은 394,261주, 금액은 28억8천3백만원 규모이다.

이번 자기주식 소각과 관련해 회사 측은 "코로나19 사태로 인해 전 세계가 힘든 가운데 당사 주주들도 힘든 한 해를 보내고 있을 것으로 알고 있다"며 "주주가치 제고를 위해 자기주식취득신탁계약을 통해 자기주식을 취득하는 데 그치지 않고 이미 취득한 자기주식을 이번에 소각함으로써 주주의 이익이 증대되기를 기대한다"고 의미를 부여했다.

향후 사업 전망과 관련해서는 "지난 1분기와 마찬가지로 2분기 역시 전년 동기, 전분기 대비 성장이 예상되고 있어 사업 측면이나 경영 측면에서 모두 주주가치 제고를 이룰 수 있을 것으로 기대하고 있다"고 전했다.

출처 : 한국경제, 2020.7.20 기사 수정

제 4 절 이익잉여금

4.1 이익잉여금의 의의

이익잉여금이란 회사가 영업활동을 통하여 얻은 이익을 유보하여 축적한 것을 말한다. 즉, 회사의 손익계산서상 당기순이익은 이익잉여금으로 대체되는데, 해당 이익잉여금은 주주총회를 통하여 이익잉여금의 처분과정을 거치게 된다. 다음은 이익잉여금처분계산서의 양식이다.

이익잉여금처분계산서

1. 미처분이익잉여금			×××
전기이월미처분이익잉여금		×××	
전기오류수정손익		×××	
중간배당액		(×××)	
당기순이익		×××	
2. 임의적립금 등의 이입액			×××
시설확장적립금		×××	
해외시장개척적립금		×××	
합 계			×××
3. 이익잉여금처분액			×××
이익준비금		×××	
배 당 금		×××	
현금배당	×××		
주식배당	×××		
임의적립금		×××	
4. 차기이월미처분이익잉여금			×××

4.2 미처분이익잉여금

이익잉여금처분계산서의 제일 첫 부분에 기록되는 미처분이익잉여금은 당기의 이익처분 대상이 되는 금액으로 아직 처분하지 않은 이익잉여금을 말한다. 미처분이익잉여금은 작년에 보고한 전기이월미처분이익잉여금, 회계정책 변경으로 인한 누적효과, 중대한 전기오류수정손익을 반영하고, 해당 연도의 중간배당액과 당기의 순손익을 가감한 금액 등으로 구성된다. 즉, 전년도의 미처분이익잉여금과 당기의 순이익 등을 합한 금액을 대상으로 주주총회에서 어떻게 처분할지를 결정하게 된다.

4.3 임의적립금 등의 이입액

임의적립금이란 정관, 주주총회, 계약 등에 따라 적립하는 이익잉여금으로 시설확장적립금, 감채적립금, 시설적립금, 배당평균적립금 등 회사의 필요에 따라 임의로 적립하는 금액이다. 이는 상법 등 다른 법률에 따라 적립하는 법정적립금과는 대별된다.

임의적립금은 법정적립금과 다르게 법적 강제력이 없이 회사 임의로 필요에 따라 적립하는 것이기 때문에 회사의 환경변화에 따라 적립된 금액의 전부 또는 일부를 환입할 수 있다. 이입이라는 용어의 의미는 옮겨서 들인다는 말로 환입과 동일한 의미를 가진다. 따라서 미처분이익잉여금과 임의적립금이입액의 합계는 주주총회에서 처분가능한 이익잉여금이 된다.

4.4 이익잉여금처분액

이익잉여금의 처분이란 영업활동을 통하여 벌어들인 이익을 주주총회에서 어떻게 처리할 것인지를 결정하여 처분한 결과를 말하는 것이다. 이익잉여금의 처분은 법정적립금의 적립, 이익잉여금처분의 상각, 배당금 지급, 임의적립금 적립 등으로 이루어지고 이에 대한 회계처리는 주주총회일에 행하여진다.

여기서 법정적립금이란 법률에서 적립하도록 규정된 적립금으로 이익 중에서 법률로 유보한 이익인 이익준비금이 대표적이다. 이익준비금은 상법에 의하여 금전에 의한 배당액의 10% 이상을 자본금의 2분에 1까지 적립하도록 되어 있다. 이익준비금은 상법에서 자본의 충실을 유도하기 위하여 적립을 강제한 것으로, 이익준비금은 자본전입이나 결손보전 이외의 용도로 사용할 수 없다. 그리고 이익잉여금처분의 상각은 이익잉여금에서 주식할인발행차금상각액, 자기주식처분손실, 감자차손 등과 상계하는 것을 말한다.

4.5 차기이월미처분이익잉여금

차기이월미처분이익잉여금은 처분가능한 이익잉여금 중 당기의 이익잉여금처분액을 차감하고 남은 잔액을 말한다. 해당 금액은 차기에 이월되며, 차기의 이익잉여금처분계산서 작성시 제일 처음 구성항목인 미처분이익잉여금이 된다.

4.6 배 당

배당은 주주들이 출자한 자본에 대한 대가로 회사가 영업활동을 통하여 벌어들인 이익을 주주에게 분배하는 것을 말한다. 배당은 이익이 없으면 할 수 없는 것이 원칙이다. 즉, 회사가 벌어들인 이익을 주주들이 마음대로 배당할 경우에는 회사의 재무상태가 위태로울 수 있기 때문에 상법에서는 재무상태표의 순자산가액에서 자본금, 자본준비금, 이익준비금, 미실현이익 등을 차감한 금액을 한도로 하여 배당할 수 있도록 하고 있다. 배당은 지급수단에 따라 현금배당, 주식배당, 현물배당, 어음배당 등이 있으나 실제에서는 현금배당과 주식배당이 많이 이용되고 있다.

현금배당은 주주총회에서 배당이 의결될 경우 해당 배당결의일에 주주의 배당청구권이 생기게 되며, 회사는 미지급배당금이라는 부채가 발생한다. 미지급배당금은 주주총회에서 별도의 정함이 없는 경우 배당결의일로부터 1개월 이내에 지급해야 하는데, 배당지급일에 미지급배당금이 현금과 상계처리된다.

주식배당은 배당금을 주식으로 지급하는 것을 말한다. 주식배당은 자금의 유출 없이 이익잉여금으로 자본금을 증가시킬 수 있기 때문에 재무구조를 개선할 수 있으며, 주주의 배당요구를 충족시킬 수 있는 장점이 있다. 그러나 무상증자와 마찬가지로 주식배당은 이익잉여금과 자본금의 재분류에 불과하기 때문에 기업가치에는 변동이 없다.

한편, 중간배당은 영업연도 중에 이사회의 결의로 일정한 날을 정하여 주주에게 배당하는 것을 말한다. 중간배당은 영업연도 중에 사업계획 또는 재무계획이 변경되는 경우 주주에게 추가적으로 배당할 수 있는데, 중간배당은 현금과 현물로만 가능하며, 주주총회에서 이익준비금을 적립해야 한다. 중간배당액을 지급한 경우에는 중간배당액이라는 계정과목으로 회계처리하고 차후에 전기이월이익잉여금을 감소시킨다.

사례 5.4 쌍용양회 10 대 1 '무상감자'… 배당금 증액 사전작업 나서

'고배당주' 대명사 쌍용양회가 배당금 증액을 위해 감자를 단행한다. 이익잉여금으로 전환할 수 있는 금액을 늘려 배당을 확대하는 사전작업이다. 쌍용양회는 2016년 사모펀드 한앤컴퍼니가 인수했으며 자회사 한앤코시멘트홀딩스가 지분 77.7%를 보유하고 있다.

쌍용양회는 액면가 1,000원인 보통주를 100원으로 줄이는 무상감자를 단행한다고 1일 밝혔다. 감자 기준일은 11월 16일이다. 쌍용양회가 보통주를 10 대 1 무상감자하는 이유는 배당금을 증액하기 위해서다. 상법에 따르면 자본준비금과 이익준비금 등 쌓아둔 준비금 총액이 자본금 1.5배를 넘어가면 초과한 금액을 이익잉여금으로 전환할 수 있다. 배당은 이익잉여금으로 하기 때문에 무상감자를 통해 자본금을 줄이면 그만큼 이익잉여금으로 전환할 수 있는 금액이 늘어나 배당을 늘릴 수 있다.

이번 무상감자로 4,550억원이 자본잉여금으로 전환되고 2분기 기준 자본금이 5,054억원에서 504억원으로 줄어드는데, 자본금 1.5배인 758억원을 초과하는 자본잉여금은 이익잉여금으로 전환할 수 있다. 한편 쌍용양회는 우선주 유상소각을 단행한다고 이날 함께 공시했다. 우선주는 주가 변동성이 높아 한앤컴퍼니로서는 주가관리가 어렵다는 단점이 있다.

출처 : 헤럴드경제, 2020.2.14

생각해 볼 문제

(1) 유상증자와 무상증자의 공통점과 차이점은 무엇인가?

(2) 우선주는 어떠한 경우에 발행하는가? 그리고 보통주와의 차이점은 무엇인가?

(3) 자기주식의 처분에 따른 회계처리와 그 과정에서 발생하는 손익은 어떻게 처리하는가?

(4) 감자는 어떤 경우에 실시하며 그 회계처리방법은 어떠한가?

(5) 주식할인발행차금의 상각은 어떻게 이루어지는가?

(6) 액면분할의 이유와 회계처리는 어떻게 이루어지는가?

(7) 주식배당, 무상증자, 액면분할이 회사의 재무제표와 기업가치에 어떠한 영향을 미치는가?

(8) 회사의 자금조달방법에는 무엇이 있는가?

(9) 현금배당과 주식배당 중 회사와 주주의 입장에서 어느 것이 유리한가?

(10) 이익준비금을 적립해야 하는 이유는 무엇인가?

PART

Ⅱ

경영자를 위한 회계

CHAPTER 6

원가의 개념과 흐름

원가관리회계는 기업 내부의 정보이용자인 경영자가 계획, 통제, 그리고 의사결정 등의 활동을 잘 수행할 수 있도록 도와주는 회계를 뜻한다. 원가관리회계를 이해하는 첫 단추는 원가의 개념을 이해하는 데 있으며, 원가에 대한 이해를 토대로 원가정보를 어떻게 의사결정에 활용하는지 살펴볼 수 있다.

본장의 목적은 원가관리회계를 처음 접하는 독자들이 원가의 개념과 그 흐름을 이해할 수 있도록 하는 데 있다. 구체적으로 원가개념, 제조기업의 제조원가, 그리고 제조원가의 흐름 등을 살펴본다.

제 1 절 원가의 개념

1.1 원가란 무엇인가

우리는 일상생활에서도 '원가'라는 말을 쉽게 접하게 된다. 예컨대 "원가 이하 폭탄세일"이라는 문구에 이끌려 충동구매를 한 적이 있을 것이다. 또한 학교 축제에서 일일카페나 벼룩시장 등을 준비하는 데 참여한 적이 있다면 원가를 직접 계산해 본 경험도 있을 것이다. 이와 같이 우리는 '원가'라는 말을 빈번하게 접하며 원가가 판매자가 판매를 위해 지불한 가치를 뜻함을 어렴풋이 파악할 수 있다.

원가관리회계에 대한 이해는 원가의 개념을 바로잡는 데서부터 시작한다. 원가는 특정한 재화(goods)나 서비스(service)를 획득하기 위해 희생한 모든 가치를 의미한다. 만약 수입의류 도매업자인 김회계 씨가 티셔츠 10벌을 운송비와 관세 등의 부대비용을 포함하여 단위당 ₩5,000에 들여왔다면, 티셔츠의 수입원가는 총 ₩50,000이다. 이 ₩50,000은 취득원가라고도 한다.

그런데 김회계 씨가 단위당 ₩5,000인 티셔츠 10벌을 모두 의류 소매업자인 이경영 씨에게 단위당 ₩6,000에 팔았다면, 이경영 씨의 입장에서 원가는 단위당 ₩6,000, 총취득원가는 ₩60,000이 될 것이다. 이 경우 일반적으로 소매업자에게 옷을 구입하는 우리의 입장에서 원가는 단위당 ₩6,000은 훌쩍 뛰어넘을 것이다. 이와 같이 원가는 보는 입장에 따라 제각각 다른 값을 가질 수 있다.

이제 의류 제조업자 A씨의 입장에서 티셔츠 제조원가에 대해 생각해 보자. A씨의 입장에서 원가는 제품(티셔츠)을 제조하는 데 희생된 모든 자원의 가치를 의미할 것이다. 구체적으로 티셔츠의 제조원가에는 원단을 포함한 각종 재료원가, 생산인력에 지급한 노무원가, 공장 운영에 관련된 각종 경비 등이 포함되며, 적어도 단위당 ₩5,000을 초과하지 않을 것이다.

현실적으로 A씨의 티셔츠의 제조원가를 계산하는 것은 김회계 씨와 이경영 씨의 취득원가를 계산하는 것에 비해 간단하지 않다. 예를 들어 일반적으로 의류 제조업자는 티셔츠 외에도 바지, 치마, 코트 등 다양한 제품을 취급하며, 각 제품을 제조하는 데 공통으로 투입되는 자원이 존재한다. 이 경우 각 제품별로 공통원가를 얼마나 소비하는지 계산하기 쉽지 않다. 따라서 원가관리회계에서는 주로 제조원가를 산출하는 데 초점을 맞추어 제품원가를 정확하게 산출하고 의사결정에 적용하는 방법을 다룬다.

원가 개념을 이해하는 것은 단순히 정확한 원가정보를 산출하는 데 목적을 두지 않는다. 제품의 원가정보는 제품의 가격을 결정하고 이익을 예측하는 데 활용되며, 경영자의 각종 의사결정에 활용되는 중요한 기초 자료가 된다. 따라서 원가의 기본개념을 익히고 이를 토대로 다양한 시각에서 원가를 파악하여 활용하는 것이 원가관리회계를 학습하는 목적이 된다.

상이한 목적에 따른 상이한 원가(Different costs for different purposes)

원가관리회계에서 원가는 단순히 하나의 숫자로 정의되기 어렵다. 원가정보를 이용하는 목적에 따라 원가는 다양하게 정의되고 측정될 수 있다. 일반적으로 이익결정, 계획수립, 통제 및 업적평가, 특수의사결정 등의 다양한 의사결정 상황과 목적에 따라 원가를 분류할 수 있다. 즉 상이한 목적에 따라 상이한 원가정보를 활용해야 한다.

1.2 취득원가와 제조원가

일반적으로 기초 회계에서는 외부로부터 완성된 상품을 구입하여 소비자에 재판매함으로써 이윤을 추구하는 상기업(상품매매기업)의 회계처리에 초점을 맞춘다. 또한 소비자로서 우리가 일상생활에서 빈번하게 접하는 업체 역시 대부분 상기업에 속한다.

앞선 예시에서 김회계 씨와 이경영 씨가 운영하는 업체가 상기업이라 할 수 있으며, 이들이 상품을 구입하는 데 소요된 원가를 상품의 취득원가라 하였다. 이와 같은 상기업의 활동은 상품의 구입과 판매로 이루어진다.

반면, 제조기업은 직접 생산설비를 갖추고 제품을 제조하는 업체로서 이들이 생산하여 완성된 재화를 제품이라 한다. 앞선 예시에서 의류 제조업자 A씨가 운영하는 업체가 제조기업에 속하며, A씨가 제품을 제조하는 데 소요된 원가를 제품의 제조원가라 하였다. 제조기업의 활동은 원재료의 구입, 제품의 제조, 그리고 판매로 이루어진다.

상기업의 입장에서 구입한 재화는 상품, 제조기업의 입장에서 제조한 재화는 제품이라 한다. 상품과 제품의 차이는 〈표 6-1〉과 같다.

〈표 6-1〉 상품과 제품의 특성 비교

	상 품	제 품
기업유형	상기업	제조기업
원가	취득원가	제조원가
원가구성	상품구입가, 부대비용(주문비, 운송비, 검수비 등)	재료원가, 노무원가, 제조경비

일반적으로 상품의 취득원가는 거래내역서와 영수증을 통해 쉽게 확인가능하다. 한편 제품의 제조원가는 제품생산에 직·간접적으로 투입된 자원의 가치로서 재료원가, 노무원가, 제조경비 등 매우 다양한 원가요소가 포함된다. 기업이 다양한 제품을 생산한다면 제조원가의 산출은 더욱 복잡한 과정을 거치게 된다. 이와 같이 제품의 제조원가는 공통원가를 소비하거나 영수내역이 존재하지 않는 등의 이유로 쉽게 확인하기 어려우며 그만큼 정확한 원가산출을 필요로 한다.

1.3 제조원가와 기간비용

일상생활에서는 원가감소와 비용절약을 같은 의미로 사용하는 경향이 있으나, 회계학적으로는 원가와 비용을 동의어로 보지 않는다. 현실적으로는 비용과 원가를 구분하는 것이 큰 의미가 없지만 기업의 입장에서 비용과 원가를 구분하는 것은 상당히 중요하다. 이는 비용이 기업의 경영활동의 성과인 손익을 계산하는 데 활용되는 반면, 원가는 기업이 보유하는 자산가액 계산에는 영향을 미치지만 경영활동의 성과에는 영향을 미치지 않기 때문이다.

비 용	소멸된 가치, 손익계산에 사용
원 가	미소멸된 가치, 자산에 속함

제조기업에서는 생산관련성에 따라 원가를 제조원가와 기간비용으로 나눌 수 있다. 먼저 제품의 제조에 상당한 자원이 투입되는데,

이와 같이 제품생산에 투입된 원가를 제조원가라 한다. 제조비용이 아니라 제조원가라 일컫는 이유는 제품이 판매되기 전까지는 제조과정에 투입된 모든 자원은 기업의 내부에 남아 있으며, 아직 판매되지 않았으므로 수익을 창출하는 데 기여하지 않기 때문이다. 따라서 제조원가는 아직 기업의 내부에 남아 있으므로 판매되어 외부로 유출되기 전까지는 기업의 자산으로 분류된다.

한편 제조기업에서도 연구개발활동이나 판매활동과 같이 생산 이외의 활동을 수행하기 때문에 제조원가로 분류될 수 없는 각종 비용들을 사용하게 된다. 예를 들어 의류 제조업자 A씨가 티셔츠를 제조하여 판매하는 과정에서 판매촉진비, 제품운송비, 영업사원 인건비 등을 소비하였다면 이는 제조활동과는 무관하므로 제조원가로 분류할 수 없다. 이러한 비용은 일반적으로 기업의 판매관리비로 분류되며 손익계산에 영향을 미치는 기간비용이 된다.

제조원가	제품생산에 투입된 자원의 가치
기간비용	연구개발비, 판매비와 관리비

이와 같이 제조기업의 입장에서 제조원가와 기간비용을 구분하는 것이 중요하다. 제조원가로 분류되기 위해서는 첫째, 제품생산과 관련이 있어야 하고, 둘째, 화폐가치로 측정가능해야 하며, 셋째, 경제적 가치가 소비되어야 한다. 가령 티셔츠 생산에 필요한 면 원단을 총 ₩1,000만큼 보유하고 있는데, 이 중 ₩800의 재료만이 생산에 투입되고 ₩200의 재료가 재고로 남아 있다면 오직 생산에 투입되어 소비된 ₩800만이 제조원가로 분류된다.

제2절 제조기업의 제조원가

2.1 제조기업의 재고자산

제조기업의 재고자산을 파악하고 관리하는 것은 서비스기업이나 상기업에 비해서 더 중요하게 여겨진다. 서비스기업은 무형의 서비스를 판매하므로 재고의 개념이 중요하지 않고, 완성품을 구입하여 재판매하는 상기업의 경우 외부에서 구입한 상품만이 재고자산에 속한다. 따라서 상기업의 상품은 재고자산과 같은 의미로 통용될 수 있다. 하지만 제조기업의 경우 직접 제품을 제조하는 과정에서 서로 다른 형태의 재고자산을 보유하게 되는데, 제조기업의 재고자산은 〈표 6-2〉와 같이 원재료, 재공품, 완제품의 세 가지로 구성된다.

〈표 6-2〉 제조기업의 재고자산

원재료	생산 투입 재료(예 : 원단, 실, 염료 등)
재공품	공정중인 미완성품
완제품	판매가능한 완성품

먼저 제품을 만들기 위해서는 기본적인 **원재료**(raw materials)를 필요로 한다. 예를 들어 티셔츠 생산에 필요한 면 원단 ₩1,000어치 중 ₩800의 재료만이 생산에 투입된다면 나머지 ₩200의 원단은 회계기간말에 원재료라는 재고자산으로 기록된다. 남은 원재료는 제품생산에 사용될 수 있으므로 관리되어야 할 제조기업의 주요 재고

자산이다.

재고자산을 파악할 당시 아직 완성되지 못한 채 공정 중에 남아 있는 미완성품이 존재할 수 있다. 이와 같이 생산을 시작하였으나 미완성된 제품을 **재공품**(work in process)이라고 한다. 재공품은 언제든 공정을 마무리하면 판매가능한 완성품이 될 수 있으므로 제조기업의 주요 재고자산이며, 원가흐름을 파악하는 데 있어서도 매우 중요한 역할을 한다.

마지막으로 **완제품**(finished goods)은 판매가능한 재고자산으로서 상기업의 재고자산인 상품과 유사하다. 완제품은 판매될 시 기간비용인 매출원가로 전환되어 기록된다.

재고자산은 기업 내부적으로 원가를 파악하고 관리하는 목적에서 중요성을 지닐 뿐 아니라, 재무상태표의 자산항목에도 포함이 되므로 외부공시 목적에서도 중요하다.

2.2 제조원가의 구성요소

제품을 완성하기 위해서는 원재료와 노동력을 비롯하여 각종 생산요소들이 생산공정에 투입되는데, 이러한 투입자원들이 가공되는 과정에서 미완성품인 재공품을 거쳐 완성품인 제품으로 변환된다. 이와 같은 제품의 제조과정에서 발생하는 제조원가는 직접재료원가, 직접노무원가, 제조간접원가의 세 가지 요소로 구성된다. 이를 **제조원가(제품원가)의 3요소**라고도 한다.

제조원가의 세 가지 구성요소를 이해하기 위해서는 먼저 직접원가와 간접원가의 개념을 이해해야 한다. 제조원가 중 특정 자원이 특정 제품(원가대상)에 얼마나 투입되었는지 파악하기 쉬울 때 이를 직접원가라 하며 그렇지 않을 때 간접원가라고 한다. 이를 회계학적인 용어로는 원가대상에 대한 **추적가능성에 따른 원가 분류**라고 한다. 일반적으로 간접원가는 복수의 제품에 공통적으로 투입되는 원가로 추적이 어렵거나 추적의 실익이 크지 않다.

직접원가	특정 원가대상에 투입된 자원 추적가능
간접원가	특정 원가대상에 투입된 자원 추적 어려움

직접원가와 간접원가에 대해서 이해했다면 본격적으로 제조원가의 구성요소에 대해 구체적으로 살펴보자. **직접재료원가**는 특정 제품을 생산하기 위해 투입된 주요 재료원가를 의미한다. 가령 100% 면으로 된 티셔츠를 제작한다고 할 때 면 원단에 대한 원가는 티셔츠라는 제품의 직접재료원가이다. 한편 티셔츠의 재봉과정에서 흰색 실을 사용하였는데, 이는 바지와 원피스 등 다른 제품에도 공통으로 사용되는 부재료이다. 이 경우 흰색 실은 티셔츠의 간접재료원가가 된다.

한편 **직접노무원가**는 특정 제품의 제조에 투입된 노동자에게 지급되는 임금과 같다. 만약에 의류 제조공장에서 티셔츠, 청바지, 원피스 등이 제조될 때, 티셔츠 생산 노동자에게 지급되는 임금은 직접노무원가이다. 한편 이 공장의 관리자는 모든 제품에 대한 관리의무를 지니므로 공장 관리자에게 지급되는 임금은 특정 제품에만 귀속되지 않는다. 따라서 이는 간접노무원가가 된다.

마지막으로 **제조간접원가**는 제품의 생산과 관련하여 발생하지만 특정 제품에 직접적으로 연결하기 어려운 제조원가로서 제조원가

구성요소 중 직접재료원가와 직접노무원가를 제외한 모든 원가를 포함한다. 의류 제조공장의 건물에 대한 감가상각비, 보험료, 기계에 대한 수선유지비, 공장 관리감독자의 급여 등이 제조간접원가에 속한다.

제조간접원가에는 직접원가에 해당되지 않는 매우 다양한 원가항목이 포함되고, 복수의 제품에 공통적으로 투입되는 속성을 지니므로 정확하게 파악하기 어렵다. 따라서 제품원가를 산출함에 있어서 제조간접원가의 계산이 매우 중요한 역할을 차지하며, 원가계산방법은 정확한 제조간접원가의 배부의 필요성에 따라 발전되었다.

2.3 생산요소의 투입과 제품의 완성

특정 제품을 생산하기 위해 직접재료원가, 직접노무원가, 제조간접원가 등을 생산공정에 투입하여 가공하는 과정을 거치면서 재공품

[그림 6-1] 제품생산의 과정

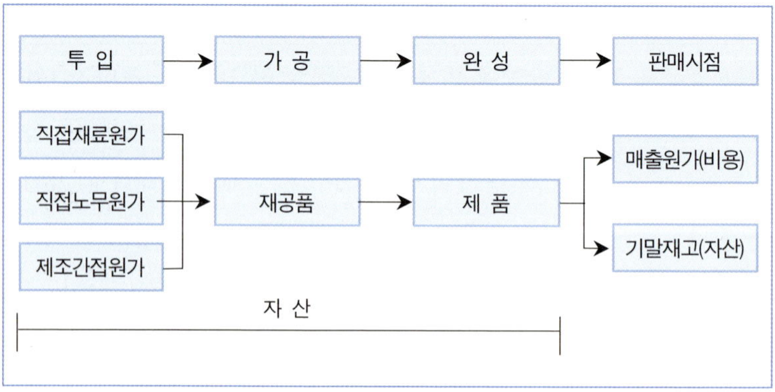

의 형태를 거쳐 최종적으로 제품이 완성된다. 미완성품인 재공품은 아직 가공 중에 있으므로 직접재료원가, 직접노무원가 그리고 제조간접원가가 100% 투입되지 않은 상태이고, 완제품에는 제조원가의 3요소가 모두 100% 투입되어 가공이 완료된 것이다. 생산요소의 투입 및 제품완성의 과정을 정리하면 [그림 6-1]과 같다.

2.4 제조기업의 원가구성과 판매가격

앞서 설명한 바와 같이 제조기업의 원가는 먼저 제품의 생산과 관련이 있는지 여부에 따라 제조원가와 기간비용으로 분류할 수 있다. 또한 제조원가는 직접재료원가, 직접노무원가, 제조간접원가의 3요소로 구성되는 한편, 기간비용은 판매비와 관리비로 구성된다. 앞서 설명한 내용을 토대로 제조기업의 원가용어를 요약 제시하면 [그림 6-2]와 같다.

[그림 6-2] 제조기업의 원가용어

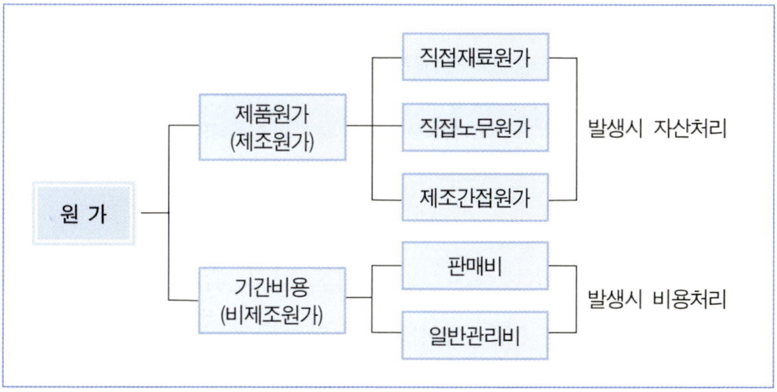

원가를 계산할 때 그 목적은 원가의 정확한 계산 그 자체보다 원가정보를 활용하는 데 있다. 제품의 가격과 이익결정은 원가정보 활용의 주요 목적 중 하나이다. 제품의 가격은 단순히 제조원가에 이익을 가산하여 결정되는 것이 아니라 판매관리비와 같은 기간비용까지 모두 고려하여 결정되어야 한다. 따라서 제품가격의 구성은 [그림 6-3]과 같다.

[그림 6-3] 제품가격의 구성

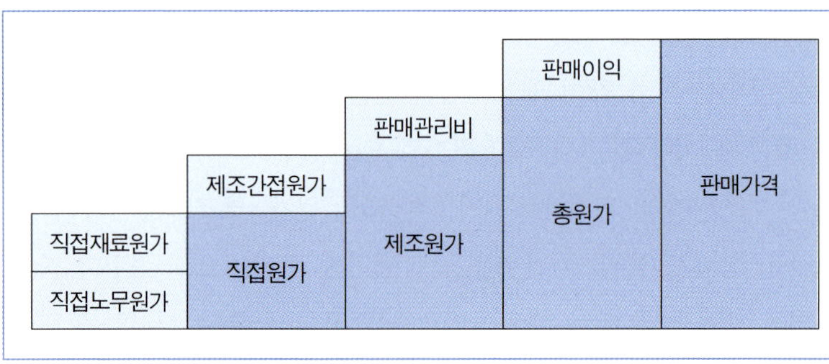

제 3 절 제조원가의 흐름

생산활동이 시작되면 발생된 제조원가는 먼저 재고자산인 재공품계정에 모여 누적된다. 이후 생산활동이 완료되어 완제품이 생산될 때 재공품계정에 누적된 제조원가는 또 다른 재고자산인 완제품계정으로 대체된다. 이와 같이 생산활동이 시작되어 완료되기 전까지 발생된 모든 제조원가는 재공품, 완제품 등의 재고자산계정에 누적됨으로써 자산으로 기록된다.

완제품이 판매되면 수익을 창출하므로 재고자산인 완제품계정에 기입된 제조원가는 매출원가라는 비용계정으로 대체된다. 따라서 재고자산으로 기록된 제품의 원가는 판매되는 시점에 비용으로 전환되며 매출이라는 수익을 창출한다. 이러한 제조원가의 흐름을 도식화하면 [그림 6-4]와 같다.

[그림 6-4] 제조원가의 흐름

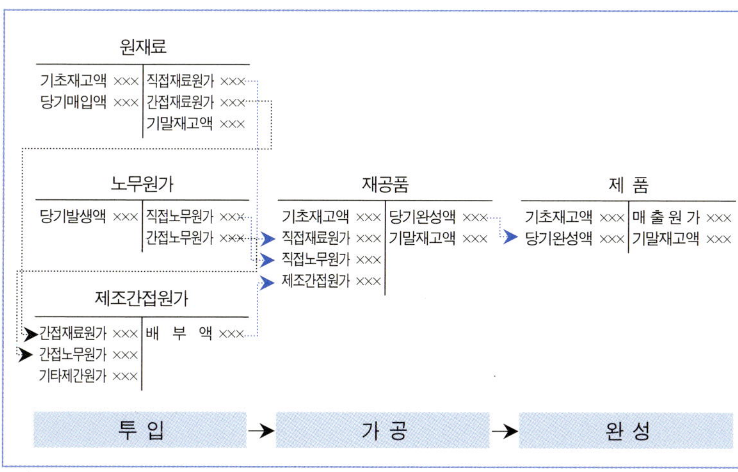

제조원가의 흐름을 예시를 이용하여 살펴보자. 아래는 지난 20×1년 9월에 발생한 강원가구사의 원가자료이다.

원가항목	금 액
판매원 급여	₩50,000
목 재	50,000
사무실 임대료	10,000
공장시설유지비	5,000
모래종이(사포)	1,000
페인트 및 왁스	40,000
공장근로자 임금	100,000
공장청소원 임금	10,000
공장감독자 급여	20,000
기계감가상각비	5,000
광 고 비	2,000
동 력 비	10,000
사무실 소모품비	5,000
총 액	₩308,000

상기 원가항목 중 동력비의 80%는 제조활동과 관련해서 발생한 것이며, 나머지 20%는 비제조활동과 관련 있는 것으로 나타났다. 원가를 제조원가 요소별로 정리하면 다음과 같다.

3.1 직접재료원가

강원가구사의 재료원가 중 직접재료원가는 목재와 페인트 및 왁스 원가로 분류할 수 있다. 목재는 가구의 기본골격을 이루는 주재료이므로 제품의 가치 가운데 중요한 부분을 차지한다. 한편 페인트 및 왁스는 제품의 기본골격을 이루는 주재료로 보기는 어렵지만 추적이 가능하고 원가에서 차지하는 비중이 큰 편이라 직접재료원가로 간주한다. 반면 목재의 표면을 가다듬는 데 사용되는 모래종이(사포)는 모든 제품에 공통적으로 사용되며 추적하기 어려우므로 간접재료원가로 간주한다. 따라서 직접재료원가는 ₩50,000의 목재와 ₩40,000의 페인트 및 왁스의 합계인 ₩90,000이다.

3.2 직접노무원가

강원가구사의 노무원가 중 직접노무원가는 공장근로자 임금 ₩100,000이다. 상기 원가자료에서 제조원가에 포함되는 노무원가는 공장근로자 임금, 공장청소원 임금, 그리고 공장감독자 급여이다. 공장청소원 임금과 공장감독자 급여는 특정 제품에 귀속되거나, 원가비중이 높거나, 혹은 추적가능한 원가가 아니므로 간접노무원가의 구성요소이며, 간접노무원가는 총 ₩30,000이다.

3.3 제조간접원가

강원가구사의 제조간접원가에는 제조원가 중 직접재료원가와 직접노무원가에 해당되지 않는 모든 제조원가항목이 포함된다. 즉 간접재료원가로 분류된 모래종이(사포) 원가, 간접노무원가로 분류되는 공장청소원 임금 및 공장감독자 급여, 그리고 기타 제조경비항목인 공장시설유지비와 기계감가상각비, 동력비(제조활동에 관련된 80%만 해당)가 모두 제조간접원가를 구성한다. 따라서 강원가구사의 20×1

년 9월의 제조간접원가는 모래종이(사포) ₩1,000, 공장청소원 임금 ₩10,000과 공장감독자 급여 ₩20,000, 그리고 공장시설유지비 ₩5,000, 기계감가상각비 ₩5,000, 동력비 ₩8,000(₩10,000×0.8)을 포함하여 ₩49,000이다.

3.4 제조원가와 기간비용

위의 제조원가의 세 가지 요소를 모두 합하면 20×1년 9월에 발생한 강원가구사의 제조원가를 계산할 수 있다.

제조원가 = 직접재료원가 + 직접노무원가 + 제조간접원가
= ₩90,000 + ₩100,000 + ₩49,000
= ₩239,000

한편 상기 원가자료에서 제조활동과 관련되지 않은 원가항목이 존재하는데, 이들은 기간비용인 판매비와 관리비에 속한다. 따라서 제조원가 계산에 사용되지 않은 원가항목인 판매원 급여, 사무실 임대료, 광고비, 동력비(비제조활동 원가인 20%), 그리고 사무실 소모품비는 모두 발생 즉시 비용처리되는 판매비와 관리비에 속한다. 20×1년 9월 강원가구사의 기간비용은 다음과 같다.

기간비용 = 판매비와 관리비
= 판매원 급여 + 사무실 임대료 + 광고비 + 동력비
+ 사무실 소모품비

= ₩50,000 + ₩10,000 + ₩2,000 + ₩2,000 + ₩5,000
= ₩69,000

3.5 제조원가의 흐름

강원가구사는 20×1년 9월초 기준 총 ₩20,000의 기초원재료, ₩30,000의 기초재공품, ₩40,000의 기초제품을 보유하고 있었다. 즉 9월에 생산활동을 시작하기 이전에 목재, 페인트 및 왁스, 사포 등을 포함한 ₩20,000의 원재료가 남아 있었고, ₩30,000의 미완성된 재공품이 다음 공정에 대기중이며, ₩40,000의 완제품이 판매되지 않은 채 남아 있는 것이다. 한편 20×1년 9월에 ₩100,000의 원재료를 구입하였고, 생산활동의 결과 9월말 현재 ₩230,000의 제품이 완성되었으며, ₩250,000의 제품을 ₩400,000에 외상으로 판매하였다.

앞서 계산한 바와 같이 20×1년 9월에 제품의 제조에 투입된 직접재료원가는 ₩90,000, 간접재료원가는 ₩1,000이다. 또한 당월에 발생된 노무원가 중 직접노무원가는 ₩100,000이며, 간접노무원가는 ₩30,000이다. 마지막으로 당월 발생한 제조경비(제조간접원가 중 간접재료원가와 간접노무원가를 제외)는 ₩18,000이다.

상기 자료를 바탕으로 제조원가의 흐름을 살펴보자. 20×1년 9월에 생산에 투입되어 발생된 직접재료원가와 직접노무원가, 그리고 제조간접원가는 먼저 재공품계정에 1차적으로 집계된다. 이렇게 당월에 재공품계정에 새로이 집계된 제조원가(직접재료원가+직접노무원가+제조원가)를 당기총제조원가라고 하며, 9월의 당기총제조원가는 ₩239,000이다. 이후 제품의 제조가 완성되는 만큼 제조원가는 재공품계정을 벗어나 제품계정으로 대체되는데, 이를 당기제품제조원가라 한다. 9월의 당기제품제조원가는 ₩230,000이다. 한편 당기에 판매된 제품의 원가는 ₩250,000이며, 이는 매출원가계정으로 대체된다. 이를 원가흐름도로 작성하면 [그림 6-5]와 같다.

[그림 6-5] 원가흐름도

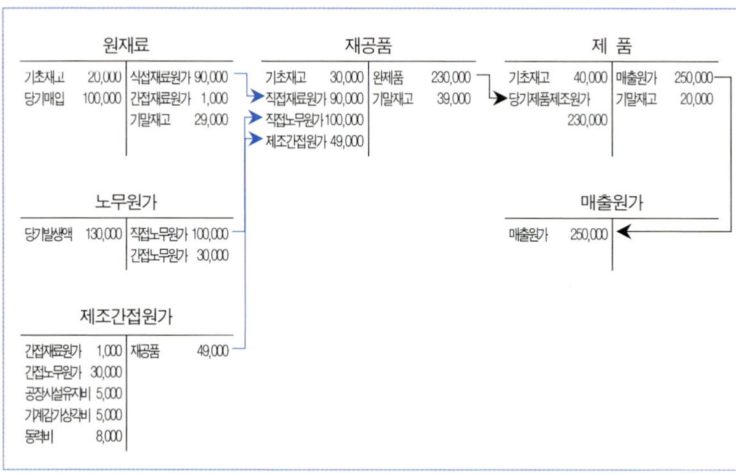

앞서 설명한 제조기업의 재고자산을 떠올려 보면, 제조기업의 재고자산은 원재료, 재공품, 제품으로 이루어져 있음을 알 수 있다. [그림 6-5]와 같이 20×1년 9월 강원가구사의 원재료 중 목재나 페인트 및 왁스와 같이 직접재료로 생산에 투입된 부분은 직접재료원가로 기록되며, 발생한 직접재료원가는 재공품계정으로 대체되어 집계된다. 반면 모래종이(사포)와 같은 간접재료는 생산에 투입되어 간접재료원가가 발생할 시 먼저 제조간접원가에 포함되었다가 다른 제조간접원가들과 함께 재공품계정으로 대체된다.

생산에 투입된 재료, 노동력, 그리고 기타 생산요소들은 직접재료원가, 직접노무원가, 그리고 제조간접원가 등의 원가를 발생시키며 이들은 [그림 6-5]와 같이 재공품계정에 대체되어 누적되었다가 제품으로 완성될 시 제품계정으로 대체된다. 강원가구사의 경우 20×1년 9월 완성된 제품원가가 ₩230,000으로, 이는 제품계정으로 대체됨을 확인할 수 있다.

마지막으로 20×1년 9월 강원가구사는 ₩250,000의 제품을 판매하였으며, 이는 매출원가계정으로 대체된다.

회계의 기초를 배우는 단계에서 제조원가의 흐름 및 계산과정을 완벽하게 이해하기는 쉽지 않다. 다만 제조원가와 기간비용의 개념적 차이를 이해하고, 제조기업의 제조원가가 제품의 생산 및 판매과정에서 어떻게 모여서 흘러가는지 그 흐름을 이해할 수 있으면 충분하다.

생각해 볼 문제

(1) 원가의 정의는 무엇인가?

(2) 제조원가와 기간비용은 어떻게 구별될 수 있는가?

(3) 제조원가의 3요소는 무엇인가?

(4) 직접원가와 간접원가는 어떻게 구분하는가?

(5) 제조기업의 재고자산에는 어떤 것이 있으며 서비스기업 및 상기업과의 차이점은 무엇인가?

(6) 제품의 생산과정에서 생산에 투입된 원가들이 어떻게 흘러가는가? 원가의 흐름에 대하여 설명해 보시오.

(7) 원가관리회계에서 원가는 어떠한 의미를 갖는가?

(8) 제조기업의 제조원가의 흐름을 살펴볼 때, 제조기업의 재고자산 중 어떠한 계정이 원가 집계에 있어 중요성을 지닌다고 생각하는가? 그 이유는 무엇인가?

(9) [총원가의 구성] (주)백두의 원가담당자는 아래와 같이 자료를 정리하였다.

• 직접재료원가	₩200,000	• 기타 제조간접원가	₩70,000
• 간접재료원가	150,000	• 판 매 비	40,000
• 직접노무원가	90,000	• 관 리 비	20,000
• 간접노무원가	30,000		

원가담당자는 직접원가, 제조원가, 총원가를 각각 계산하여 판매담당자에게 원가자료를 넘겨주었다. 판매담당자는 판매이익

이 총원가의 최소 20%가 되도록 판매가격을 설정하려 한다. 직접원가, 제조원가, 총원가, 그리고 최소 판매가격은 각각 얼마인가?

(10) [제조기업의 원가흐름] 다음은 (주)한라의 20×1년 5월의 영업활동 자료이다.

① 원재료(직접재료) ₩100,000을 매입하다.

② 공장근로자에 대한 총임금은 ₩300,000이며, 이 중 ₩200,000은 직접노무원가에 해당한다.

③ 간접노무원가 이외의 제조간접원가 발생내역은 다음과 같다.

• 공장감가상각비	₩60,000	• 공장수도광열비	₩25,000
• 공장소모품비	10,000		

④ 재고자산

	4월초	4월말
원재료	₩10,000	₩5,000
재공품	50,000	100,000
제 품	100,000	30,000

(주)한라의 원가담당자는 원가흐름을 파악하기 위해 당기에 생산에 투입된 원재료 원가와 당기에 완성된 제품의 원가(당기제품제조원가), 그리고 당기의 매출원가를 산출하려 한다. 산출된 원가를 토대로 (주)한라의 5월의 원가흐름에 대해 설명해 보시오.

CHAPTER 7

원가, 조업도, 이익 분석

원가, 조업도, 이익 분석(CVP 분석)은 기업의 형태와 규모를 막론하고 경영자들이 의사결정을 위해 빈번하게 활용하는 관리회계 기법이다. 비단 경영자들뿐 아니라 본서의 독자들 역시 일상생활에서 손익분기점 분석과 같은 원가, 조업도(활동량), 이익에 대한 분석은 자연스럽게 접해왔을 것이다.

본장의 목적은 원가행태에 대한 이해를 토대로 원가와 조업도, 그리고 이익 간의 관계를 이해하는 데 있다. 구체적으로 변동원가와 고정원가, 공헌이익에 대한 개념을 이해하고, 손익분기점 분석 방법 및 사례를 살펴본다.

제 1 절 원가행태에 따른 원가 분류와 공헌이익

1.1 변동원가와 고정원가

원가행태(cost behavior)는 기업활동의 변화에 따라 총원가가 어떻게 변화하는지를 의미한다. 기업활동은 조업도(volume)를 일컫는데, 생산량, 판매량, 작업시간 등 양적으로 표현할 수 있는 것들을 포괄한다. 만약 조업도의 증감에 따라 총원가가 같이 증가한다면 이를 변동원가, 조업도의 증감에 무관하게 총원가가 일정하다면 이를 고정원가라 한다.

예를 들어 카페를 운영한다고 가정해 보자. 딸기 스무디와 아메리카노 제조를 위해 사용되는 딸기와 커피원두의 원가는 직접재료원가이며, 스무디와 아메리카노의 판매량이 많을수록 직접재료원가 역시 늘어날 것이다. 이때 직접재료원가는 변동원가가 된다. 한편 학교 근처 건물의 일정 부분을 임차하여 카페를 운영하고 있을 때, 건물주에게 지불하는 월세(임차료)는 음료의 판매량과는 무관하게 매달 일정 금액을 지불해야 하므로 고정원가라 할 수 있다.

〈표 7-1〉 변동원가와 고정원가

	변동원가	고정원가
원가행태	총원가는 조업도에 비례	총원가가 조업도와 무관하게 일정
원가예시	직접재료원가, 직접노무원가, 포장비, 운반비 등	임차료, 고정급여(임원 보수, 관리직 인건비), 감가상각비, 보험료 등

본장 제2절에서 소개할 손익분기점 분석을 위해서는 원가행태에 따라 원가를 변동원가와 고정원가로 분류하는 것이 선행되어야 한다. 변동원가는 생산, 판매 등 기업의 활동에 따라 변화하므로 적게 팔면 적게 파는 대로, 많이 팔면 많이 파는 대로 원가가 비례하여 발생하지만 고정원가는 그렇지 않다. 따라서 고정원가는 계속해서 지출되는데, 이를 충당할 수 있을 정도의 활동이 이루어지지 않는다면 손실을 볼 수밖에 없다.

1.2 공헌이익

외부보고 목적의 손익계산서에는 나타나지 않지만, 경영자들이 중시하는 이익 중에 공헌이익이라는 개념이 있다. 공헌이익(contribution margin)은 제품의 생산 및 판매를 통해 고정원가를 회수하고 이익 창출에 공헌하는 정도를 의미한다.

[그림 7-1] 수익, 원가, 공헌이익과 이익

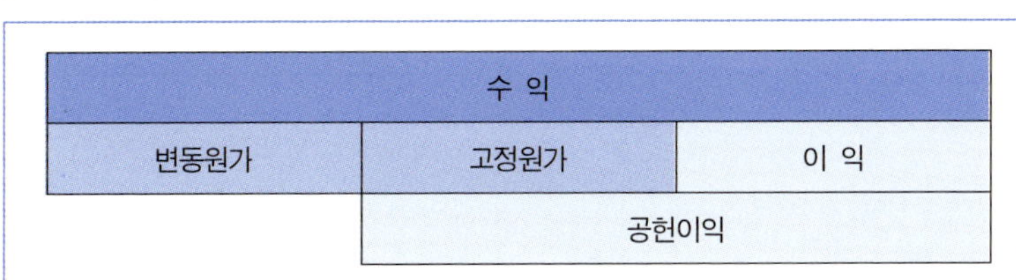

위의 [그림 7-1]은 수익(가격)을 구성하는 요소를 세부적으로 나타낸 것이다. 제품의 매출수익에는 원가와 이익이 포함되는데, 원가는 행태에 따라 변동원가와 고정원가로 분류할 수 있다. 이때 수익에서 변동원가를 제외한 나머지를 공헌이익이라 한다. 따라서 공헌이익이 고정원가보다 크면 고정원가를 회수하고도 잉여가 생기는데, 이때 이익이 창출된다. 반면 공헌이익이 고정원가보다 적으면 고정원가를 회수하지 못하므로 이익을 창출할 수 없다.

이와 같이 최소한 공헌이익이 고정원가는 회수할 정도가 되어야 손실이 나지 않는데, 공헌이익이 고정원가와 같을 때 이익과 손실이 모두 '0'이 되며 이를 손익분기점이라 한다. 공헌이익과 고정원가의 크기에 따라 손익을 파악하면 〈표 7-2〉와 같다.

〈표 7-2〉 공헌이익과 고정원가

	손 익	분 석
공헌이익 > 고정원가	이익	수익－변동원가 > 고정원가 수익－변동원가－고정원가 > 0 수익－원가 > 0
공헌이익＝고정원가	손익분기점	수익－변동원가＝고정원가 수익－변동원가－고정원가＝0 수익＝원가
공헌이익 < 고정원가	손실	수익－변동원가 < 고정원가 수익－변동원가－고정원가 < 0 수익－원가 < 0

제 2 절 손익분기점 분석

2.1 손익분기점의 개념

실무에서 가장 많이 사용되는 관리회계 기법 중 하나는 손익분기점 분석이라 할 수 있다. 어떠한 형태의 조직이든 영리를 추구한다면 손익분기점 분석은 필수적이며, 일상생활에서도 쉽게 손익분기점에 관한 이야기를 들을 수 있다.

손익분기점(break even point : BEP)은 손실과 이익을 나누는 기점으로 손실도 이익도 나지 않은 상황을 의미한다. 앞서 공헌이익을 설명할 때 손익분기점을 공헌이익과 고정원가가 동일한 상황이라 하였다. 즉 총수익과 총원가가 같아 이익이 ₩0인 지점을 손익분기점이라 한다.

먼저 아래 사례를 바탕으로 우리가 일상생활에서 손익분기점이라는 말을 언제 들었고 어떻게 이해할 수 있는지 생각해 보자.

사례 7.1 숫자로 본 대기록들… '전설'은 계속된다

제72회 칸국제영화제 황금종려상 수상으로 시작된 '기생충'의 신드롬은 한국을 넘어 세계 영화산업의 메카 할리우드를 이미 강타했다. '기생충'이 한국영화 최초로, 그것도 무려 6개 부문 후보에 오른 아카데미 시상식은 이를 극적으로 확인할 무대다. 현지시간으로 오는 9일(한국시간 10일 오전) 제92회 아카데미 시상식을 앞두고 그 기록들을 짚어봤다.

#1
'기생충'은 세계무대에서 한국영화의 역사를 새로 쓰다시피 했다. 지난해 5월 제72회 칸국제영화제에서 한국영화 100년 역사상 최초로 최고상인 황금종려상을 수상했다. 지난 1월 골든글로브 시상식 외국어영화상도 물론 한국 최초. 지난 미국배우조합(SAG) 시상식에서는 한국은 물론 아시아영화 최초로 최고상인 앙상블상을 거머쥐었다. 이번 아카데미는 노미네이션만으로도 한국 최초다. 수상한다면? 그 역시 한국 최초다.

#10084564
'기생충'의 최종 관객수. 한국 기준. 칸에서 황금종려상 수상 소식이 들려온 지 이틀 뒤, 지난해 5월 30일 한국에서 개봉한 '기생충'은 어마어마한 흥행몰이를 했다. 제작비 약 135억원으로, 손익분기점이 370만 관객이었는데, 이를 닷새 만에 넘겼다. 최종 관객수는 1,000만을 넘었다. '기생충'은 현재 역대 한국영화 흥행 26위다.

더 이상 꿈이 1,000만 영화냐, 칸국제영화제냐 하나를 선택해 보라 질문할 일이 없어졌다. 대중성의 상징과 예술성의 상징 모두를 거머쥔 영화가 나왔기에.

… 중략 …

#163119346
'기생충'이 전 세계에서 벌어들인 수입. 박스오피스모조닷컴에 따르면 기생충의 월드와이드 수입은 7일 오전 기준 1억6,311만 9,346달러(약 1,945억원)다. 한국 역대 최고 흥행영화 '명량'이 세운 1억3,834만달러를 크게 넘어선 한국영화 최고 기록이다. 세계 5위 영화시장 영국에선 7일이 개봉이고, 아카데미 시상식 이후엔 '기생충' 바람이 한 번 더 불 전망. 이 기록은 경신될 것이다.

#6

북미 역대 외국어영화 흥행 순위. 현재 북미 누적수입은 총 3,322만9,324달러(약 934억원)이다. 역시 '디 워'(2007)가 갖고 있던 한국영화 북미 최고 수입 기록 1,097만 달러를 크게 넘어선 신기록이다. 비영어 영화로는 6위에 해당한다. 이 기록은 경신될 것이다. 1위 '와호장룡'(1억2,800만 달러)에는 미치지 못하더라도 2위인 이탈리아 영화 '인생은 아름다워'(5,700만 달러)는 내다볼 수 있으리라는 예상이 나온다.

7일까지 '기생충'이 북미에서 받은 트로피 수. 로튼토마토 집계가 기준이다. 오스카에 영향을 미치는 영미권 시상식 트로피가 기준이라 '기생충'이 실제로 받은 상은 이보다 더 많다. 이 기록은 경신될 것이다. 다가오는 아카데미에서 어떤 상이 이 기록을 바꿔줄 것인가.

출처 : 스포티비뉴스, 2020.2.8

위의 사례와 같이 우리는 영화 관련 기사에서 손익분기점에 대한 언급을 종종 찾아볼 수 있다. 업계에서는 영화 제작에 투자한 원가를 모두 회수하려면 어느 정도의 관객수가 달성되어야 하는지 손익분기점을 기준으로 추산한다. 영화 기생충의 경우 순수 제작비가 약 135억원, 마케팅 및 배급비용까지 합친 총제작비가 약 160억원가량으로 영화티켓 값으로 산정가능한 매출수익을 관객수로 환산했을 때 약 370만명을 손익분기점으로 보았다. 한 편의 영화에는 투자사와 제작사 등 배급사와 영화상영관 등이 함께 참여하는데, 손익분기점을 넘겨 이익이 발생될 시 계약상 비율에 따라 이를 나눠가질 수 있다.

절대적인 관객수도 영화의 성망을 논할 때 의미 있는 수치이지만, 손익분기점 관객수를 넘어섰는지 여부가 영화의 상업적 성공 여부를 가르는 지표가 된다. 아래 사례를 통해 이에 대해 생각해 보도록 하자.

사례 7.2 손익분기점 못 넘기고 1위… 코로나19로 특이점 온 흥행 순위

코로나19(코로나바이러스 감염증-19)로 관객이 급격히 줄어 극장가가 이전에 없던 최악의 빙하기를 겪는 중이다. 지난 4월 총관객수는 97만명(이하 영화진흥위원회 통합전산망 기준)으로 100만명도 넘지 못했다. 지난해 '극한직업', '기생충', '어벤져스: 엔드게임', '겨울왕국 2', '알라딘' 총 다섯 편의 천만영화가 탄생했다. 대박 영화가 유독 많았던 2019년과 달리 2020년은 5월까지 천만은커녕 500만을 넘긴 영화조차 없다.

올해 최고 흥행작은 '남산의 부장들'(감독 우민호)이다. '남산의 부장들'은 지난 1월 22일 개봉해 설 연휴 극장가를 정조준했다. '남산의 부장들'과 동시 개봉한 영화로 '히트맨'(감독 최원섭), '미스터 주: 사라진 VIP'(감독 김태윤), '스파이 지니어스'(감독 닉 브루노, 트로이 콴)가 있다. '남산의 부장들'은 '내부자들', '마약왕'을 연출한 우민호 감독의 신작으로, 대통령 암살 사건을 다뤘다. 이병헌, 이성민, 곽도원, 이희준 등 탄탄한 연기력을 갖춘 배우들이 대거 출연해 기대를 모았다.

영화는 10.26 사건을 다루면서 사실과 허구를 적절히 섞어 균형을 맞췄다. 배우들의 절제된 연기와 실존인물과의 높은 싱크로율로 호평받았다. 22일 개봉 당일 '남산의 부장들'은 관객 25만명을 동원해 박스오피스 정상에 올랐다. 연휴 기간 일요일인 26일은 하루에 78만명의 관객을 모았다. 2월 4일까지 박스오피스 1위를 유지한 '남산의 부장들'은 2월 5일부터 신작에 밀려 순위 하락을 보였다.

'남산의 부장들'의 누적 관객수는 475만명이다. 제작비 200억 원이 투입된 '남산의 부장들'의 손익분기점은 약 500만명이다. VOD, 해외 판권 등으로 수익은 냈지만 2020년 상반기 최고 흥행작이 손익분기점을 크게 넘지 못한 아이러니한 상황이 발생했다. 코로나19 이전 두 번째 흥행작은 '남산의 부장들'과 동시 개봉한 '히트맨'이다. '히트맨'은 1월 22일 개봉일 8만명을 동원하며 2위로 시작했다. '히트맨'은 웹툰 작가가 된 전직 암살요원 준(권상우)이 술김에 1급 기밀을 그려버리면서 국정원과 테러리스트의 더블 타깃이 돼 벌어지는 이야기를 담은 영화다. 웹툰 작가가 된 전직 암살요원이라는 독특한 설정과 만화적 상상력, 코믹과 액션의 조화로 설 연휴 관객을 이끌었다.

'히트맨'은 2월 16일 손익분기점인 240만명을 돌파했다. 코로나19로 극장가가 경직된 상황에서 올해 개봉한 한국영화 최초로 손익분기점을 돌파했다. 동시기 개봉했던 '남산의 부장들', '미스터 주: 사라진 VIP'를 비롯해 1월 중순에 개봉한 '해치지않아'(감독 손재곤) 등 모두 손익분기점을 넘지 못했다.

지난해 12월 19일 개봉해 연말 극장가 관객몰이에 성공한 '백두산'(감독 이해준, 김병서)은 누적 관객수 825만명 중 196만명을 올해 모아 흥행 3위에 이름을 올리게 됐다. 백두산 폭발과 지진 등 거대한 스케일의 재난을 담은 '백두산'은 손익분기점 730만명으로 비교적 높았지만, 1월초 손익분기점을 넘어서는 데 성공했다.

'아이언맨' 시리즈, '어벤져스' 시리즈 등으로 마블 시네마틱 유니버스(MCU)를 이끈 로버트 다우니 주니어의 차기작으로 주목을 받은 '닥터 두리틀'(감독 스티븐 개건)은 누적 관객수 160만명으로 2020년 상반기 흥행 순위 4위를 차지했다.

'닥터 두리틀'은 동물과 소통하는 특별한 능력을 지닌 닥터 두

리틀(로버트 다우니 주니어)이 세상을 구하기 위해 동물 친구들과 모험을 떠나는 내용을 담았다. 1월 8일 개봉한 '닥터 두리틀'은 동시에 개봉한 '스타워즈: 라이즈 오브 스카이워커'(감독 J.J. 에이브럼스)와 이전까지 1위였던 '백두산'을 누르고 일일 박스오피스 1위로 시작했다.

'정직한 후보'(감독 장유정)는 누적 관객수 153만명으로 그 뒤를 따랐다. '정직한 후보'는 코로나19 확산으로 개봉연기를 고려했으나 예정된 2월 12일 개봉을 최종 결정했다. 코로나19로 관객이 크게 줄었지만, 장기간 상영하며 관객을 모아 손익분기점인 150만명을 넘어서는 데 성공했다. 라미란 주연의 '정직한 후보'는 거짓말이 제일 쉬운 3선 국회의원 주상숙(라미란)이 선거를 앞둔 어느 날 하루아침에 거짓말을 못하게 되면서 벌어지는 좌충우돌 코미디 영화다.

이 외에 '클로젯'(감독 김광빈), '해치지않아'가 각각 127만명, 120만명으로 관객수 100만명을 넘어섰다. 두 영화 모두 2월초, 1월 중순 개봉작으로, 코로나19 피해가 더욱 심해진 3월부터는 관객수 50만명을 넘긴 작품이 단 한 편도 없었다.

출처 : 맥스무비, 2020.5.26

위의 사례에 따르면 해당 연도 상반기 최고 흥행작의 누적 관객수가 475만명임에도 불구하고 200억원가량의 제작비가 투입되어 순수하게 관객수만 고려할 때에는 손익분기점에 달하지 못하였다. 반면 상반기 다섯 번째 흥행작의 경우 누적 관객수가 153만명으로 흥행 1위의 관객수에 비해 크게 적은 수치이나 손익분기점인 150만명을 넘어서는 데 성공했다. 이는 흥행 순위가 곧 영화의 상업적 성공 순위는 아닐 수 있음을 보여준다.

2.2 손익분기점 분석 예시

영화에 관한 사례를 바탕으로 손익분기점의 의미를 짚어 보았다. 이제는 카페를 창업한다고 가정하고, 손익분기점을 직접 분석해 보자.

> 현재 직장인인 김회계 씨는 카페 창업의 단꿈에 부풀어 있다. 본격적인 창업 전선에 뛰어들기 이전에 손익분기점 분석을 통해 현실적으로 카페 창업을 통한 이익실현이 가능한지 생각해 보기로 하였다. 손쉬운 손익분기점 분석을 위해 아메리카노 단일 품목만을 판매하는 카페라 가정한다.

손익분기점 분석을 위해서는 매출액(수익), 고정원가, 변동원가를 구분할 줄 알아야 한다. 먼저 매출액은 상품의 단위당 판매가와 판매수량을 곱한 값으로 계산된다.

$$\text{매출액} = \text{단위당 판매가격} \times \text{판매량}$$

다음은 카페 창업시 발생할 것으로 예측되는 원가항목 및 금액을 간소화하여 나열한 것이다.

단위당 변동원가			₩340
원두(10g)		₩240	
일회용품		100	
월 고정원가			₩4,198,600
임차료		₩1,200,000	
감가상각비		972,600	
인테리어	₩411,000		
기계	561,600		
공과금		526,000	
전기요금	300,000		
수도요금	40,000		
통신비	26,000		
포스이용료	60,000		
보안서비스이용료	100,000		
알바생 고정급여		1,500,000	

변동원가는 매출에 비례하여 발생하는 원가로서 원두가격과 부가세, 일회용품 가격 등이 포함된다. 고정원가는 매출과는 관계없이 고정적으로 지출되는 항목으로 실질적으로 수도요금과 전기요금 등의 공과금 중 일부는 변동원가의 성격도 지니고 있으나 계산의 편의를 위해 고정원가로 간주한다.

손익분기점은 벌어들인 매출수익과 소요된 원가가 같아서 최소한 손해는 보지 않는 지점으로서 '이익=0'인 지점이기도 하다. 따라서 손익분기점에서의 판매량은 아래와 같은 산식으로 구할 수 있다.

매출액 = 총원가
단위당 판매가×판매량 = 총변동원가 + 총고정원가
단위당 판매가×판매량 = 단위당 변동원가×판매량 + 총고정원가

$$(\text{단위당 판매가} - \text{단위당 변동원가}) \times \text{판매량} = \text{총고정원가}$$
$$\text{단위당 공헌이익} \times \text{판매량} = \text{총고정원가}$$
$$\therefore \text{손익분기점 판매량} = \frac{\text{총고정원가}}{\text{단위당 공헌이익}}$$

만약 아메리카노 한 잔의 가격을 ₩2,000이라 가정할 경우 위의 산식을 통해서 아메리카노의 손익분기점 판매수량을 구해 보면 아래와 같다.

$$\text{단위당 공헌이익} = \text{단위당 판매가격} - \text{단위당 변동원가}$$
$$= ₩1{,}660$$
$$\therefore \text{손익분기점 판매량} = \frac{4{,}198{,}600}{1{,}660} \doteqdot 2{,}529.28$$

즉 김회계 씨는 적어도 월 2,530잔의 아메리카노를 판매해야 손익분기점에 도달할 수 있으며, 이는 한 달을 30일이라 가정할 때 하루에 약 85잔의 아메리카노를 판매해야 손실을 보지 않음을 의미한다. 만약 아메리카노의 판매가격이 ₩2,000보다 비싸면 손익분기점에 도달할 수 있는 판매량은 월 2,530잔보다 적은 반면, 판매가격이 ₩2,000보다 쌀 경우 손익분기점의 판매수량은 월 2,530잔보다 클 것이다. 실제 손익분기점을 분석할 때에는 판매가에 포함된 부가가치세나 임대보증금의 이자 등 추가로 고려해야 할 사항이 많다. 또한 본 예시에서는 아메리카노 단일 품목 판매를 가정했지만 실제 카페 경영을 한다면 다른 음료의 원가구조도 고려해야 할 것이다. 그러나 고려해야 할 원가요소가 늘어난다 하더라도 기본적인 분석의 틀에는 차이가 없다.

[그림 7-2]는 손익분기점 분석에서 활용하였던 총원가와 조업도, 그리고 이익의 관계를 도표로 정리한 것이다.

[그림 7-2] 원가, 조업도, 이익(CVP) 도표

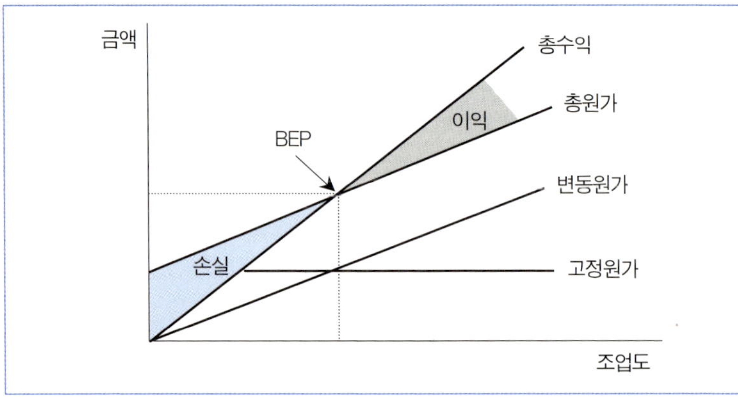

그림에서 볼 수 있듯이 총수익의 그래프와 총원가의 그래프가 만나는 지점이 손익분기점이며, 해당 지점의 x축(조업도) 값은 손익분기점의 수량을, y축(금액) 값은 손익분기점의 매출액을 의미한다.

손익분기점 분석을 이용하면 위와 같이 손익분기점 판매량을 산출해 볼 수 있을 뿐 아니라, 목표이익을 설정하여 목표를 달성할 수 있는 판매량과 매출액을 계산하거나 역으로 손익분기점이나 목표 판매량 및 매출액을 달성할 수 있는 적절한 판매가를 산정할 수도 있다.

2.3 목표이익 분석과 판매가격의 결정

김회계 씨가 하루에 약 85잔의 아메리카노를 팔아 손익분기점에 도달하였다고 해서 좋아할 일은 아니다. 손익분기점은 어디까지나 최소한 손해를 보지 않는 지점일 뿐 이익을 내지도 못한 상황이다. 따라서 손익분기점 분석에 대한 이해를 바탕으로 목표이익을 달성할 수 있는 수량이나 매출액을 산정할 수 있다. 앞서 제시된 손익분기점 판매량을 구하는 산식은 한 잔의 아메리카노가 창출할 수 있는 이익(단위당 공헌이익)이 몇 번 반복되어야 고정원가를 회수할 수 있는지를 의미한다. 만약 우리의 관심사가 손익분기점 달성이 아니라 목표이익의 달성이라면 이제 단위당 공헌이익이 반복되어 고정원가를 회수하는 데 그치지 않고 목표이익까지 창출할 수 있어야 한다. 이를 산식으로 정리하면 아래와 같다.

매출액 − 총원가 = 목표이익
단위당 판매가 × 판매량 − 총변동원가 − 총고정원가 = 목표이익
(단위당 판매가 − 단위당 변동원가) × 판매량 = 총고정원가 + 목표이익
단위당 공헌이익 × 판매량 = 총고정원가 + 목표이익

$$\therefore \text{목표이익 달성 판매량} = \frac{\text{총고정원가} + \text{목표이익}}{\text{단위당 공헌이익}}$$

만약 김회계 씨가 현재 직장에서 받는 월급이 300만원이고, 적어도 월 이익이 300만원은 보장되어야 창업할 수 있다고 다짐했다면 김회계 씨가 한 달에 판매해야 할 아메리카노의 수량은 아래와 같이 계산할 수 있다.

$$\therefore \text{목표이익 달성 판매량} = \frac{4{,}198{,}600 + 3{,}000{,}000}{1{,}660} \fallingdotseq 4{,}336.51$$

즉 김회계 씨는 월 최소 4,337잔의 아메리카노를 판매해야 목표로

한 300만원의 이익을 거둘 수 있다. 이와 같이 손익분기점 분석을 응용하면 목표이익을 설정하고 이를 달성할 수 있는 판매량 및 매출액을 계산해 볼 수 있다.

한편 당초 김회계 씨는 주변의 시세를 돌아보고 아메리카노의 판매가를 ₩2,000으로 설정하였다. 그러나 판매가격을 먼저 설정하기보다는 본인의 목표 판매수량과 이익에 따라 판매가격을 결정하기로 하였다. 목표 판매수량은 월 4,000잔이고 이익은 월 300만원으로 동일하다.

$$\text{매출액} - \text{총변동원가} - \text{총고정원가} = \text{목표이익}$$
$$\text{단위당 판매가} \times \text{판매량} = \text{총원가} + \text{목표이익}$$
$$\therefore \text{목표이익 달성 단위당 판매가} = \frac{\text{총원가} + \text{목표이익}}{\text{목표판매량}}$$

위의 산식을 이용하여 단위당 판매가를 구하면 아래와 같다.

$$\therefore \text{목표이익 달성 단위당 판매가} = \frac{5{,}558{,}600 + 3{,}000{,}000}{4{,}000}$$
$$= ₩2{,}139.65$$

즉 월 4,000잔의 목표 판매량과 월 300만원의 목표이익을 달성하기 위해서는 대략 ₩2,200 정도로 가격을 설정해야 함을 알 수 있다.

본장에서 설명한 손익분기점 분석이나 목표이익 분석은 경영자라면 반드시 알아야 할 기본적인 분석법이다. 가급적 세밀하고 정확하게 원가정보를 획득·추정해야 정확한 분석이 가능하고 이를 토대로 합리적인 의사결정을 내릴 수 있을 것이다.

사례 7.3 서울 카페 창업 위험지역은 '카공족' 포진한 대학가

카공족으로 인해 테이블 회전율 낮아 폐업에 영향
최소 1시간 42분을 넘으면 업주가 손해 보는 구조
카공족 대부분 2~3시간 머물러 업계 전략 마련 부심

서울지역 커피 음료업 창업 위험지역은 '대학가'인 것으로 조사됐다.

'카공족(카페에서 공부하는 사람들)'의 증가가 주된 원인이다. 이들은 소비력이 낮은 데다 테이블 회전율을 낮게 만들어 폐업률에도 영향을 미친다.

16일 한국외식산업연구원에 따르면 올해 1분기(1~3월) 서울지역 커피·음료업의 3년 생존율은 42.2%(서울시 우리마을가게 상권분석 서비스 기준)다. 절반 이상이 3년을 못 버티고 폐업한단 얘기다. 또 신규 창업 위험도가 높은 지역은 카공족이 주요 소비층인 대학가 주변 상권이었다.

카공족의 절반 가까이(45.2%)는 매주 1회 이상 카페를 찾았다. 대학내일20대연구소의 설문에 따르면 이들은 평균 2~3시간(응답자의 41%) 카페에서 개인공부는 물론 팀별 과제수행 활동을 한다. 이들이 카페를 찾는 이유는 무선인터넷이나 에어컨 등 시설이 쾌적하기 때문이다.

문제는 카공족이 카페 입장에서는 돈되는 손님이 아니라는 점이다.

2018 외식업 경영 실태 결과 보고서를 기반으로 시간당 테이블당 회전율을 계산하면 테이블당 체류시간이 1시간 42분을 넘지 않아야 손익분기점을 넘길 수 있다. 카공족이 102분을 초과해 머무르면 카페업주는 손해를 본다는 의미다.

이는 월평균 매출액 916만원, 테이크아웃 비율 29%, 영업일수 28일, 1일 영업시간 12시간, 메뉴 평균가격 4,134원, 테이블수 8

개를 가정했을 때로, 시간당 회전율은 약 52%였다.

점주 입장에서는 해마다 임대료는 물론 최저임금 인상으로 인건비가 증가해 카공족이 늘수록 더 큰 손해를 입을 수밖에 없는 구조다.

이에 따라 카페업계는 테이블 회전율을 높이는 방안 마련에 부심 중이다.

국내에 진출한 블루보틀은 서울 성수동에 1호점을 열면서 전기 콘센트와 와이파이를 제공하지 않기로 했다. 카공족 등 장기체류를 원천 차단하겠다는 뜻으로 해석된다.

반면 커피빈코리아와 할리스커피는 와이파이 콘센트와 1~2인용 좌석은 물론 독서실 형태 매장까지 내는 등 카공족을 끌어안고 있다. 대신 샌드위치, 쿠키, 차 등 상품을 다양화하는 전략을 쓰고 있다. 혼자 와서 오래 머물다 보면 가격대가 높은 베이커리 류를 구매하는 경향이 높아 수익을 올릴 수 있다는 계산이다.

스타벅스의 경우 프리미엄 전략 매장인 '리저브 바'를 늘리고 있다. 리저브 바는 1인석과 2~4인석을 구분해 배치하고 콘센트는 1인석에 몰아넣는 구조다. 오랜 시간 다인석을 차지하는 '비매너' 카공족에게 고급화 전략으로 대응하려는 의도로 풀이된다.

'달콤커피'는 올해 2월부터 좌석대여제를 도입했다. 1인 1메뉴 이상 주문해야 이용할 수 있다. 예약은 유선이나 매장 직원을 통해 가능하다. 현재 수도권 직영점 8개 매장에서만 실시하고 있으나 향후 전 매장으로 확대할 계획이다.

출처 : 뉴시스, 2019.8.16

생각해 볼 문제

(1) 조업도란 무엇인가?

(2) 공헌이익이란 무엇인가?

(3) 공헌이익과 고정원가의 크기에 따라 손익이 어떻게 달라지는지 설명해 보시오.

(4) 손익분기점이란 무엇인가?

(5) 손익분기점 분석의 의미에 대해서 아는 대로 설명해 보시오.

(6) [사례 7.3]을 읽고 다음 물음에 답하시오.

① 사례에서 손익분기점을 매장 내 머무는 시간으로 산정하였을 때 1시간 42분이라는 손익분기점 시간이 계산되었다. 사례에서 주어진 자료를 바탕으로 어떻게 이러한 수치가 계산되었는지 생각해 보시오.

② 카페의 경영자도 손실을 보지 않고 손님도 만족할 수 있는 대안을 생각하여 구체적으로 제시해 보시오.

CHAPTER 8

종합예산과 특수의사결정

예산은 기업에서 가장 광범위하게 사용되는 관리회계 기법이자 일상생활에서도 친숙하게 접할 수 있는 개념이다. 예산은 방향을 제시하는 계획임과 동시에 성과평가의 기준이 된다.

한편 기업의 경영자는 다양한 의사결정 상황에 직면하는데, 그중 일상적으로 반복되지 않는 특수한 의사결정 상황은 관리회계의 필요성을 잘 보여준다.

본장에서는 예산과 특수의사결정 상황을 토대로 관리회계의 필요성을 이해할 수 있도록 한다. 구체적으로 예산의 의의와 기능, 제조기업의 종합예산편성, 예산의 종류 등에 대해 살펴본 후, 관련원가의 의의와 특수의사결정의 방법을 살펴본다.

제 1 절 종합예산

1.1 예산의 의의

예산(budget)은 미래 경영활동의 계획을 화폐단위로 수치화(계량화)하여 표현한 것으로서 기업에서 가장 빈번하게 사용되는 관리회계 시스템 중 하나이다. 예산은 관리회계의 기능 중 미래의 불확실성을 예측하여 대비할 수 있도록 하는 계획기능과 실제성과와 계획을 비교하여 평가하고 피드백을 제공하는 통제기능을 모두 가능하게 한다. 일반적으로 예산은 목표를 설정하고 한정된 자원의 효율적 배분을 돕는다는 점에서 중요하다.

비단 기업의 측면이 아니더라도 예산은 우리의 일상생활에서도 빈번하게 활용되며 중요성을 가진다. 친구들과 함께 국내여행을 가기로 했다고 가정해 보자. 숙박비, 교통비, 식비 등 각종 경비들에 대한 예산을 세운 뒤 각자 일정 금액을 걷어 여행에 사용하기로 하였다. 이 과정에서 각종 지출항목과 금액에 대한 계획을 세우고 총경비를 추정하는 과정을 예산편성이라 할 수 있다. 또한 여행이 끝난 뒤 실제 지출내역을 살펴 예산과의 차이 금액을 계산하고 이에 대한 조정을 취할 것이다. 이를 일종의 통제활동이라 할 수 있겠다.

다시 기업의 입장에서 예산에 대해 생각해 보자. 다수의 기업이 1월초부터 12월말까지의 일 년의 기간을 사업연도로 지정하는데, 이 경우 10월~11월은 보통 다음 연도의 사업계획을 편성하는 기간이다. 사업계획단계에서 기업이 특정 기간에 대한 예산을 작성하게 되는데, 이를 예산편성(budgeting)이라고 한다. 또한 기업의 경영활동을 통제하여 활동의 결과가 기업이 계획한 목표와 일치하도록 하는데 예산을 사용할 수 있다. 이러한 과정을 예산통제라 한다.

1.2 예산의 특징과 기능

기업에서 예산주체는 계획수립과 통제 목적을 위해 조직의 일부분인 한 부서나 부문을 중심으로 혹은 마케팅 또는 회계와 같이 특정 기능을 중심으로 이루어진다. 예산을 편성하기 전에 예산주체가 잘 정의되어야 한다. 예를 들어, 기획부서에서 전사적인 예산편성 지침을 모든 부서에 전달하면 각 부서는 이를 토대로 예산을 수립하여 기획부서에 제출하고, 기획부서는 취합한 부서별 예산을 종합하여 기업 전체의 종합예산을 편성한다.

한편 예산은 미래에 대한 계획임과 동시에 성과평가의 지표가 되므로 목적에 따라 예산기간을 달리 적용할 수 있으며 기간이 반드시 명시되어야 한다. 통상적으로 예산은 기간에 따라 한 달, 분기, 반기, 1년 등의 단기예산과 3년, 5년, 10년 등의 장기예산으로 분류할 수 있다. 분기별, 반기별, 연도별 예산은 일상적이고 반복적인 경영활동을 위해 필요하며, 장기예산은 보통 기업의 비전과 미션에 연계되어 나타난다.

예산은 기업의 공식적인 경영계획이다. 따라서 장기적인 전략에 근거한 목표가 설정되면 이를 토대로 부문별로 예산을 편성하고 다시 이를 취합하여 조정의 과정을 거친다. 예산편성의 과정에서 수직적 소통은 물론 부서간의 수평적 의사소통과 조정이 나타나며 여기서 예산의 기능을 찾을 수 있다. 예산의 기능을 정리하면 〈표 8-1〉과 같다.

〈표 8-1〉 예산의 기능

기 능	설 명
계획기능	• 계획수립 및 계획의 계량화 • 측정가능한 기간목표 구체화 • 목표달성을 위한 구성원의 노력 조정 • 자원배분의 효율성 평가 가능
조정기능	• 부문간 조정, 협조 및 의사소통 • 각 부문의 행동을 조직 전체 목표에 일치
통제기능	• 성과평가 및 통제 • 계획과 실제성과 간 차이 비교·분석 • 성과평가 토대로 계획을 적절히 변화·개선
원가의식 고취	• 원가-효익 분석에 기반한 평가 • 조직의 공통언어로서 원가를 활용
동기부여	• 조직목표를 토대로 달성가능한 운영목표를 설정 • 조직목표와 일치되는 전문가적 행동 장려(목표일치성)

사례 8.1 작년 예산사용 적절했나… 국회, 오늘부터 2주간 결산 심사

국회가 24일부터 2주간 지난해 예산집행의 적절성을 따진다. 예산결산특별위원회는 이날 경제부처 종합정책질의를 시작으로 '2019회계연도' 결산 심사에 돌입했다.

정부가 국회에 제출한 결산보고서에 따르면 지난해 총수입은 471조1,000억원, 총지출은 485조1,000억원이다. 추가경정예산(본예산+추가예산) 대비 총수입은 3조3,000억원 감소했고, 총지출은 9조7,000억원 증가했다. 2018년 대비로는 총수입이 7조8,000억원, 총지출은 51조원 증가했다. 이에 따라 재정건전성을 나타내는 관리재정수지(통합재정수지에서 사회보장성기금수지를 차감)는 54조4,000억원 적자를 기록했다.

미래통합당 등 야당은 전년 대비 지출을 크게 늘렸음에도 목표 대비 성과가 미흡한 점, 사전계획이 미흡해 집행이 부진했던 점 등을 지적할 예정이다.

실제 예결위가 작성한 검토보고서를 보면 전체 사업의 70%가량만이 당초 목표를 달성한 것으로 나타났다. 환경부의 운행차 배출가스 저감사업이 대표적이다. 이 사업 중 건설기계 저감장치 부착사업은 지난해 계획물량 5,000대 중에 616대(12%)를 지원하는데 그쳤다. 기존 부착된 장치의 18%에서 고장이 발생해 수요가 감소했기 때문이다. 행정안전부 풍수해보험사업, 여성가족부 새일센터 지정·운영사업 등은 핵심 사업목표를 달성하지 못했거나 연례적으로 실적이 저조했다.

사업계획이 미흡해 지연되고 있는 신설 사업도 발견됐다. 과학기술정보통신부 양자컴퓨팅 기술개발, 산림청 차세대중형위성 개발사업 등이다. 교육부 사립대학 시간강사 처우개선, 금융위원회 핀테크 지원은 사업 수요를 과다하게 추정했거나 계획이 미흡해 집행이 부진했다는 지적을 받았다.

예산을 잘못 추계해 예산이 과다하거나 과소 편성, 과다한 불용액이 발생하는 사례도 지적됐다. 예결위는 국토교통부 주거급여 지원사업의 경우 2018년 10월에 있었던 부양의무자 기준 폐지에 따른 효과를 잘못 추계해 예산이 과다 편성됐다고 판단했다.

예결위는 이날 심사를 시작으로 25일 비경제부처 종합정책질의, 28일 경제부처 부별심사, 31일 비경제부처 부별심사 등을 진행한다. 9월 1일부터는 소위를 가동해 세부적인 점검에 나선 뒤 9월 7일 결산안을 의결할 계획이다.

출처 : 아시아경제, 2020.8.24

앞서 예산은 계획과 동시에 통제의 기능을 수행할 수 있다고 하였다. 제시된 사례에서 국회는 정부의 예산과 사용내역이 담긴 결산보고서를 바탕으로 감사를 수행하며 통제활동을 수행한다. 정부는 예산을 편성할 시 한 해 국가 살림에 대한 계획을 세우며, 계획을 토대로 집행하는 계획 및 실행 활동을 수행한다. 일반적인 조직 역시 예산을 이용하여 이와 같은 계획 및 통제 활동을 수행하게 되는데, 사업계획편성 시기에 예산으로서 계획을 구체화하고, 회계연도말 결산기에는 예산과 실적을 비교 · 분석하여 통제활동을 수행한다.

1.3 종합예산의 의의

종합예산(master budget)은 경영자의 기업의 미래 계획과 실행방법을 종합한 것으로서 모든 세부단위의 목표를 요약하여 판매, 생산, 구매, 재무 등의 기능별로 작성된다. 종합예산은 크게 운영예산과 재무예산으로 분류할 수 있다.

먼저 **운영예산**(operating budget)에는 수익(판매)예산, 제조원가예산, 그리고 운영비용예산 등이 포함되고 이를 종합하여 예산상 순이익을 산출할 수 있다. 구체적으로 판매 및 생산, 각종 원재료와 인력과 같은 자원의 조달과 사용계획을 토대로 판매예산, 생산예산, 매출원가예산을 작성한다.

재무예산(financial budget)은 자금의 조달과 투자를 위한 자본지출예산, 차입 및 투자계획을 내포한 현금 유입 및 유출에 대한 현금예산 등이 포함된다. 추정재무상태표 및 추정현금흐름표의 작성을 통해 자금조달에 관한 제반 계획을 요약가능하다. 종합예산은 예산편성과정의 최종산물로서 모든 기능의 계획을 집약한 것이다. 종합예산은 [그림 8-1]과 같이 포괄적인 계획으로서 상호의존적인 개별 예산을 구성요소로 갖추고 있다.

[그림 8-1] 종합예산

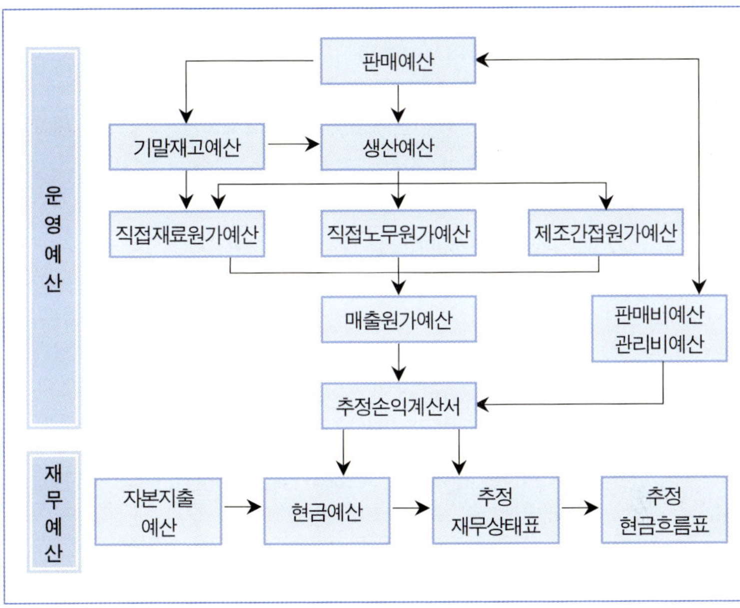

1.4 종합예산의 편성절차

종합예산을 편성할 때 예산담당부서에서 전사적 차원의 지침을 모든 부서에 통보하며, 이를 토대로 수립된 각 부문별 예산은 다시 예산담당부서로 전달된다. 취합된 부서별, 기능별 예산은 조정되어 종합예산의 편성을 마무리하게 된다. 종합예산 편성절차는 〈표 8-2〉

와 같다.

〈표 8-2〉 종합예산의 편성절차

예 산	설 명
판매예산	• 종합예산편성의 출발점, 판매량 예측 • 판매예산(매출액)=예산판매량×단위당 판매가
제조예산	• 생산량 예측(생산예산) • 판매예산과 기말재고예산에 의해 결정 • 제조예산=예산판매량+기말목표재고량−기초실제재고량
제조원가예산	• 직접재료원가, 직접노무원가, 제조간접원가 예산 • 변동원가의 경우 표준원가 이용
매출원가예산	• 제품의 예산판매량에 대한 원가 산정 • 매출원가예산=기초제품재고액+당기제품제조원가−기말제품재고액
판매관리비예산	• 원가행태별 구분(변동판관비, 고정판관비) • 판매량 기준 예산
예산손익계산서	• 운영예산편성의 마무리 단계 • 기편성된 판매예산, 제조원가예산, 매출원가예산 및 판매관리비예산의 수익과 비용 반영
현금예산	• 예산기간중 현금의 유입 및 유출액에 대한 예산 • 부채상환능력과 영업활동 현금창출능력 제시
예산재무상태표	• 예산기간말 현재 기업의 재무상태

종합예산의 8단계는 상호독립적이지 않고 유기적으로 연결되어 있다. 판매예산부터 예산손익계산서까지는 운영예산에 속하고, 현금예산과 예산재무상태표는 재무예산에 속한다.

종합예산의 편성절차 중 가장 첫 번째 단계는 **판매예산**편성인데, 종합예산편성의 첫 단추이므로 예산편성 단계 중 가장 많은 노력이 투입된다. 미래 예측에 필연적으로 수반되는 불확실성과 예측자의 주관을 줄이기 위해 가능한 한 신뢰성 있는 원천의 정보를 많이 수집하여 판매량을 예측해야 한다.

제조예산은 판매예산을 토대로 예산기간의 생산량을 예측하는 것으로 제조원가예산의 초석이 된다. 제조예산은 생산예산으로도 일컬어지며, 제조예산(생산량 예산)은 판매예산에 의해 예측되는 예산판매량과 기말재고보유 정책과 예산에 따른 기말목표재고량을 토대로 결정된다.

제조원가예산은 직접재료원가, 직접노무원가, 제조간접원가 등 제조원가 3요소에 대한 예산이다. 직접재료원가와 직접노무원가, 그리고 변동제조간접원가와 같은 변동원가 요소는 미리 설정된 표준(표준원가)을 토대로 예산이 편성된다. 한편 고정제조간접원가예산은 예산기간의 총액으로 설정된다.

매출원가예산은 제품의 예산판매량을 근거로 매출원가에 대한 예산을 산정하는 것으로서 판매예산, 기말재고예산, 제조원가예산 등을 종합하여 산출된다. 직접적으로 예산손익계산서에 반영되는 운영예산 중 하나이다.

판매관리비예산은 생산된 제품의 판매 및 관리에 대한 예산으로 변동요소와 고정요소로 구분되어 편성된다. 판매예산부터 판매관리비예산까지의 과정을 거치면 **예산손익계산서**를 통해 운영예산편성이 마무리되며, 이는 예측되는 손익을 보여주므로 경영자의 주된 관심사가 된다.

한편 재무예산에 속하는 **현금예산**은 예산기간중 현금의 유입액과 유출액에 대한 예산으로서 이를 통해 전체 현금흐름을 예측할 수 있다. 우리나라의 기업회계기준은 발생주의를 따르고 있으나, 현금창출능력과 부채상환능력은 기업의 유동성과 재무적 건전성을 판단함에 있어 중요한 지표이므로 현금예산은 종합예산에 있어 중요한 요소가 된다. 마지막으로 예산재무상태표에 예산기간중 발생한 생산 및 판매 활동에 의한 각 계정의 증감사항이 반영된다.

1.5 예산편성방법

예산편성은 유용하지만 조직구성원의 사고, 행동, 의사결정 등에 지대한 영향을 미친다. 예산의 순기능보다 역기능이 부각된다면 조직목표를 달성하는 데 오히려 장애가 될 수 있다. 따라서 예산이 본연의 목적으로 활용되어 조직의 목표달성에 기여할 수 있도록 효과적으로 예산을 편성해야 한다.

예산편성의 방법에는 여러 가지가 있지만, 본서에서는 기준이 되는 조업도에 따라 분류되는 변동예산과 고정예산, 구성원의 참여 정도에 따라 분류되는 전제적, 참여적, 자문적 예산, 그리고 예산기간에 따라 분류되는 자본예산, 운영예산, 계속예산에 대해 간단히 설명하고자 한다.

1.5.1 조업도에 따른 예산 분류

먼저 기준이 되는 조업도가 변동이 될 수 있느냐 그렇지 않느냐에 따라 변동예산과 고정예산으로 구분된다. 고정예산의 경우 목표로 설정한 단 하나의 계획된 조업도를 기준으로 예산을 편성한다. 따라서 사후적으로 조업도나 기타 상황에 변화가 있어도 조정되지 않고, 실적은 계획된 조업도 수준에서의 예산과 비교된다. 한편 변동예산은 조업도 변화에 따라 제품의 원가나 생산설비 이용도 등이 변화될 수 있다는 가정하에 여러 조업도 수준에 따라 예산을 편성하는 것을 의미한다. 변동예산은 동태적 성격을 지니며 실적은 실제 발생된 조업도 기준의 예산과 비교된다.

변동예산과 고정예산의 개념에 대한 이해를 돕기 위해 우리의 일상생활에 투영해 보자. 가령 학기말에 산출된 전체 시험성적의 평균이 60점이었다고 하자. 학기초에 공지된 성적평가기준에 따르면 통상적으로 평균 80점을 기준으로 하여 80점 이상은 B학점, 90점 이상은 A학점을 부여받을 수 있다고 하였다. 실제 평균 점수와 무관하게 성적평가기준을 절대적으로 적용하여 80점 이상의 학생에게만 B 이상의 학점을 부여할 시 이는 고정예산의 내용과 유사하다. 반면 실제 달성된 평균이 60점이므로 이를 반영하여 60점 이상의 학생들에게 B 이상의 학점을 부여할 시 이는 변동예산의 내용과 유사하다.

고정예산과 변동예산 중 절대적으로 무엇이 더 유용하다는 기준은 없다. 다만 실무적인 관점에서 변동예산의 경우 조업도에서 나타날 수 있는 차이를 통제한 뒤 수익 및 원가에 있어 예산과 실제 발생액 간의 차이를 분석할 수 있어 유용하다.

1.5.2 참여 정도에 따른 예산 분류

구성원의 참여 정도에 따라 전제적, 참여적, 그리고 자문적 예산으로 구분할 수 있다. **전제적 예산**은 상의하달식(top-down) 예산편성방법으로 최고경영자가 하부관리자에게 예산을 구체적으로 설정하여 통보하는 격이다. 예산편성과정이 직선적이고 효율적인 편이나, 최고경영자가 구성원이 달성가능한 적절한 목표수준이 얼마인지 명확하게 파악하기 어렵다는 것이 단점이다. 따라서 예산편성과정에 조직구성원의 참여가 결여되므로 예산목표달성에 대한 구성원의 동기부여와 몰입을 방해할 수 있다.

한편 **참여적 예산**은 각 계층의 경영자가 예산편성에 참여하여 하의상달식(bottom-up)으로 편성되는 예산이다. 목표를 경영자와 함께 설정하기에 구성원에게 효익을 제공할 수 있는데, 예산에 대한 몰입과 예산목표달성에 대한 동기부여가 증대된다. 다만 소요되는 비용예산은 더 많게, 수익예산은 적게 잡아 여유를 두는 '예산슬랙'의 유인이 생길 수 있다는 점이 단점이다.

자문적 예산은 경영자가 예산에 대해 조직구성원에게 자문을 요청한 후 최고경영자가 편성하는 방법이다. 즉 최고경영자가 구성원의 의견을 수렴하기는 하나 최종적으로 예산을 혼자 결정하는 방식으로 많은 대규모의 조직에서 이러한 방식을 취한다. 자문적 예산편성은 상의하달식과 하의상달식을 혼합한 형태로 효율성과 동기부여 고취를 동시에 모색할 수 있으나, 잘못하면 의견수렴의 절차만 거칠 뿐 실제로 구성원의 의견이 반영되지 않는 허위참여가 나타날 수 있다.

이와 같이 예산편성과정에 조직구성원의 참여 정도가 논의되는 이유는 예산이 계획수립, 조정, 그리고 자원배분의 수단으로 활용되는 한편 업적평가와 통제의 수단으로도 이용되기 때문이다. 따라서 조직의 제반상황을 고려하여 적절한 형태로 예산을 편성해야 하며, 최고경영자는 물론 조직구성원 역시 상호간의 신뢰 위에서 예산을 편성하고 집행해야 한다.

1.5.3 예산기간에 따른 예산 분류

예산기간에 따라 자본예산, 운영예산, 계속예산으로 나누어 설명할 수 있다. 먼저 **자본예산**은 토지 · 건물 · 기계 등의 취득을 위한 장기계획이 필요할 때 충분한 자금이 마련될 수 있도록 하는 사전계획이다. 한편 운영예산은 기업의 일반적이고 반복적인 기업활동에 대한 예산을 뜻하며 예산기간은 회계연도와 일치한다. 마지막으로 계속예산은 일정한 계획기간을 갖고 항상 12개월분의 예산을 수립하는 것을 의미한다. 예를 들어 올해 초 12개월분 예산을 작성한 후 시간이 흘러 2월이 되면 내년 1월을 추가로 예산기간에 포함시키는 한편, 이미 지난 당년 1월의 예산은 제외시켜 12개월분의 예산을 유지한다.

제 2 절 관련원가와 특수의사결정

2.1 의사결정의 의의

우리는 일상생활에서 수많은 의사결정 상황에 직면한다. 오전 수업이 끝난 뒤 친구와 나누는 대화를 생각해 보자. "오늘 점심은 뭐 먹지?"로 시작하는 중대한 의사결정 상황이 시작될 것이다. 이처럼 기업의 경영자 역시 업무를 수행하는 과정에서 크고 작은 의사결정을 수행한다. 여기서 의사결정이란 일정한 목적 혹은 목표를 달성하기 위해 여러 가지 선택가능한 대안 중 최적의 대안을 선택하는 과정을 의미한다. 이처럼 기업이 직면한 상황에서 여러 대안 중 하나를 선택해야 하므로 효과적인 의사결정을 위해서는 많은 정보를 필요로 한다. 이때 원가정보는 의사결정에 중요한 역할을 하게 된다.

의사결정은 영향을 미치는 기간에 따라 단기의사결정과 장기의사결정으로 나눌 수 있다. 단기의사결정은 의사결정의 효과가 1년 이내의 단기에 지속되는 의사결정으로서 일상적으로 발생되는 생산일정 및 판매량 계획과 같은 의사결정과 특별주문의 수락이나 제품라인의 폐지 여부와 같이 비반복적으로 발생되는 특수의사결정으로 분류될 수 있다. 장기의사결정은 의사결정의 효과가 장기간에 걸쳐 영향을 미치는 것으로 생산설비의 취득, 사업부의 신설 등과 같이 장기적인 경영계획을 고려해야 하는 의사결정을 뜻한다.

본서에서는 단기의 특수의사결정에 활용될 수 있는 유용한 정보를 식별하는 방법을 소개하고자 하며, 이는 관련원가의 분석과 일맥상통한다. 따라서 먼저 의사결정의 기본인 관련원가에 대해 설명하고 관련원가가 의사결정에 어떻게 활용되는지 살펴볼 것이다.

2.2 관련원가의 의의

의사결정시 중요한 것은 최적의 대안을 선택할 수 있도록 여러 정보 중 의미 있는 정보를 취하는 것이다. 경영활동과 관련된 의사결정과정의 한 단계로서 대안간의 예상되는 원가비교는 필수적이다. 이때 중요한 것은 의사결정에 관련이 있는 원가정보와 그렇지 않은 원가정보를 구분하는 것이다. **관련원가**는 현재 직면한 의사결정 상황, 즉 경영자가 선택하는 대안과 관련이 있는 원가를 의미한다. 즉 관련원가는 특정한 의사결정에 적용되는 원가로서 여러 대안간 차이가 나는 미래의 예상원가로서 정의되기도 한다. 따라서 관련원가는 아래와 같은 두 가지 중요한 속성을 지닌다.

① 미래에 발생될 원가이다.
② 의사결정 대안에 따라 차이가 나타나는 원가이다.

동일한 원가라 하더라도 의사결정의 상황 또는 목표에 따라 관련원가가 될 수도 있고 비관련원가가 될 수도 있다. 예를 들어 티셔츠 100장을 추가생산할지 의사결정을 할 때, 면 원단과 같은 직접재료원가는 관련원가로 분류된다. 이는 직접재료원가와 같은 변동제조원가는 추가생산할 시 발생하지만 그렇지 않을 경우 발생되지 않기 때문이다. 즉 직접재료원가는 '추가생산한다'는 대안과 '추가생산하지 않는다'는 대안 간에 차이를 발생시키며 의사결정 이후에 발생되는 미래원가이다. 그러나 동일한 직접재료원가라 하더라도 비관련원가가 되는 경우도 있다. 예를 들어 보유하고 있는 A와 B 두 개의 기계 중 어떤 기계로 티셔츠를 생산할지 결정하는 상황을 생각해 보자. 어떤 기계를 선택한다 하더라도 직접재료원가가 동일하게 발생한다면 직접재료원가는 두 대안간에 차이를 발생시키지 못하므로 관련원가라 볼 수 없다.

2.3 관련원가와 비관련원가

의사결정 대안간에 차이가 있으며, 미래에 발생할 원가를 관련원가라 하였다. 아래의 자료를 바탕으로 관련원가와 비관련원가에 대해 생각해 보자.

(주)서울은 기존의 기계를 처분하고 새로운 기계를 취득할지 의사결정을 하기 위해 아래와 같이 자료를 정리하였다.

구기계		신기계	
취득원가	₩10,000	구입가격	₩12,000
잔존 장부가액	₩8,000	예상 내용연수	4년
잔존 내용연수	4년	4년 후 처분가액	0
현재 처분가액	₩3,000	연간 변동유지비	₩15,500
4년 후 처분가액	0	연간 판매수익	₩50,000
연간 변동유지비	₩20,000		
연간 판매수익	₩50,000		

위 자료를 바탕으로 신기계 취득에 대한 의사결정을 할 때, 구기계의 잔존 장부가액은 ₩8,000이나 현재 처분가액이 ₩3,000이므로 ₩5,000의 처분손실이 나기 때문에 구기계를 계속 유지하는 방향으로 의사결정을 내릴 수 있다. 이는 구기계는 이미 투자되어 있는 것이므로 투자금액이 완전히 회수될 때까지 계속 사용해야 한다고 생각한 결과일 수 있다. 그러나 신기계가 구기계보다 훨씬 더 효율적인 작업을 가능하게 하더라도 이러한 생각을 고수한다면 이는 올바른 의사결정이라 할 수 없다.

같은 상황에서 다른 경영자는 구기계에 대한 투자금액은 과거에 발생한 매몰원가이므로 장부상에 남아 있는 구기계의 잔존가치(₩8,000)는 신기계 구입에 대한 의사결정에 고려되어서는 안 된다고 주장한다. 이 주장을 뒷받침하기 위해 앞서 주어진 자료를 토대로 구기계와 신기계 사용시 4년간의 총비용 및 총수익을 비교하여 아래와 같이 제시하였다.

	4년간의 총비용 및 총수익		
	구기계 유지	차액원가	신기계 구입
매 출 액	₩200,000	0	₩200,000
변동원가	(80,000)	₩18,000	(62,000)
신기계 원가(감가상각)	0	(12,000)	(12,000)
구기계 감가상각(장부가액)	(8,000)	0	(8,000)
구기계의 처분가액	0	3,000	3,000
4년 총이익	₩112,000	₩9,000	₩121,000

4년간의 분석내용을 살펴보면, 신기계 구입이 구기계를 유지하는 것에 비해 ₩9,000만큼 유리함을 알 수 있다. 여기서 두 대안간의 총원가의 차이는 **차액원가** 혹은 **증분원가**라 한다. 중요한 것은 구기계의 장부가액 ₩8,000이 분석결과에 영향을 미치지 못한다는 점인데, 구기계를 계속 보유할 시 이는 감가상각되어 장부가액을 줄일 것이고 판매할 경우 장부가액이 일시에 차감될 것이기 때문이다. 즉 장부상의 구기계의 잔존가치는 두 대안간의 차이를 가져오지 못하므로 비관련원가이다.

앞서 언급한 **매몰원가**는 이미 발생된 역사적 원가로서 미래의 의사결정에 영향을 미치지 않는 비관련원가이다. 의사결정은 본질적으로 미래지향적이므로 이미 발생한 원가는 대안의 선택과 무관하며 의사결정에서 고려의 대상이 되어서는 안 된다. 사례에서 언급한 기계와 같은 자산의 취득원가는 대표적인 매몰원가이다. 더 구체적으로 설명하자면 구기계의 매각처분에 관한 의사결정에서 구기계의 처분원가는 관련원가가 될 수 있으나 장부가액(잔존가치)은 관련원가가 아니다.

관련원가와 비관련원가를 구분하는 것은 합리적인 의사결정을 위해 반드시 선행되어야 하며, 특수의사결정 상황에서도 관련원가를 식별하는 것이 의사결정에서 중요한 단계이다.

2.4 특수의사결정

특수의사결정이란 반복되지 않는 의사결정이라는 의미이다. 특수의사결정의 종류는 자가제조 또는 외부구입 여부의 결정, 특정 제품라인의 추가 또는 폐지 여부 결정, 특별주문의 수락 여부 등의 몇 가지로 유형화할 수 있다. 본서에서는 다양한 특수의사결정 유형 중 자가제조 또는 외부구입 여부에 대한 의사결정에 초점을 맞추어 설명하고자 한다.

2.4.1 자가제조 또는 외부구입

기업은 완제품을 제조하는 과정에서 원재료를 구입 후 원하는 상태로 가공하여 공정에 투입하고, 직접노무원가와 제조간접원가를 투입하여 제품을 제조한다. 기업은 생산과정에서 완제품의 제조에 필요한 부품을 스스로 제조(make)할 것인지 아니면 외부공급자로부터 구입(buy)할 것인지에 대한 의사결정을 해야 한다. 예를 들어 자동차 제조업체가 모든 핵심부품을 직접 제조하여 완성차를 제조할 수 있지만 부품의 제조를 외부에 맡기고 핵심역량을 완성차의 디자인과 연구개발, 마케팅 등에 집중할 수 있다. 이러한 의사결정의 주된 이유는 자가제조하는 것보다 원가가 절감되기 때문이다.

이때 특정 부품을 외부구입하는 것이 자가제조하는 것보다 얼마나 저렴한지는 어떻게 알 수 있을까? 이는 자가제조 또는 외부구입이라는 두 대안의 관련원가를 비교하면 해답을 구할 수 있다. 구체적인 의사결정을 위한 분석방법은 사례를 토대로 살펴보도록 하자.

(주)경기는 외부공급업자로부터 단위당 ₩19으로 부품 7,000단위를 공급해 주겠다는 제안을 받았다. (주)경기가 부품을 자가생산할 시 부품생산의 소요원가는 아래와 같다.

	단위당	7,000단위
직접재료원가	₩6	₩42,000
직접노무원가	4	28,000
변동제조간접원가	1	7,000
감독자 급여	3	21,000
관련장비의 감가상각비	2	14,000
공통간접원가의 배분	5	35,000
총 비 용	₩21	₩147,000

부품의 자체생산을 중단하고 외부공급을 받아야 할 것인지 의사결정을 내리기 위하여 두 대안을 비교하여 차액원가를 알아보기로 하였다. 차액원가가 부품의 외부구매가격보다 낮은 경우에는 자체생산을 지속하고, 그 반대의 경우에는 부품을 외부에서 구입하는 것이 유리할 것이다.

두 대안을 비교하기 위해 먼저 관련원가와 비관련원가를 식별해야 한다. 위에 제시된 자료로 볼 때 관련장비의 감가상각비는 회피불가능한 매몰원가이다. 즉 부품의 외부구입 여부와 관계없이 발생하는 원가인 것이다. 또한 배분되는 공통간접원가는 외부구입 여부와는 관계없는 미래원가로서 비관련원가이다. 한편 부품생산을 위한 변동원가는 외부구입시에는 회피할 수 있는 관련원가이다. 또한 부품의 외부구입으로 인하여 감독자 급여가 회피될 수 있다면 이 비용도 차액원가가 되며 관련원가이다. 이와 같이 관련원가를 식별하여 두 대안의 차액원가를 분석하면 아래와 같다.

		단위당 차액원가		총차액원가 (7,000단위)	
	단위당 생산비용	제 조	구 입	제 조	구 입
직접재료원가	₩6	₩6		₩42,000	
직접노무원가	4	4		28,000	
변동간접원가	1	1		7,000	
감독자 급여	3	3		21,000	
관련장비 감가상각비	2	–		–	
공통간접원가의 배분	5	–		–	
외부구입가격			₩19		₩133,000
총 비 용	₩21	₩14	₩19	₩98,000	₩133,000
제조 · 구입의 차이		₩5		₩35,000	

분석결과를 보면, 부품을 자가제조할 때 외부구입에 비해 단위당 ₩5만큼 적은 비용이 소요되기 때문에 자가제조가 유리하다. 즉 (주)경기는 외부공급업자의 제안을 받아들여서는 안 된다. 그러나 경영자가 최종의사결정 이전에 고려할 요소가 또 한 가지 있는데, 이는 현재 부품의 자가제조를 위해 사용되고 있는 작업공간이나 설비에 대한 기회비용이다.

기회원가는 특정 대안을 선택함에 따라 포기하는 다른 대안으로부터 얻을 수 있는 경제적인 효익이다. 예를 들어 부품의 외부구입시 자가제조하는 데 사용되는 작업공간이나 설비를 다른 수익사업에 활용할 수 있다고 하자. 이 경우 부품의 자가제조를 결정하면, 작업공간이나 설비를 다른 수익목적으로 활용하여 거둘 수 있는 수익이 기회원가가 된다. 따라서 이 기회원가를 고려하여 외부구입 여부를 결정해야 한다. 반면 부품을 외부구입해도 작업공간이나 설비가 다른 용도로 사용되지 못한다면 기회원가가 존재하지 않는다. 이 경우 당초 차액원가 분석결과대로 고민하지 않고 부품을 자가제조할 것이다.

2.4.2 제품라인의 유지 또는 폐쇄

경영자는 관련원가 개념을 사용하여 특정 제품라인을 유지할지 여부에 대한 의사결정을 내릴 수 있다. 이러한 의사결정에서 중요한 재무적 자료는 특정 제품라인을 폐쇄할 경우 상실되는 수익과 절감되는 원가이다. 절감되는 원가가 상실되는 수익보다 큰 경우에는 해당 제품라인을 폐쇄하는 것이 좋다.

일반적으로 고정원가는 기업의 활동량과 관계없이 일정하므로 대안을 비교할 때 고정원가는 관련원가가 될 수 없다. 따라서 일반적으로 제품라인의 폐쇄시 절감되는 변동원가와 상실되는 수익을 비교하여 의사결정을 수행하게 된다. 그러나 특정 제품라인을 폐쇄할 때 관련 고정원가의 일부가 소요되지 않는다면 이는 의사결정에 따라 회피가능한 원가로서 관련원가가 된다.

2.4.3 특별주문의 수락 여부

특별주문은 대량구매를 조건으로 가격할인을 요구하는 비반복적인 일회성 주문을 뜻한다. 요즘 인기 있는 온라인 구매형태 중 하나인 공동구매를 생각해 보자. 영향력 있는 제품의 판매자가 제품의 본 판매처를 대리하여 구매자를 모집하고, 이들에게 가격할인과 특별한 제품구성 등의 혜택을 제공한다. 이와 같이 특별주문의 경우 대량구매를 조건으로 특별한 혜택을 요구하게 되는데, 경영자는 이 조건의 수락 여부를 증가하는 수익과 원가를 비교하여 결정해야 한다.

이때 고려할 점은 특별주문의 수락 여부의 결정과 관련하여 제품을 추가로 생산할 수 있는 유휴설비가 존재하는지 여부이다. 유휴설비가 충분하다면 이를 이용해서 특별주분량을 추가적으로 생산가능하다. 따라서 특별주문 수락으로 인해 기회원가가 발생하지 않으므로 특별주문 수량에 관계되는 추가적인 수익과 원가만을 고려하면 된다. 그러나 특별주문으로 인한 공급수량을 맞추기 위해 설비를 추가하거나 정규시장에서의 판매량을 줄여야 한다면, 이는 기회원가를 발생시키므로 의사결정이 좀 더 복잡해진다.

사례 8.2 국민참여예산제도를 어떻게 업그레이드시킬까?

시민들이 정책 아이디어를 직접 제안하고 예산안 심의·편성과정에도 참여할 수 있도록 하는 국민참여예산제도가 올해로 시행 3년째를 맞는다. 국민참여예산제도는 지난 2년간 '국군 장병들에게 패딩형 동계점퍼 지급', '남녀공용 화장실 분리비용 지원', '미세먼지 저감 도시숲 조성' 등의 생활밀착형 정책 성과로 이어졌으며, 중앙정부의 예산편성과정에 최초로 시민에게 문을 연 의의가 있다는 평가를 받았다. 반면 참여예산 자체의 취지를 살리지 못하고 공모사업으로 축소됐다는 비판도 상존한다. '참여'가 정책 아이디어 제시와 제시된 아이디어 심사 등 일부 영역에만 머무르고 있기 때문이다. 일부 정책은 저조한 집행률이 도마에 오르기도 했다. 국민참여예산제도의 뿌리내리기와 업그레이드가 필요한 시점이다.

올해 국민참여예산 일정이 시작되는 가운데 시민사회에서는 국민참여예산제도가 취지를 살리려면 현재의 공모사업 형태에서 나아가 예산에 대한 정보를 더 개방하고, 시민들이 집행과정도 감시하는 방안도 만들어야 한다고 제언한다. 창의적 사업 제언을 넘어서서 시민이 구조적으로 중앙 행정부처를 감시할 수 있는 형태로 제도가 발전해야 한다는 것이다.

2021년 국민참여예산 접수 15일부터 시작

14일 기획재정부는 1월 15일부터 2월 28일까지 2021년도 예산안에 반영할 국민제안 예산사업을 집중 접수한다고 14일 밝혔다. 지역사업이 아닌 전국적으로 영향을 미치는 정책이라면 누구나 의견을 제시할 수 있다. 국민참여예산 웹사이트(www.mybudget.go.kr) 등에서 접수된 의견은 각 부처에서 5월까지 적격성 검토를 거쳐 예산안 요구에 담고, 4~5월 기재부가 별도로 구성하는 400명의 예산국민참여단과 기재부 심사를 거쳐 '2021년 정부 예산안'에 반영된다.

참여예산은 1989년 브라질의 포르투 알레그레에서 시작됐고, 한국에는 2003년 광주 북구에서 처음 도입했다. 2011년 국가재정법 개정으로 주민참여예산제도가 의무화되면서 전국 243개 지방자치단체로 확산됐다. 광주시, 서울시 등 지자체에서 긍정적 성과가 쌓이면서 중앙정치권에서도 주목하기 시작했고 문재인 대통령 공약에 포함됐다.

시민들이 정책 아이디어를 제시하고 별도의 시민참여단과 기재부의 심사를 받는 지금 형태의 국민참여예산제도는 2018년도부터 본격적으로 시작했다. 문 대통령 집권 이후 2017년 정책제언 플랫폼인 '광화문 1번가'를 운영하면서 이 플랫폼에 제시된 아이디어를 시범사업 형태로 2018년 예산에 반영했다. 총 6개 사업 422억원 규모였다. 2017년 하반기 국가재정법 시행령을 개정해 국민참여예산제도의 법적 근거를 만들었다. '정부는 예산과정에서 국민참여를 통하여 수렴된 의견을 검토해야 하며 그 결과를 예산편성시 반영할 수 있다'는 내용 등이다. '광화문 1번가'는 기재부가 별도로 마련한 '국민참여예산' 플랫폼으로 옮겨왔다. 이후 참여예산 규모는 커져가고 있다. 2019년 시작된 사업 가운데 올해도 이어가는 25개 사업 1,654억원을 포함하면 올해 예산에 반영된 참여예산 규모는 2,711억원이다.

… 후략 …

출처 : 경향비즈, 2020.1.14

생각해 볼 문제

(1) 예산이란 무엇인가?

(2) 종합예산의 편성절차에 대해 설명해 보시오.

(3) 운영예산이란 무엇인지 설명하고 운영예산에 포함되는 예산에는 어떤 것들이 있는지 설명하시오.

(4) 참여예산의 의의와 장·단점에 대해 설명해 보시오.

(5) 관련원가란 무엇인가?

(6) 의사결정과정에서 관련원가를 식별하는 이유가 무엇인가?

(7) 특수의사결정에 대해 설명해 보시오.

(8) [사례 8.2]를 읽고 다음 물음에 답하시오.

① 국민참여예산제도에 대해 설명해 보시오.

② https://www.mybudget.go.kr/ 사이트에 접속하여 제도에 대한 소개와 사업집행결과와 예산 의견수렴사항을 살펴보고 이를 간략하게 정리해 보시오.

③ 국민참여예산제도의 장·단점을 생각하여 정리해 보고, 단점에 대한 해결책 또한 정리해 보시오.

PART

III

세무회계의 이해와 재무분석

CHAPTER 9

세금의 이해와 부가가치세

회계를 올바르게 이해하기 위해서는 기초적인 세금에 대한 지식이 필요하다고 할 것이다. 일상생활뿐만 아니라 회사에서의 기초적인 의사결정과 영업활동 등에 세금이 미치는 영향이 중요하며, 기초적인 장부작성과 회계처리에 있어서도 세금의 존재에 따라 결과가 달라질 수 있기 때문이다.

본장에서는 세금에 대한 내용이 시작되는 장으로 세금과 관련된 일반적인 내용과 부가가치세를 중심으로 설명한다. 즉, 세금의 의의와 세금부과원칙, 세금의 납세의무 등에 대하여 간략히 설명하고 사업자등록, 세금계산서, 면세와 영세율 등 일상생활뿐만 아니라 직장인으로서 알아야 할 기초적인 내용을 살펴본다.

제 1 절 세금의 일반론

1.1 세금의 의의

헌법 제2장 제38조에서는 모든 국민은 법률이 정하는 바에 의하여 납세의 의무를 진다라고 규정하고 있다. 즉, 세금은 국가와 지방자치단체의 활동에 필요한 경비를 국민에게 부과한 것으로 국가와 지방자치단체가 제공하는 공적 서비스에 대한 대가라고 할 수 있다. 즉, 어떠한 공동체에서 그들의 목적을 달성하기 위해서 경비가 발생하게 되고, 이러한 경비를 조달하기 위하여 회비, 참가비 등이 발생하는 것과 마찬가지로 국가에서도 국방, 치안 등 공적 서비스를 제공하기 위한 경비를 조달할 필요가 있으며, 이를 제도화한 것이 세금이라고 할 수 있다.

그러나 세금은 일반 공동체의 경비와 다르게 반대급부가 없다는 점과 강제적으로 징수된다는 점에서 국민의 재산권을 침해할 소지가 있다. 이와 같은 문제점에서 출발한 것이 조세법률주의이다. 우리나라 헌법 제59조에서는 조세의 종목과 세율은 법률로 정한다는 조세법률주의를 규정하고 있고 판례에서도 세금이 조세법률주의를 준수하게 될 경우에는 재산권 침해가 아니며 위반하게 될 경우에는 국민의 재산권을 침해한다고 판시함으로써 그 경계를 두고 있다.

따라서 국민으로부터 징수되는 세금은 국가의 목적과 정책 달성에 필요한 재원임은 분명하지만 국민의 세금을 누가, 어떻게, 무엇을 위해서 사용하는지에 관심을 둘 필요가 있다.

1.2 세금의 종류

세금은 〈표 9-1〉과 같이 국세와 지방세로 나뉘는데, 그 대표적인 세목은 다음과 같다. 일반인의 생활에 영향을 많이 미치는 세목으로 **국세**의 경우 소득세, 법인세, 부가가치세, 상속세, 증여세 등이 있으며, **지방세**의 경우에는 취득세, 재산세, 주민세, 지방소득세 등이 있다.

〈표 9-1〉 국세와 지방세의 종류

<table>
<tr><td rowspan="2">국 세</td><td>내국세</td><td>부가가치세, 소득세, 법인세, 상속세, 증여세, 종합부동산세, 개별소비세, 주세, 인지세, 증권거래세</td></tr>
<tr><td>관 세</td><td>관세</td></tr>
<tr><td colspan="2">지방세</td><td>취득세, 재산세, 주민세, 지방소득세, 자동차세, 담배소비세, 등록면허세, 레저세, 지방소비세</td></tr>
</table>

2020년도 우리나라의 예산수입은 320조원이고 국세수입은 292조원으로 전체 예산에서 91.25%를 차지하고, 지방세는 95조원으로 국세 대 비중은 25%에 해당한다. 우리나라 국세의 주요 비중은 〈표 9-2〉와 같다. 국가의 예산이 대부분 국민의 세금에 의하여 충당되고 있는 점을 고려한다면 재정수입뿐만 아니라 재정지출의 타당성, 정부의 정책, 그리고 국민과 국가의 관계가 어떻게 설정되는 것이 올바른 것인가에 대하여 다시 새겨 볼 필요가 있다.

〈표 9-2〉 2019년 내국세 구성현황

구 분	금 액	비 율
소득세	80조원	31%
법인세	79조원	30%
부가가치세	68조원	26%
개별소비세	10조원	4%
상속세	7조원	3%
증권거래세	4조원	2%
주세	3조원	1%
기타	8조원	3%
합 계	259조원	100%

1.3 세금의 부과원칙

앞서 서술한 바와 같이 세금은 국가 또는 지방자치단체의 유지와 존립을 위해서는 필수적이라고 할 수 있지만 개인의 재산권을 침해할 소지가 있기 때문에 세금을 거두어들일 때 일정한 기준이 요구되는데, 이를 세금의 부과원칙이라고 한다. 세금의 부과원칙에는 조세법률주의, 조세평등주의, 실질과세원칙, 신의성실원칙, 근거과세원칙 등이 있다. 이는 세금의 부과와 관련된 원칙으로서 해당 원칙에 위배되는 세금은 정당성을 얻기 어렵다.

첫째, **조세법률주의**는 국가는 법률의 근거 없이 세금을 부과 · 징수할 수 없고, 국민은 법률에 의하지 않으면 세금의 납부를 요구당하지 않는다는 원칙이다.

둘째, **조세평등주의**는 세금의 부과 · 징수에 있어서 모든 국민은

평등하게 취급되어야 하며, 세금은 국민의 부담능력에 따라 공평하게 배분되어야 한다는 원칙이다.

셋째, 실질과세원칙은 세금의 부과징수에 있어서 형식이 실질과 다른 때에는 그 실질에 따라 과세하여야 한다는 원칙으로 법적 형식보다는 경제적 실질을 중요시하여야 한다는 원칙이다.

넷째, 신의성실원칙은 과세관청이 그 직무를 수행하거나 납세의무자가 그 의무를 수행함에 있어서 신의를 좇아 성실히 하여야 한다는 원칙이다.

다섯째, 근거과세원칙은 납세의무자가 세법에 따라 장부를 갖추어 기록하고 있는 경우에는 그 장부와 이에 관계되는 증거자료에 의하여 과세요건을 확정하여야 한다는 원칙이다.

1.4 세금의 납세의무

세금을 납부하여야 할 의무는 법률상 과세요건과 절차를 필요로 하게 된다. 과세요건은 납세자, 과세물건, 과세표준, 세율 등으로 구성되는데, 세금의 납세의무는 이러한 과세요건을 충족하는 경우 발생한다. 세금의 납세의무는 성립, 확정, 소멸이라는 단계를 거치게 되는데, 각 단계마다 법률상 규정된 내용의 충족 여부에 따라 조세채권채무에 중요한 영향을 미치게 된다.

첫째, 납세의무의 성립은 세법에서 규정한 과세요건이 충족될 경우 자동적으로 조세채권채무가 발생하는 것으로 주요한 세목의 납세의무 성립시기는 〈표 9-3〉과 같다.

〈표 9-3〉 납세의무의 성립시기

구 분	납세의무 성립시기
소득세	12월 31일
법인세	사업연도 종료일
부가가치세	6월 30일, 12월 31일
상속세	상속을 개시하는 때
증여세	증여에 의하여 재산을 취득하는 때

둘째, 납세의무의 확정이란 납세의무자의 신고 또는 과세관청의 과세를 통하여 추상적으로 성립된 조세채권의 내용이 구체적으로 확정되는 것을 말한다. 구체적으로 확정된다는 의미는 납세자의 과세표준과 세액이 결정되는 것을 의미한다. 납세의무의 확정방식에는 〈표 9-4〉와 같은 방식이 있다.

〈표 9-4〉 납세의무의 확정방식

구 분	납세의무 확정방식
신고납세방식	과세표준과 세액을 과세관청에 신고할 때 납세의무가 확정되는 방식으로 소득세, 법인세, 부가가치세 등이 있음
부과납세방식	과세표준과 세액을 결정하는 부과처분에 의하여 납세의무가 확정되는 방식으로 상속세, 증여세 등이 있음
자동확정방식	납세의무가 성립하는 동시에 납세의무가 확정되는 방식으로 원천징수 소득세 및 법인세, 중간예납법인세 등이 있음

셋째, 납세의무의 소멸은 과세요건의 충족으로 성립 또는 확정된 납세의무가 소멸되는 것을 말한다. 세법상 조세채권채무의 소멸은 금전납부, 충당, 부과취소, 제척기간만료, 소멸시효완성에 의하여

소멸된다. 여기서 제척기간만료는 과세관청이 세금을 부과할 수 있는 〈표 9-5〉의 기간을 말하는데, 해당 기간이 경과하게 되면 세금을 부과할 수 있는 권리가 소멸하게 된다. 그리고 소멸시효완성은 과세관청의 징수권을 행사할 수 있는 때로부터 5년간 행사하지 않으면 시효가 소멸하여 더 이상 과세관청에서 징수권을 행사할 수 없게 된다.

〈표 9-5〉 국세부과의 제척기간

구 분	제척기간(상속세 및 증여세)
일반적인 경우	5년(10년)
법정신고기한까지 과세표준신고서를 제출하지 않는 경우	7년(15년)
사기나 그 밖의 부정한 행위로 국세를 포탈하거나 환급 · 공제받는 경우	10년(15년)

1.5 세금의 구제제도

실제 생활에서 세금과 관련하여 억울한 경우가 발생할 수 있다. 즉, 납세의무자가 세금에 관련하여 위법 · 부당한 처분을 받거나 필요한 처분을 받지 못하여 정당하지 않다고 생각하는 세금이 부과되는 경우도 있을 수 있다. 이와 같이 세금에 대한 억울한 일이 발생하는 경우 납세자의 권리를 구제할 수 있는 제도가 있는데, 이를 조세구제제도라고 한다.

사전적인 구제로는 과세전적부심사제도가 있다. 과세전적부심사는 세무서 또는 지방국세청으로부터 세무조사 등에 의한 과세예고통지를 받았을 때 그 받은 날로부터 30일 이내에 세무서 또는 지방국세청에 대하여 실제 세금을 부과하기 전에 해당 세금의 부과가 정당한지에 대한 심사를 요청하는 제도이다.

사후적인 구제는 과세관청의 부과처분이 있은 이후에 구제받을 수 있는 제도로 이의신청, 심사청구, 심판청구가 있다. 이의신청은 납세고지를 받은 날로부터 90일 이내에 조세의 부과와 징수에 관한 처분에 이의가 있는 자가 세무서 또는 지방국세청에 이의를 신청하는 제도로서 이의신청서를 접수한 날로부터 30일 이내에 국세심사위원회의 심의를 거쳐 결정한다.

심사청구는 납세고지를 받은 날로부터 90일 이내에 불복의 사유를 갖추어 국세청장에게 심사청구를 할 수 있는 제도로서 심사청구를 받은 날로부터 90일 이내에 국세심사위원회의 의결에 따라 결정한다.

심판청구는 납세고지를 받은 날로부터 90일 이내에 불복의 사유를 갖추어 조세심판원장에게 심판청구를 할 수 있는 제도로서 심판청구를 받은 날로부터 90일 이내에 조세심판관회의의 심리를 거쳐 결정한다.

이와는 별도로 감사원법에 의한 심사청구와 행정소송법에 의한 행정소송을 제기할 수 있다. 또한 세금과 관련된 고충을 처리하기 위하여 세무서에 납세자보호담당관제도를 두고 있다.

사례 9.1 조세심판원 증여세 부과

자녀의 명의를 빌려 취득했던 주식이 상장한 데 따른 과세적법성을 두고 전 하이마트 회장이 조세불복(심판청구)을 제기했지만, 조세심판원은 회장의 주장을 받아주지 않았다. 622억에 달하는 '증여세 분쟁'은 결국 법정싸움으로 이어지게 된 모양새다.

12일 세무대리업계 등에 따르면 조세심판원은 이날 조세심판관 합동회의를 열고 전 회장이 국세청을 상대로 제기한 심판청구 건에 대해 '기각'결정을 내렸다. 전 회장이 자녀들 명의를 빌려 취득한 1,009억원어치 주식의 상장으로 얻은 차익에 대해 약 622억원의 증여세를 부과한 건이었는데, 전 회장은 이를 대법원 판결로 취소된 자녀들에게 부과된 증여세 사건과 같은 '중복 세무조사'라고 주장하며 불복을 제기했었다.

여러 가지 쟁점이 존재했으나, 세무조사 절차상 문제가 있다면 과세처분 자체가 '무효'가 될 수 있는 중복 여부가 관건이었다. 하지만 조세심판원은 '당초 주식 취득시점에 이루어졌던 조사에서 상장 일자가 포함되지 않아, 상장이익에 따른 진행된 조사는 엄연히 다르다'는 국세청의 판단에 손을 들어주었다.

세무대리업계 관계자들의 말을 종합해 보면, 전 회장은 조세심판원의 결정에 불복해 항고할 계획인 것으로 전해졌다. 현재 심판청구결정서를 받은(송달) 날로부터 90일 이내에 행정법원에 소송을 제기할 수 있다. 이 기한을 넘겨 이의를 제기한다면 법원에서 각하 처분을 내린다. 심판원 내부사정에 밝은 정부 관계자는 "결정서 작성에는 최소 2주가량 소요될 것이란 얘기를 들었다"고 말했다.

출처 : 조세일보, 2020.6.12

제 2 절 부가가치세

2.1 부가가치세의 의의

부가가치세란 사업자가 물건을 판매하거나 서비스를 제공할 때 거래금액에 10%에 상당하는 금액을 징수하여 과세관청에 납부하는 세금이다. 부가가치세는 일반소비세, 간접세, 소비지국과세원칙, 전단계매입세액공제법 등의 특징이 있다. 부가가치세의 과세대상은 ① 재화의 공급, ② 용역의 공급, ③ 재화의 수입으로 하는데, 재화 · 용역의 공급은 사업자가 공급하는 경우에만 과세대상이 되지만 재화의 수입은 소비지국과세원칙에 의하여 수입자가 사업자인지의 여부와 수입용도에 관계없이 세관장이 부가가치세를 징수한다.

한편, 부가가치세의 과세기간은 1년을 2과세기간으로 나누어 매 6개월을 1과세기간으로 한다. 즉, 제1기 과세기간은 1월 1일~6월 30일, 제2기 과세기간은 7월 1일~12월 31일로 하고, 예정신고와 확정신고로 구분하여 과세기간 종료일로부터 25일까지 과세관청에 과세표준과 세액을 신고 · 납부한다.

〈표 9-6〉 부가가치세 과세기간

구 분	과세기간	신고일
확정신고	① 제1기 : 4월 1일~ 6월 30일 ② 제2기 : 10월 1일~12월 31일	7월 25일 1월 25일
예정신고	① 제1기 : 1월 1일~ 3월 31일 ② 제2기 : 7월 1일~ 9월 30일	4월 25일 10월 25일

2.2 사업자등록

사업을 하고자 하는 사람은 관할 세무서 민원봉사실에 가서 사업자등록신청을 하여야 한다. 즉, 영리목적의 유무에 불구하고 사업상 독립적으로 재화 또는 용역을 공급하는 사업자는 **사업자등록**을 하여야 한다. 사업자등록은 출생신고와 마찬가지로 사업을 시작하는 사람이 세무서에 인적사항 및 사업사실 등을 등록함으로써 과세행정의 편의를 도모하고자 하는 제도이다.

부가가치세법에서 사업자는 사업형태에 따라 개인사업자와 법인사업자로 구분되고, 부가가치세의 과세 여부에 따라 과세사업자와 면세사업자로 구분되며, 과세사업자는 다시 일반과세자와 간이과세자로 구분된다.

〈표 9-7〉 부가가치세법의 사업자

<table>
<tr><td rowspan="4">사업자</td><td colspan="3">면세사업자</td></tr>
<tr><td rowspan="3">과세사업자</td><td rowspan="2">일반과세자</td><td>개인사업자</td></tr>
<tr><td>법인사업자</td></tr>
<tr><td colspan="2">간이과세자</td></tr>
</table>

사업자등록은 사업장마다 사업개시일로부터 20일 이내에 사업자가 사업자등록신청서를 관할 세무서장에게 제출하여야 한다. 그리고 사업자등록신청을 받은 세무서장은 사업자등록증을 신청일로부터 2일 이내에 발급하여야 한다. 다만, 사업장시설이나 사업현황을 확인하기 위하여 국세청장이 필요하다고 인정하는 경우에는 발급기한을 5일에 한하여 연장하고 조사한 사실에 따라 사업자등록증을 발

급할 수 있다.

한편, 사업자등록에 있어서 주의하여야 할 사항은 다음과 같다.

① 실제 사업을 하는 사람이 사업자등록을 하여야 하며, 명의대여시 사업과 관련한 각종 세금이 명의를 빌려준 사람에게 부과되어 종합소득세 합산과세, 4대 보험료 부담 등의 불이익이 발생할 수 있다.

② 세금을 못 낼 경우 명의를 빌려준 사람의 재산이 압류 · 공매되고 신용불량자가 될 수 있으며, 체납사실이 금융기관에 통보되어 대출금 조기상환 요구 및 신용카드 사용정지 등 금융거래상 각종 불이익을 받고, 여권 발급과 출국이 제한될 수 있다.

③ 실질사업자가 밝혀지더라도 명의를 빌려준 책임을 피할 수는 없기 때문에 명의대여자도 실질사업자와 함께 조세포탈범, 체납범 또는 질서범으로 처벌받을 수 있으며, 1년 이하의 징역이나 1천만원 이하의 벌금에 처할 수 있다.

④ 사업자가 사업자등록기한까지 등록을 신청하지 아니한 경우에는 사업개시일부터 등록을 신청한 날의 직전일까지의 공급가액의 합계액에 1%(간이과세자 0.5%)를 곱한 금액을 가산세로 납부하여야 한다.

⑤ 사업자등록을 신청하기 전의 매입세액은 공제하지 않는다. 다만, 공급시기가 속하는 과세기간이 끝난 이후 20일 이내에 사업자등록을 신청한 경우에는 등록신청일부터 공급시기가 속하는 과세기간 기산일까지 역산한 기간 내의 매입세액은 매출세액에서 공제할 수 있다.

사례 9.2 명의위장 인정한 뒤 번복한 결과는?

명의위장 사업장을 운영했다는 혐의를 받고 세무조사를 받고 있던 ○○법인의 대표 A씨. 가뜩이나 매출이 줄어 경영에 어려움을 겪고 있는데 세무조사까지 겹치자, 부담을 느낀 A씨는 세무조사라도 조속히 마무리 짓기 위해 "명의차용이 맞다"고 인정했습니다. 하지만 얼마 후 부가가치세 신고기간. A씨는 명의대여 사업장으로부터 받은 세금계산서를 근거로 매입세액을 공제한 뒤 세금을 신고했습니다.

현행 부가가치세법은 세금계산서의 작성된 필요적 기재사항이 사실과 다르게 적힌 경우 매입세액은 매출세액에서 공제하지 않는다는 규정을 두고 있는데요. 조사를 실시했던 과세관청은 이를 '사실과 다른 세금계산서'로 판단해, ○○법인에 매입세액 불공제와 가산세를 고지했습니다.

A씨는 과세관청 결정에 대해 즉각 불복하고 심판원의 문을 두드렸습니다. A씨는 "당시 관세청으로부터 1년 이상 조사를 받아 피로감이 누적된 상태에서 매출액이 급감하자 이를 조속히 마무리 짓기 위해 명의차용을 인정했다"고 말했습니다. 이어 "조사 당시 조사관과 세무대리인의 권유로 명의대여사업자라고 인정하면 약간의 세금납부로 조사가 마무리될 것으로 기대해 허위 진술을 했다"고 주장했습니다. 하지만 과세관청은 "청구인의 진술과정에서 지인 B씨에게 사업자등록을 하도록 해 사업을 권유했고, B씨가 사업을 포기하면서 당사자 동의하에 A씨가 사업한 것이 맞다는 구체적인 진술을 했다"며 반박했습니다.

또한 "A씨는 조사 당시 세무대리인을 선임해 충분한 조력을 받고 있어 명의위장사업자로부터 수취한 세금계산서의 매입세액은 공제되지 않음을 이미 충분히 알고 있었다"고 전했습니다.

사실관계와 양측의 주장을 살핀 심판원은 과세관청의 손을 들어줬습니다. 심판원은 "명의대여자들은 청구인의 지인으로서 명의대여사실을 미리 인지하고 있었다"고 전했습니다. 그러면서 "명의대여자를 공급자(성명)로 기재한 세금계산서는 '공급자가 사실과 다른 세금계산서'에 해당해 매입세액을 불공제한 처분 또한 잘못이 없다"고 말했습니다. [참고심판례 : 조심 2018중0158]

출처 : 조세일보, 2018.3.29

2.3 세금계산서

사업자는 재화나 용역을 공급받고 다음과 같은 적격증명서류를 수령하여 과세표준 신고기한이 지난 날로부터 5년간 보관하여야 한다. 적격증빙을 수취하지 않은 경우에는 적격증명서류 불성실가산세로 적격증명서류 미수취금액의 2%를 부담한다.

① 세금계산서
② 계산서
③ 신용카드매출전표(기명식 선불카드, 직불카드)
④ 현금영수증
⑤ 원천징수영수증(인적용역)
⑥ 간이영수증(거래 건당 3만원 이하, 접대비는 1만원 이하)

사업자등록을 한 사업자는 사업자등록번호를 부여받게 되고, 해당 사업자는 물건을 사고팔 때 사업자등록번호가 기재된 세금계산서를 주고받아야 한다. 세금계산서는 과세되는 재화·용역을 공급하는 사업자가 공급받는 자로부터 공급가액과 공급가액의 10%에 해당하는 부가가치세를 징수하고 그 거래내용과 거래징수 사실을 증명하기 위하여 작성한 증서를 말한다. 따라서 세금계산서는 과세자료 · 송장 · 청구서 · 영수증 · 증빙 등의 역할을 하고 있고 세원관리, 매출세액과 매입세액의 적정성 확인(상호대사) 등 근거과세 수단으로 활용되는 등 우리나라 조세제도의 근간이 된다.

세금계산서는 재화 또는 용역을 공급하는 사업자가 공급자용 1매(붉은색)와 공급받는 자용 1매(푸른색)를 복사 작성하여 그중 공급받는 자용을 거래상대방에게 발급하여야 한다. 그러나 법인사업자와 직전 연도의 사업장별 재화 및 용역의 공급가액의 합계액이 3억원 이상인 개인사업자는 의무적으로 전자세금계산서를 발행해야 한다.

세금계산서의 필요적 기재사항은 반드시 기재하여야 하는 사항으로 그 전부 또는 일부가 기재되지 않았거나 그 내용이 사실과 다른 경우에는 적법한 세금계산서로 보지 아니한다. 이러한 경우에는 공급가액의 1%에 해당하는 금액을 가산세로 추가 납부하여야 하며, 이러한 세금계산서를 수취한 자의 매입세액은 불공제된다. [그림 9-1]은 다음과 같은 세금계산서의 필요적 기재사항을 나타낸다.

① 공급하는 사업자의 등록번호와 성명 또는 명칭
② 공급받는 자의 등록번호
③ 공급가액과 부가가치세액
④ 작성연월일

[그림 9-1] 세금계산서의 양식

■ 부가가치세법 시행규칙 [별지 제14호 서식] (적색)

세금계산서(공급자보관용)	책 번 호	권	호
	일련번호	–	

공급자	등록번호	– –			공급받는자	등록번호			
	상호(법인명)		성 명 (대표자)			상호(법인명)		성 명 (대표자)	
	사업장 주소					사업장 주소			
	업 태		종 목			업 태		종 목	

작 성				공 급 가 액												세 액										비 고
연	월	일	공란수	조	천	백	십	억	천	백	십	만	천	백	십	일	천	백	십	억	천	백	십	만	천	백	십	일	

월	일	품 목	규 격	수 량	단 가	공 급 가 액	세 액	비 고

합 계 금 액	현 금	수 표	어 음	외상 미수금	이 금액을 영수/청구 함

210㎜×148.5㎜ (인쇄용지(특급) 34g/㎡)

한편, 세금계산서는 재화 또는 용역의 공급시기인 인도시점 또는 이용가능한 시점에 발급하는 것을 원칙으로 한다. 다만, 재화 · 용역의 거래시기가 도래하기 전에 대가를 받고 그 받은 대가에 대하여 세금계산서를 발급하거나 세금계산서를 발급하고 세금계산서 발급일로부터 7일 이내에 대가를 지급받는 경우에는 유효한 세금계산서의 발급으로 본다. 그러나 후발행세금계산서는 원칙적으로 인정되지 않지만 다음과 같은 경우에는 예외적으로 재화 · 용역의 공급일이 속하는 달의 다음 달 10일까지 세금계산서를 발급할 수 있다.

① 거래처별로 1역월의 공급가액을 합계하여 해당 월의 말일자를 작성연월일로 하여 세금계산서를 발급하는 경우

② 거래처별로 1역월 이내에서 사업자가 임의로 정한 기간의 공

급가액을 합계하여 그 기간의 종료일자를 작성연월일로 하여 세금계산서를 발급하는 경우

③ 관계증빙서류 등에 의하여 실지 거래사실이 확인되는 경우로서 해당 거래일자를 작성연월일로 하여 세금계산서를 발급하는 경우

2.4 세금계산서합계표

세금계산서합계표는 매출과 관련된 매출처별세금계산서합계표와 매입과 관련된 매입처별세금계산서합계표가 있다. 세금계산서합계표는 사업자가 과세기간 동안 발급하거나 수집한 세금계산서의 내용을 요약·정리하여 부가가치세 예정신고 또는 확정신고와 함께 제출하여야 한다. 다만, 전자세금계산서의 발급명세를 재화 또는 용역의 공급시기가 속하는 과세기간 마지막 날의 다음 달 11일까지 국세청장에게 전송한 경우에는 예정신고 또는 확정신고를 할 때 세금계산서합계표를 제출하지 않을 수 있다.

그러나 사업자가 매출처별세금계산서합계표를 제출하지 않거나 제출한 매출처별세금계산서합계표의 기재사항 중 거래처별 등록번호 또는 공급가액의 전부 또는 일부가 적혀 있지 않거나 사실과 다르게 적혀 있는 경우에는 공급가액의 0.5%를 가산세로 부담하여야 한다. 한편, 예정신고를 하는 사업자가 예정신고와 함께 세금계산서합계표를 제출하지 못한 경우에는 확정신고를 할 때 해당 세금계산서합계표를 제출할 수 있으나 세금계산서합계표 지연제출 가산세로 공급가액의 0.3%를 추가로 납부하여야 한다.

2.5 영세율과 면세

영세율은 재화 · 용역의 공급에 대한 과세표준에 영(0%)의 세율을 적용하는 제도로서 소비지국과세원칙과 외화획득 장려의 목적으로 운영되고 있다. 다음은 영세율 적용 대상에 해당된다.

① 수출하는 재화(내국신용장 또는 구매확인서 공급 포함)
② 국외에서 제공하는 용역(해외건설용역 등)
③ 선박 또는 항공기의 외국항행용역
④ 기타 외화를 획득하는 재화 또는 용역

한편, 면세는 최종 소비자의 세금부담을 줄여주고 국민생활을 보호하기 위한 것으로 부가가치세의 납세의무가 면제되는 것을 말한다. 면세사업자는 재화 또는 용역의 공급에 대한 부가가치세를 거래징수하지 못하며, 공급받을 때 거래징수당한 매입세액을 공제받지 못한다. 또한, 면세사업자는 세금계산서를 발행할 수 없고 계산서를 발행하여야 한다. 면세항목은 〈표 9-8〉과 같다.

〈표 9-8〉 면세항목

구 분	면세항목
기초생활 필수품	① 미가공식료품 ② 수돗물 ③ 연탄과 무연탄 ④ 여성용 생리처리 위생용품, 영유아용 기저귀와 분유 ⑤ 여객운송용역
국민후생	① 의료보건용역, 의약품 조제 용역, 산후조리원 용역 등 ② 교육용역 ③ 주택과 이에 부수되는 토지의 임대용역 ④ 국민주택의 공급 ⑤ 우표, 인지, 복권과 공중전화
문화	① 도서, 신문, 잡지, 관보 등 ② 도서대여용역 ③ 예술창작품, 예술문화행사와 비직업운동경기 ④ 도서관, 과학관, 박물관, 미술관, 동식물원에의 입장
생산요소	① 토지 ② 직업상 제공하는 일정한 인적 용역 ③ 금융, 보험용역
기타	① 종교·자선 등 공익단체가 공급하는 재화 또는 용역 ② 국가 등에 무상으로 공급하는 재화·용역 ③ 판매가격이 200원 이하인 담배

2.6 부가가치세 과세구조

부가가치세는 매출세액에서 매입세액을 빼는 방법으로 계산되며, 이러한 방식을 전단계세액공제법이라고 한다. 여기에서 매입세액은 재화나 용역을 공급할 때 거래징수당한 세액을 적용하게 되는데, 이는 세금계산서의 발급과 수취를 강제하여 부가가치세 탈루를 방지하고 부가가치세를 최종소비자에게 전가하는 효과를 가지고 있다. 현행 부가가치세법에서의 부가가치세의 계산구조는 〈표 9-9〉와 같다.

〈표 9-9〉 일반사업자의 부가가치세 계산구조

	매출세액
(−)	매입세액
=	납부세액
(−)	경감・감면세액
(+)	가산세
=	차가감납부할 세액

여기에서 세금계산서를 적법하게 발급받았다고 하더라도 다음의 매입세액은 매출세액에서 공제하지 않는다.

① 사업자등록 전 매입세액
② 세금계산서의 미수취 및 부실기재의 매입세액
③ 매입처별세금계산서합계표 미제출 및 부실기재의 매입세액
④ 업무와 관련 없는 매입세액
⑤ 면세사업 관련 매입세액
⑥ 접대비 관련 매입세액
⑦ 비영업용 소형자동차의 구입과 임차 및 유지 매입세액
⑧ 토지 관련 매입세액

한편, 신용카드매출전표 등 발행세액공제는 영수증발급의무자(법인 제외)와 간이과세자가 재화・용역을 공급하고 신용카드매출전표

등을 발행하는 경우에는 신용카드 발행금액의 1.3%(음식점업·숙박업의 간이과세자 2.6%)에 상당하는 금액을 납부세액에서 공제하는 것으로 연간 1,000만원(2022.1.1 이후 500만원)을 한도로 한다.

2.7 부가가치세의 환급

부가가치세의 환급은 사업자의 매출세액보다 매입세액이 클 경우에는 해당 세액을 관할세무서가 납세자에게 돌려주는 제도로서 사업자의 자금계획과 연계되어 있기 때문에 중요한 의미를 지니고 있다. 부가가치세의 환급은 일반환급과 조기환급으로 나누어지며, 그 대상과 기간에 차이가 있다.

일반환급은 각 과세기간별로 환급세액이 발생한 경우 확정신고기한 경과 후 30일 내에 사업장 관할 세무서장이 사업자에게 해당 세액을 환급하는 것을 말한다. 예정신고기간에 대한 환급세액은 원칙적으로 이를 환급하지 않고 확정신고시 납부할 세액에서 예정신고 미환급세액으로 정산한다.

한편, 조기환급은 사업자가 다음과 같이 수출 또는 시설투자를 한 경우 환급세액을 신속하게 환급해 주어 사업자의 자금부담을 덜어주기 위한 제도이다.

① 영세율이 적용되는 경우
② 사업설비를 신설·취득·확장 또는 증축하는 때

조기환급은 신고기한이 경과한 날로부터 15일 이내에 사업자에게 환급해 주는 것으로 최대 5개월 먼저 환급을 받을 수 있다. 조기환급기간은 예정신고기간 또는 과세기간 최종 3월 중 매월 또는 매 2월이 된다.

2.8 간이과세자

간이과세자는 직전 연도의 공급대가 합계액이 4,800만원에 미달하는 개인사업자를 말한다. 다만, 간이과세가 적용되지 않는 다른 사업장을 보유하고 있는 사업자, 제조업, 도매업, 부동산임대업과 매매업, 개별소비세 과세유흥장소를 경영하는 사업자, 전문직 사업서비스업 등 국세청장이 정하는 기준에 해당하는 사업자는 간이과세자가 될 수 없다.

간이과세자의 부가가치세 계산구조는 〈표 9-10〉과 같다.

〈표 9-10〉 간이과세자의 부가가치세 계산구조

	매출세액
(−)	공제세액
=	납부세액
(−)	경감 · 감면세액
(+)	가산세
=	차가감납부할 세액

여기서 매출세액은 공급대가에 업종별 부가가치율을 곱하여 세율 10%를 적용하여 계산되며, 공제세액으로는 매입세금계산서 등 수취

세액공제, 신용카드 등 발행에 따른 세액공제, 의제매입세액공제, 전자신고세액공제 등이 있다. 해당 과세기간에 대한 공급대가의 합계액이 3,000만원 미만이면 그 과세기간의 납부세액은 면제한다.

생각해 볼 문제

(1) 세금의 부과원칙에는 어떠한 것이 있으며, 그 의미는 무엇인가?
(2) 각 세목별 납세의무의 성립시기는 언제인가?
(3) 조세불복의 대상은 무엇인가?
(4) 국세청 홈페이지(www.nts.go.kr)에서 사업자등록신청서 양식을 작성해 보고, 사업자등록증 양식과 대조하면서 사업자등록에 필요한 서류 등을 확인할 수 있는가?
(5) 세금계산서 양식을 인터넷에서 검색하고 이를 이용하여 세금계산서를 직접 작성할 수 있는가?
(6) 일상생활에서 면세와 영세율이 적용되는 사례를 들 수 있는가?
(7) 조기환급의 대상과 기간에 대하여 설명할 수 있는가?
(8) 부가가치세의 일반사업자와 간이과세자의 차이점은 무엇인가?
(9) 국가와 국민의 기초적인 관계는 세금에 있다고 할 수 있다. 세금과 관련된 국민의 주권에 대하여 논의해 보자.
(10) 납세의무의 확정방식에는 신고납세방식과 부과납세방식이 있다. 어느 제도가 납세자에게 유리하다고 생각하는가?
(11) 최근 간이과세자의 대상범위를 확대하고자 하는 움직임이 있다. 간이과세자의 범위 확대 정책에 대한 자신의 입장은 무엇인가?

HAPTER 10

생활과 소득세

소득세는 개인이 일정 기간 동안 벌어들인 소득에 대한 세금이다. 자본주의 사회에서 개별 경제주체들은 자신의 소득을 증가시키기 위해 노력을 하게 되는데, 세법에서는 소득을 기반으로 하여 세금을 부과하게 된다. 우리나라 소득세법에서는 소득의 종류를 ① 이자소득, ② 배당소득, ③ 사업소득, ④ 근로소득, ⑤ 연금소득, ⑥ 기타소득, ⑦ 퇴직소득, ⑧ 양도소득으로 그 원천별로 구분하고 있다.

본장에서는 소득세의 전체적인 흐름을 이해하기 위한 설명과 함께, 실생활에서 자주 접하면서도 중요한 의미를 가지고 있는 근로소득, 연말정산, 양도소득을 중심으로 살펴본다.

제 1 절 소득세의 특징

'소득이 있는 곳에 세금이 있다'라는 말과 같이 돈을 많이 벌게 되면 그에 상응하는 세금을 납부해야 한다. 소득은 수입금액에서 경비를 뺀 금액으로 개인이 획득한 경제적 이익을 나타낸다. 화폐액으로 표시되는 소득금액은 현대사회에서 세원으로 널리 인정받고 있다.

우리나라 소득세는 소득의 종류와 범위를 법령으로 열거하고 있으며 열거되지 않는 소득에 대하여는 과세하지 않는 열거주의(소득원천설)를 채택하고 있다. 소득원천설은 기본적으로 소득이 계속적, 반복적으로 발생하는 것만을 과세대상으로 한다. 소득세에 대한 이해의 폭을 넓히기 위해 소득세의 몇 가지 특성에 대하여 살펴본다.

1.1 종합과세

종합과세는 소득원천별로 각 소득을 합산하여 과세표준과 세액을 계산하는 방식을 말하는데, 이를 종합소득 합산과세라고도 한다. 합산되는 소득으로는 [그림 10-1]과 같이 ① 이자소득, ② 배당소득, ③ 사업소득, ④ 근로소득, ⑤ 연금소득, ⑥ 기타소득이 있다. 이러한 종합과세는 합산에 의한 누진세율을 적용하기 때문에 부담능력에 따른 과세를 가능하게 하고 소득분배에 기여할 수 있는 장점이 있다.

[그림 10-1] 소득세의 종합과세

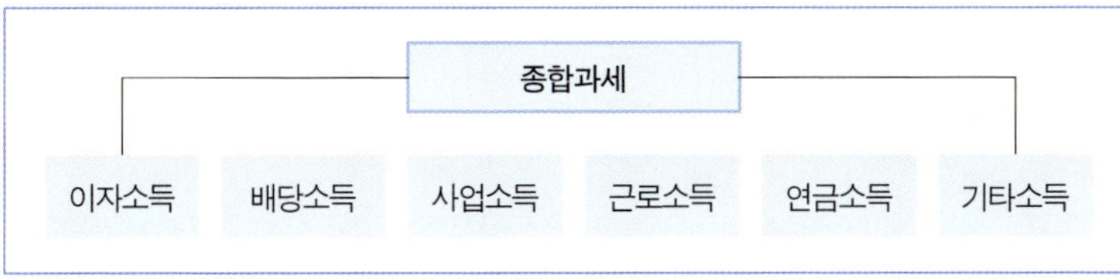

한편, 종합과세와는 달리 ① 퇴직소득, ② 양도소득은 장기간의 소득이 일시에 실현되는 특징이 있기 때문에 이를 합산하여 과세하지 않고 별도로 과세하는 분류과세방식을 채택하고 있다.

1.2 원천징수

회사에서 월급을 줄 때에는 근로소득세와 4대 보험료 등을 미리 떼고 나머지를 통장에 입금하게 된다. **원천징수**란 이와 같이 소득을 지급하는 회사가 소득을 지급할 때 소득을 지급받는 직장인에게 일정액의 세금을 미리 징수하여 관할 세무서에 징수일이 속하는 날의 다음 달 10일까지 신고·납부하는 제도인데, 이러한 과세방식을 분리과세라고 한다.

원천징수는 세금을 원천징수할 시점에 과세가 종결되는 완납적 원천징수와 원천징수 이후 정산의 과정을 거쳐 세액을 결정하는 예납적 원천징수가 있다. 〈표 10-1〉은 우리나라 소득세 중 원천징수 대상이 되는 주요한 소득과 그 원천징수율을 나타낸다.

〈표 10-1〉 원천징수대상소득과 원천징수율

소 득	소득세	지방소득세	합 계
이자소득	14%	1.4%	15.4%
배당소득	14%	1.4%	15.4%
사업소득	3%	0.3%	3.3%
근로소득	간이세액표에 따라 원천징수		
기타소득	20%	2%	22%
퇴직소득	기본세율	소득세의 10%	22%

1.3 신고납세방식

소득세는 매년 1월 1일부터 12월 31일까지 개인이 벌어들인 소득에 대하여 다음 연도 5월 1일부터 5월 31일까지 개인이 스스로 주소지 관할 세무서장에게 신고·납부하여야 한다. 즉, 소득세는 과세기간 종료일에 추상적으로 성립된 납세의무를 납세의무자가 신고함으로써 세금이 확정되는 신고납세방식을 채택하고 있다.

1.4 초과누진세율

소득세는 소득이 많을수록 높은 세율을 적용하는 초과누진세율구조를 가지고 있다. 즉, 현행 소득세율은 7단계 누진세율로 1,200만원 이하일 경우에는 6%, 5억원 초과일 경우에는 42%의 세율이 적용된다. 일반적으로 소득세는 지방세인 지방소득세와 함께 부과되는데,

지방소득세는 소득세의 10%가 부과된다. 초과누진세율은 더 많은 돈을 벌어들인 사람에게 더 많은 세금을 부과하도록 하여 소득재분배와 조세의 공평성을 달성하기 위한 수단으로 활용된다.

〈표 10-2〉 소득세의 종합과세

과세표준	세 율	누진공제액
1,200만원 이하	6%	
1,200만원 초과 4,600만원 이하	15%	108만원
4,600만원 초과 8,800만원 이하	24%	522만원
8,800만원 초과 1.5억원 이하	35%	1,490만원
1.5억원 초과 3억원 이하	38%	1,940만원
3억원 초과 5억원 이하	40%	2,540만원
5억원 초과	42%	3,540만원

사례 10.1 소득세 최고세율의 인상

문재인 정부가 3년 만에 소득세 최고세율을 42%에서 45%로 인상하기로 했다. 이에 따라 우리나라의 소득세 최고세율은 경제협력개발기구(OECD) 국가 중 7번째로 높아지는 셈이다. 기획재정부는 22일 서울 은행회관에서 세제발전심의위원회를 열고 이러한 내용을 담은 '2020년 세법개정안'을 심의·의결했다.

개정안에 따르면 정부는 과세표준 10억원 초과 구간을 신설하고 현행 42%인 소득세 최고세율을 45%(지방세 포함 49.5%)로 3%포인트(p) 상향 조정한다. 현재 최고세율 42%인 5억원 초과 과세표준 구간을 5억원~10억원과 10억원 초과(45%) 구간으로 나눠 각각 42%, 45% 세율을 적용하는 방안이다. 이에 따라 기존 7단계로 나뉘었던 과세표준 구간은 8단계로 구분된다.

정부는 최근 신종 코로나바이러스 감염증(코로나19)으로 저소득층의 어려움이 가중되고 5분위 배율이 증가하는 등 분배상황의 어려움이 이어지자 초고소득자에 대한 소득세율 인상을 결정했다. 홍남기 부총리는 "1분기 분배지표를 보면 소득 하위 20%인 1분위 근로소득은 줄어든 반면 5분위 배율은 악화됐다"면서 "코로나19 위기를 겪으면서 상대적으로 파급 여력이 크지 않고 담세 여력이 있어 보이는 고소득층에 대해 제한적으로 최고세율을 설정하게 됐다"고 설명했다.

출처 : 뉴시스, 2020.7.14 기사 수정

1.5 개인별 과세

소득세는 소득을 벌어들인 개인별로 과세되며, 소득세 신고는 개인의 주소지 관할 세무서장에게 하여야 한다. 소득세 과세단위에는 개인별 과세뿐만 아니라 가구합산, 부부합산의 과세론이 있다. 종전에는 자산소득(이자소득, 배당소득, 부동산임대소득)에 대하여 부부를 하나의 과세단위로 보고 소득세를 적용하였으나 헌법재판소의 위헌판결(2002.8.29. 2001헌바82)에 따라 폐지되었다. 다만, 거주자와 그 특수관계인이 공동사업자인 경우로서 손익분배비율을 허위로 정하는 등의 사유가 있는 경우에는 그 특수관계인의 소득금액을 주된 공동사업자의 소득금액으로 보아 과세한다.

제 2 절 직장인과 근로소득

2.1 근로소득의 의의

직장생활을 하면서 받는 월급은 근로소득에 해당된다. 소득세법상 **근로소득**은 개인이 근로를 제공하고 받는 모든 대가를 말하는데, 월급, 급여, 봉급, 수당 등의 명칭과 관계없다.

회사가 매월의 월급을 지급할 때 회사는 간이세액표에 따라 소득세를 원천징수하고 징수일이 속하는 날의 다음 달 10일까지 세무서에 원천징수세액을 신고하고 납부한다. 그리고 다음 연도 2월분의 월급을 지급할 때 연말정산을 하게 되는데, 연말정산의 결정세액과 원천징수세액의 비교를 통하여 환급 또는 추가납부가 결정된다.

근로소득만 있는 사람은 연말정산에 의하여 세금신고를 마쳤기 때문에 다음 해 5월에 있는 확정신고를 하지 않아도 된다. 이는 종합소득 확정신고에서도 근로소득만 있기 때문에 연말정산한 세액과 종합소득 확정신고세액이 같기 때문이다.

2.2 근로소득금액의 계산

근로소득금액은 총급여액에서 근로소득공제액을 차감한 금액으로 한다. 총급여액은 상여 등을 포함하고 비과세소득을 제외한다. 소득금액을 계산할 경우 필요경비는 실제 발생된 경비를 적용하는 것이 원칙이나 근로소득의 경우 경비의 입증과 확인이 곤란하기 때문에 〈표 10-3〉과 같은 표준적인 근로소득공제액을 필요경비로 한다.

〈표 10-3〉 근로소득공제

과세표준	근로소득공제액
500만원 이하	총급여액×70%
500만원 초과 1,500만원 이하	350만원+(500만원 초과분×40%)
1,500만원 초과 4,500만원 이하	750만원+(1,500만원 초과분×15%)
4,500만원 초과 1억원 이하	1,200만원+(4,500만원 초과분×5%)
1억원 초과	1,475만원+(1억원 초과분×2%)

2.3 비과세 근로소득

세금과 관련하여 직장인의 지갑을 유리지갑이라고 하는 것은 총수입금액과 필요경비, 세액공제 등이 명확히 규정되고 관리되기 때문에 다른 소득에 비하여 상대적으로 많게 과세된다는 의미를 가지고 있다. 이와 관련하여 근로소득금액에는 비과세소득이 포함되지 않기 때문에 근로소득세를 절감하기 위해서는 비과세소득을 활용하는 것이 바람직하다. 다음은 소득세법에서 알아야 할 대표적인 비과세 근로소득이다.

① 근로자가 사내급식으로 제공받는 식사, 기타 음식물을 제공받지 아니하고 받는 월 10만원 이하의 식사대

② 회사가 부담하는 국민건강보험, 고용보험, 국민연금, 노인장기

요양보험 등의 부담금

③ 근로자 또는 그 배우자의 출산이나 6세 이하의 자녀의 보육과 관련하여 지급받는 월 10만원 이내의 출산·보육수당

④ 종업원의 소유차량을 직접 운전하여 업무수행에 이용하고 시내출장 등에 소요된 실제여비를 받는 대신에 그 경비를 사업체의 규칙 등에 의하여 정하여진 지급기준에 따라 받는 금액(자가운전보조금) 중 월 20만원 이내의 금액

⑤ 학교 및 직업능력개발훈련시설의 입학금, 공납금 중 일정한 요건을 갖춘 학자금

⑥ 일직료·숙직료 또는 여비로서 실비변상 정도의 금액

⑦ 금융기관·공장·병원, 특수한 작업이나 역무 종사자, 법령에 따른 자의 피복이나 작업복

⑧ 직전 연도 총급여가 2,500만원 이하이며, 월정액급여 150만원 이하인 생산직 근로자 등이 받는 연간 240만원 이하의 연장근로수당·야간근로수당 또는 휴일근로수당. 다만, 광산·일용근로자는 전액 비과세함

⑨ 고용보험법에 따라 받는 실업급여·육아휴직급여·산전후휴가급여

사례 10.2 근로소득과 연말정산

근로자 5명 중 1명에게 연말정산은 '13월의 월급'이 아닌 '13월의 세금폭탄'이 된 것으로 나타났다. 이들은 1인 평균 84만원의 세금을 토해냈다. 반면 근로자 3명 중 2명은 평균 58만원을 돌려받았다.

5일 국세청 '2019년도 국세통계연보'에 따르면 2018년도 귀속

근로소득세 연말정산을 신고한 근로자는 모두 1,858만명이다. 이들의 연평균 급여는 3,647만원으로 집계됐다. 이들 가운데 근로소득세가 1원이라도 부과된 사람은 1,136만명(61.1%)으로 나타났다. 나머지 722만명(38.9%)은 최종 결정세액이 '0원'이었다.

연말정산 근로소득자 가운데 67.3%(1,250만8,569명)는 세금을 돌려받았다. 1년간 미리 떼인 세금이 실제로 내야 할 세금보다 많았다는 뜻이다. 반면 근로소득자의 18.9%(351만3,727명)는 연말정산 때 세금을 더 냈다. 앞서 징수된 세금이 실제 결정세액보다 적어서다. 1인당 평균 84만원에 이른다.

억대 연봉자 80만538명 중에선 56.9%(45만5,568명)가 모두 1조 2,560억3,800만원의 세금을 돌려받았다. 1인당 평균 276만원 수준이다. 추가 납부한 억대 연봉자는 전체의 36.7%(29만4,088명)다. 1조 5,779억6,100만원을 추가 납부했다. 평균 537만원꼴이다. 연봉이 1억원을 넘지만, 각종 공제 결과 결정세액이 '0'으로 산출돼 근로소득세를 한 푼도 내지 않은 사람은 1,123명으로 나타났다.

출처 : 중앙일보, 2020.1.5 기사 수정

제 3 절 연말정산과 소득공제

3.1 연말정산의 의의

연말정산이란 연도말에 세법에 따라 정확하게 계산한 소득세 결정세액과 원천징수세액 간에 정산을 하는 것을 말한다. 연말정산은 〈표 10-4〉와 같이 근로소득자의 비과세 근로소득, 소득공제, 세율, 세액공제 등이 모두 반영된 결과물인 소득세 결정세액과 원천징수세액의 합계액을 비교하여 결정세액이 더 크면 추가납부를 하고, 부족하면 환급하는 것을 말한다.

〈표 10-4〉 종합소득세 계산구조

	종합소득금액
(−)	소득공제액
=	소득세 과세표준
×	기본세율
=	소득세 산출세액
(−)	세액공제 · 감면액
=	소득세 결정세액
(+)	가산세
(−)	기납부세액(원천징수세액)
=	차가감납부세액

소득세의 과세표준은 이자소득 등 여섯 가지의 소득이 합산된 금액에서 소득공제를 차감한 금액이 된다. 소득공제는 세금부과의 형

평성을 위하여 종합소득이 있는 거주자가 일정한 조건에 해당될 경우 종합소득금액에서 일정액을 차감한다.

3.2 인적 소득공제

기본공제는 〈표 10-5〉의 요건을 충족하는 대상자 1인당 연간 150만원을 공제한다. 즉, 연령기준, 소득기준을 충족하는지 여부에 따라 공제대상이 된다. 이러한 공제대상판정은 과세기간 종료일인 매년 12월 31일 상황에 의한다.

〈표 10-5〉 기본공제 대상자의 요건

<table>
<tr><th rowspan="2">구 분</th><th rowspan="2">대상자</th><th colspan="2">요 건</th></tr>
<tr><th>연령기준</th><th>소득기준</th></tr>
<tr><td>본인공제</td><td>거주자</td><td>–</td><td>–</td></tr>
<tr><td>배우자공제</td><td>배우자</td><td>–</td><td rowspan="4">연간 100만원
(근로소득만 있는 경우
총급여 500만원)</td></tr>
<tr><td rowspan="3">부양가족공제</td><td>직계비속</td><td>20세</td></tr>
<tr><td>직계존속</td><td>60세</td></tr>
<tr><td>형제자매</td><td>20세 또는 60세</td></tr>
</table>

추가공제는 기본공제 대상자가 〈표 10-6〉과 같이 일정한 사유가 있는 경우에는 일반적인 경우보다 추가적인 소득공제를 통하여 소득공제의 목적을 달성하고자 함이다.

〈표 10-6〉 추가공제 대상자와 공제액

구 분	사 유	공제액
경로우대자공제	70세 이상	100만원
장애인공제	장애인	200만원
부녀자공제	종합소득금액이 3,000만원 이하인 여성	50만원
한부모가족공제	직계비속이 있는 배우자가 없는 사람	100만원

3.3 물적 소득공제

물적 소득공제는 소득창출의 비용은 아니지만 사회보장에 대한 지출의 성격이 있고, 해당 비용의 지출로 인하여 담세력이 감소하기 때문에 과세표준에서 공제한다. 다음은 물적 소득공제에 대하여 간략하게 설명한다.

① 건강보험료 등 소득공제는 근로소득자가 부담한 건강보험료·고용보험료·노인장기요양보험료 전액을 근로소득금액에서 공제한다.

② 주택자금소득공제에는 주택청약저축 납입액, 주택임차자금 원리금 상환액, 장기주택저당 차입금 이자상환액이 있는데, 가장 일반적인 것은 주택청약저축 납입액이다. 주택청약저축 납입액은 총급여액이 7,000만원 이하인 무주택 세대주가 주택청약종합저축에 납입한 금액(연간 한도 240만원)이 있는 경우 납입액의 40%를 근로소득금액에서 공제한다.

③ 연금보험료공제는 종합소득이 있는 사람이 국민연금 등 공적

연금 보험료를 납부한 경우 그 금액을 전액 과세표준에서 공제한다.

④ 주택담보노후연금 이자비용공제는 연금소득자가 주택담보노후연금을 지급받은 경우 지급받은 연금에 대하여 발생한 이자비용을 연금소득금액에서 공제(한도 200만원)한다.

⑤ 신용카드 등 사용금액에 대한 소득공제는 근로소득자가 신용카드 등 연간사용금액(국외 사용분 제외)이 총급여액의 25%를 초과하는 경우 15~40%에 해당하는 금액을 근로소득금액에서 공제(연간 300만원과 총급여액의 20% 중 적은 금액을 한도)한다. 소득공제에 사용되는 공제율은 신용카드 사용분은 15%, 도서 공연·박물관·미술관 사용분과 직불카드는 30%, 전통시장 및 대중교통분은 40%이다.

제 4 절 연말정산과 세액공제

4.1 근로소득세액공제

근로소득세액공제는 다른 소득과의 세부담 형평성을 고려하면서 근로소득자의 세부담을 경감하기 위하여 〈표 10-7〉과 같이 일정액을 공제하는 제도이다.

〈표 10-7〉 근로소득세액공제

산출세액	공제액
130만원 이하	근로소득 산출세액×55%
130만원 초과	71만5천원+(130만원 초과금액×30%)

4.2 자녀세액공제

자녀세액공제는 출산장려정책의 일환으로 마련된 세액공제로서 일반 자녀세액공제와 출산 자녀세액공제가 있다. 일반 자녀세액공제는 종합소득이 있는 거주자의 기본공제 대상자에 해당하는 자녀로서 7세 이상인 사람에 대해서는 〈표 10-8〉의 금액을 공제한다.

〈표 10-8〉 일반 자녀세액공제

자녀수	자녀세액공제액
1명	연 15만원
2명	연 30만원
3명 이상	연 30만원+(자녀수−2인)×30만원

한편, 출산 자녀세액공제는 과세기간에 출산하거나 입양신고한 공제 대상자녀가 있는 경우에 연간 첫째의 경우 30만원, 둘째의 경우 50만원, 셋째 이상인 경우 70만원을 공제한다.

4.3 연금계좌세액공제

연금저축과 퇴직연금에 납입한 금액이 있는 경우 〈표 10-9〉의 금액을 산출세액에서 공제한다. 여기서 연금저축은 연간 400만원을 한도로 하고 연금저축과 퇴직연금 합계의 총한도는 700만원으로 한다. 한편, 종합소득금액이 1억원을 초과하거나 총급여액 1억 2천만원을 초과하는 거주자의 연금저축 한도는 300만원이다.

〈표 10-9〉 연금계좌세액공제

구 분	공제액
종합소득금액이 4,000만원 이하 (총급여액만이 5,500만원 이하인 경우)	연금계좌 납입액×15%
위 외의 경우	연금계좌 납입액×12%

4.4 자녀세액공제

근로소득자가 보장성보험의 보험계약에 따라 보험료를 지급한 경우 보장성보험의 보험료 지급액의 12%(장애인 전용 보장성보험 15%)에 해당하는 금액을 산출세액에서 공제한다. 해당 보험료는 각각 연간 100만원을 한도로 한다.

4.5 의료비세액공제

근로소득자가 기본공제 대상자(나이 및 소득의 제한을 받지 아니함)를 위하여 의료비를 지급한 경우 〈표 10-10〉과 같이 의료비 지급액의 15%(난임시술비 20%)에 해당하는 금액을 산출세액에서 공제한다.

〈표 10-10〉 의료비세액공제

구 분	대상자	세액공제 대상 의료비
전액 공제	본인, 장애인, 65세 이상인 자	전액 공제, 부분 공제의 △금액은 차감함
부분 공제	그 외 부양가족	의료비－총급여액×3%(한도 700만원)

의료비의 범위에는 미용 · 성형수술 및 건강증진을 위한 의약품 등 의료치료와 무관한 항목은 제외되고, 시력 보정용 안경 및 콘택트렌즈는 1명당 연 50만원, 총급여액 7,000만원 이하인 근로자의 산후조리 및 요양 비용으로 출산 1회당 200만원이 포함된다.

4.6 교육비세액공제

근로소득자가 본인과 기본공제 대상자(나이 제한을 받지 아니함)를 위하여 교육비를 지급한 경우 〈표 10-11〉과 같은 세액공제 대상 교육비의 15%에 해당하는 금액을 산출세액에서 공제한다.

〈표 10-11〉 교육비세액공제

구 분	공제한도
본인	전액 공제
기본공제 대상자	유치원 · 영유아 · 취학 전 아동 : 1인당 연 300만원 초 · 중 · 고등학생 : 1인당 연 300만원 대학생 : 1인당 연 900만원
장애인	전액 공제, 18세 미만인 자로서 소득금액의 제한 없음

공제대상 교육비에는 소득세 또는 증여세가 비과세되는 교육비가 포함되지 않으며, 교복구입 비용으로 1명당 50만원, 초 · 중 · 고 현장체험학습비 1인당 30만원, 취학 전 아동의 학원 또는 체육시설의 수강료가 포함된다.

4.7 기타 세액공제

이 외에 연말정산을 함에 있어서 다양한 세액공제가 적용될 수 있다. 거주자(배우자 및 부양가족으로서 기본공제 대상자 포함)가 과세기간에 지급한 기부금이 있는 경우 해당 기부금액의 15%(세액공제 대상 기부금이 1,000만원 초과 30%)에 상당하는 금액을 산출세액에서 공제한다.

그리고 총급여액이 5,500만원 이하인 무주택 세대주인 근로소득자(종합소득금액이 4,000만원 초과하는 사람 제외)가 국민주택규모이거나 3억원 이하인 주택을 임차하는 경우에는 지급한 월세액에 대한 12%의 금액을 세액공제할 수 있다. 다만, 총급여액이 5,500만원 초과 7,000만원 이하인 근로소득자(종합소득금액이 6,000만원 초과하는 사람 제외)는 10%를 적용한다.

제 5 절 부동산 등의 양도와 세금

5.1 양도소득세의 의의

양도는 재산이나 물건을 남에게 넘겨주는 것을 말한다. 양도소득세는 재산이나 물건을 이전하면서 소득이 생긴 양도자에게 부과되는 세금으로, 양도로 인하여 소득이 없거나 손해가 발생한 경우에는 양도소득세가 없다. 양도소득세는 모든 재산과 물건에 대하여 과세하는 것이 아니라 〈표 10-12〉와 같은 재산에 대하여 과세된다.

〈표 10-12〉 양도소득세 과세대상

자 산	범 위
부동산	토지, 건물, 부동산을 취득할 수 있는 권리, 전세권 · 지상권 등
주식	비상장주식, 상장주식 중 대주주 양도 및 소액주주 장외거래
기타자산	파생상품, 골프회원권, 부동산과다보유법인 주식, 이축권

양도소득세는 다른 소득과 달리 그 거래금액이 상대적으로 크고 장기간 누적된 금액이 일시에 실현되는 특성이 있기 때문에 세금 역시 크며, 일상생활에서 미치는 영향이 크다고 할 수 있다.

5.2 비과세되는 양도소득

양도소득세 비과세는 양도소득이 발생하였더라도 그 소득에 대하여 세금을 과세하지 않는 것을 말한다. 그 대상으로는 파산선고, 농지의 교환 또는 분합, 1세대 1주택 등이 있다. 여기에서는 1세대 1주택을 중점적으로 살펴본다.

1세대 1주택이라 함은 거주자 및 그 배우자가 동일한 주소에서 생계를 같이하는 가족과 함께 구성하는 1세대가 양도일 현재 1주택을 보유하고 있는 경우로서 보유기간이 2년 이상인 것을 말한다. 다만, 취득 당시에 조정대상지역에 있는 주택의 경우에는 보유기간이 2년 이상이고, 그 보유기간 중 거주기간이 2년 이상이어야 한다. 그러나 다음과 같은 경우는 1세대 2주택이라고 하더라도 비과세한다.

① 1주택 1세대가 주택을 양도하기 전에 다른 주택을 취득함으로써 일시적으로 2주택이 된 경우 종전주택을 취득한 날부터 1년 이상이 지난 후 신규주택을 취득하고, 신규주택을 취득한 날부터 3년 이내에 종전의 주택을 양도하는 경우에는 1세대 1주택으로 본다.

② 상속주택과 일반주택을 각각 1개씩 소유하고 있는 1세대가 일반주택을 양도하는 경우에는 1세대 1주택으로 본다.

③ 혼인에 의하여 1세대가 2주택을 보유하게 되는 경우 각각 혼인한 날부터 5년 이내에 먼저 양도하는 주택은 1세대 1주택으로 본다.

④ 1주택을 보유하고 1세대를 구성하는 자가 1주택을 보유하고 있는 60세 이상의 직계존속을 동거봉양하기 위하여 세대를 합

침으로써 1세대가 2주택을 보유하게 되는 경우 합친 날부터 10년 이내에 먼저 양도하는 주택은 1세대 1주택으로 본다.

⑤ 농어촌주택(상속주택, 이농주택, 귀농주택)과 일반주택을 국내에 각각 1개씩 소유하고 있는 1세대가 일반주택을 양도하는 경우에는 1세대 1주택으로 본다.

한편, 1주택이라도 주택 양도 당시 실지거래가액이 9억원을 초과하는 고가주택은 전액 비과세하지 않고 9억원 초과분에 대하여는 비과세를 적용하지 않는다. 그리고 부수토지는 주택정착 면적의 5배(도시지역 밖 10배)까지는 과세되지 않는 주택으로 본다.

사례 10.3 '위장이혼'으로 1세대 1주택 비과세?

A씨 부부는 맞벌이를 하면서 악착같이 모아 각자의 명의로 오래 전부터 서울에 아파트 한 채씩 보유하고 있다. 부부는 노후 생활자금으로 쓰기 위해 아파트 한 채를 팔려고 한다. 다행히 매입한 아파트는 양도차익이 각각 7억원에 달한다. 하지만 2주택이라서 먼저 파는 아파트는 양도차익의 절반가량을 양도세로 내야 할 상황이다. 부부는 1세대 1주택 비과세 혜택을 받기 위해 위장이혼이라도 해야 하나 고민 중이다.

주택을 매도할 때 가장 유리한 양도세 절세법은 1세대 1주택 비과세 혜택을 받는 것이다. 주거안정을 위해 1세대 1주택의 경우 일정한 요건을 갖추면 주택을 팔아 이익이 생기더라도 양도세를 물리지 않는다. 1세대란 거주자 및 그 배우자와 자녀이다. 자녀는 30세가 넘거나 일정한 소득을 올리면 세대를 독립할 수도 있다. 하지만 부부는 이혼을 하기 전까지는 주말부부로 다른 지역에 거주하더라도 한 세대로 본다. 그래서 다주택자들이 양도세 중

과를 피하기 위한 방법으로 '위장이혼'을 꿈꾸기도 한다.

A씨 부부도 2주택자로서 아파트 한 채를 판다면 양도차익 7억원에 대한 양도세가 수억원이 되지만, 1세대 1주택으로 매도하면 매도가 9억원 초과분에 대해서만 세금을 내게 되므로 양도세는 얼마 안 된다. 위장이혼이란 편법까지 생각해 볼 만(?)하다.

더구나 2017년 대법원은 '양도세 비과세 요건인 1세대 1주택 해당 여부 사건'(2015두35083)에서 "1세대를 구성하는 배우자는 법률상 배우자만을 의미한다"며 "주택의 양도 당시 이미 이혼하여 법률상 배우자가 없다면 따로 1세대를 구성한 것으로 비과세 대상인 1세대 1주택에 해당한다"고 판결했다. 판결 이후 비과세를 노리는 위장이혼 세태가 늘어날 것을 염려하기도 했다.

하지만 이에 대응해 세무당국은 2018년 12월 31일 소득세법(제88조)을 개정했다. 세대 구성 배우자의 범위를 "법률상 이혼을 하였으나 생계를 같이하는 등 사실상 이혼한 것으로 보기 어려운 관계에 있는 사람을 포함한다"고 못박은 것이다. 따라서 다주택 부부가 형식상 이혼을 해 각자 1주택이더라도 세무당국이 사실혼 관계임을 입증하면 1세대로 보아 주택 수를 계산할 수 있다. 양도세를 덜 내려고 위장이혼을 했다가는 세금은 물론 가산세까지 혹 떼려다 더 큰 혹을 붙이는 일이 생길 수 있다.

출처 : 국민일보, 2020.6.24 기사 수정

5.3 양도소득세의 계산

양도소득은 구입한 가격과 판 가격의 차이이다. 즉, 아파트를 3억원에 사서 5억원에 팔면 2억원을 벌었다고 할 수 있다. 단순하게 생각하면 2억원에 대하여 양도소득세가 과세된다고 이해하여도 무방하다. 세법에서는 해당 양도차익에 세밀한 조정과 정책적인 요소를 가미하여 〈표 10-13〉과 같은 계산구조를 가지게 된다.

〈표 10-13〉 양도소득세 계산구조

	양도가액
(−)	취득가액
(−)	필요경비
=	양도차익
(−)	장기보유특별공제
=	양도소득금액
(−)	양도소득기본공제
=	양도소득 과세표준
×	세율
=	산출세액
(−)	공제감면세액
=	차가감납부세액

〈표 10-13〉을 바탕으로 양도소득세 계산과정을 간략히 설명하면 다음과 같다.

첫째, 양도차익은 양도가액에서 취득원가(필요경비 포함)를 차감하여 계산하며 양도가액과 취득가액은 양도 당시 실제로 거래한 가액에 의한다. 필요경비는 자본적 지출과 양도비용 등이 포함된다. 자본적 지출은 해당 자산의 가치를 증가시키거나 내용연수를 연장시키는 지출을 말하고, 양도비용은 자산을 양도하기 위하여 직접 지출한 비용을 말한다.

둘째, 장기보유특별공제는 말 그대로 장기간 동안 보유한 점을 감안하여 특별히 공제하는 제도이다. 장기보유특별공제는 토지 및 건물로서 보유기간이 3년 이상인 것 및 조합원입주권(조합원으로부터 취득한 것은 제외함)의 양도차익에 10~30%에 상당하는 금액을 공제한다. 다만, 미등기양도자산 및 비사업용 토지는 제외한다.

셋째, 양도소득기본공제는 토지 · 건물, 부동산에 관한 권리 및 기타자산, 주식 및 출자지분, 파생상품의 소득별로 각각 연간 250만원을 공제한다.

넷째, 양도소득세율은 일반적인 경우에는 기본적인 종합소득세율을 적용한다.

5.4 양도소득세의 신고 · 납부

부동산 등의 양도소득이 있는 거주자는 양도일이 속하는 달의 말일부터 2개월 이내에 양도소득 과세표준을 세무서장에게 양도소득세 예정신고를 하여야 한다. 이는 양도차익이 없거나 양도차손이 발생한 경우에도 적용한다. 다만, 주식 및 출자지분의 경우에는 양도일이 속하는 분기의 말일부터 2개월 이내에 신고하여야 한다.

한편, 양도소득금액이 있는 거주자는 양도소득 과세표준을 과세기간의 다음 연도 5월 1일부터 5월 31일까지 납세지 관할 세무서장에게 확정신고를 하여야 한다. 일반적으로 예정신고를 한 자는 확정신고를 하지 않을 수 있지만, 해당 과세기간에 부동산 등을 2회 이상 양도한 경우에는 확정신고를 하여야 한다.

생각해 볼 문제

(1) 종합과세되는 소득의 종류는 어떤 것이 있는가? 분류과세되는 소득과는 어떠한 차이가 있는가?

(2) 원천징수제도의 취지와 대표적인 원천징수대상소득 및 원천징수율을 설명하시오.

(3) 소득세는 신고납세방식을 채택하고 있다. 조세의 채권채무 확정방식으로 신고납세방식 이외에 어떠한 확정방식이 있는가?

(4) 가장 일반적이라고 생각되는 비과세 근로소득 다섯 가지를 설명할 수 있는가?

(5) 취득가액이 3억원이고, 양도가액이 5억원인 토지를 양도한 경우 납부하여야 할 양도소득세는 얼마인가? (10년 보유 가정)

(6) 최근 소득세의 기본세율이 인상되었다. 소득세의 세율이 인상될 경우 자신에게 미치는 영향에 대하여 이야기해 보고 소득세 인상에 대한 자신의 입장은 무엇인가?

(7) 부동산 가격상승을 방지하기 위하여 이용된 세금은 무엇인가? 이들은 부동산 가격의 상승을 방지할 수 있는가?

(8) 세금과 관련한 직장인의 세부담은 유리지갑이라고 표현된다. 유리지갑이라고 표현될 수밖에 없는 구체적인 사례는 무엇인가? 그리고 이를 해결할 수 있는 방안은 무엇인가?

CHAPTER 11

재무제표분석의 개념과 틀

회계는 회계정보이용자들의 합리적인 의사결정을 위하여 정보를 창출한다. 따라서 회계정보의 창출은 정보의 활용을 전제로 한다. 기업 외부의 회계정보이용자는 기업이 창출하여 보고한 정보를 자신의 의사결정에 활용하게 된다. 외부 이용자의 회계정보 이용은 보고된 정보를 분석하여 활용하는 것과 관련되어 있다. 제11장과 제12장에서는 외부 정보이용자의 입장에서 보고된 회계정보의 활용에 대하여 살펴본다.

본장에서는 재무제표분석의 개념, 재무제표분석방법, 그리고 재무제표분석의 기본적 틀에 대하여 살펴본다.

제 1 절 재무제표분석의 기본개념

1.1 재무제표분석의 의의

기업이 보고하는 재무제표는 기업의 재무상태와 경영성과에 대한 정보를 제공한다. 기업은 어떻게 자금을 조달하였으며 그 조달된 자금을 어떻게 활용하였는지, 그리고 그 결과 어떠한 성과를 나타냈는지를 재무제표의 형태로 보고한다. 회계정보이용자가 재무제표 정보를 자신의 의사결정에 활용하려면 회사가 보고한 재무제표와 그와 관련된 여러 자료들을 종합하여 분석한 다음 분석된 정보를 의사결정 목적에 맞도록 해석하는 과정이 필요하다.

재무제표분석(financial statements analysis)은 재무제표 및 관련 자료에 의사결정 목적에 맞는 적절한 분석적 기법을 적용하여 기업의 성과(수익성과 재무위험 등)를 평가하고, 이로부터 기업에 관한 예측과 판단에 유용한 정보를 추출하여 분석하고 해석하는 과정이다.[1] 기업에 대한 분석은 이용가능한 모든 정보를 종합적으로 고려하여 이루어져야 한다. 만약, 특정한 항목이나 내용에만 집중하면 기업의 수익성과 재무위험 등 기업의 상태나 성과를 종합적으로 파악하는 데 실패할 수 있다.

---

1 여기서 수익성이란 기업의 이익창출능력을 의미하고, 재무위험은 채무불이행위험으로서 부채를 상환하지 못할 가능성을 의미한다.

1.2 재무제표분석의 목적

재무제표분석은 분석대상 기업의 수익성과 재무위험 그리고 성장성 및 활동성을 종합적으로 평가하여 정보이용자의 의사결정에 유용한 정보를 얻는 것이다. 외부 이용자로서 투자자나 채권자는 투자의사결정이나 신용의사결정 등에 유용한 정보를 얻기 위해 기업에 대한 재무분석을 실시한다. 투자자 이외에도 경영자는 경영의사결정에, 규제기관은 규제 및 정책 결정에 유용한 정보를 얻기 위하여 재무제표를 분석한다.

현재 및 잠재적 투자자들은 기업이 발행한 주식의 매수, 매도, 또는 계속 보유의 의사결정을 위하여 기업의 수익성과 미래의 성장전망 및 현금창출능력 등에 관한 정보가 필요하다. 투자자들은 자신들이 투자한 자금의 수익률(투자수익률)이 얼마나 달성되었으며 미래의 수익률은 얼마나 될 것인지를 파악하기를 원한다. 따라서 투자자들은 기업의 가치(주식회사의 경우 주가)를 결정하는 주요 요인인 기업의 수익성, 성장성 그리고 재무위험(지급능력)에 대한 판단을 하기 위해 재무분석을 한다.

채권자는 기업이 매입채무(외상매입액이나 발행어음)의 상환을 포함하는 채무이행능력과 기업의 미래 채무불이행의 위험인 신용위험을 평가하기를 원한다. 기업의 채무이행능력을 평가하는 데 유용한 정보는 채무기업의 영업활동 결과인 수익성과 기업이 외부자금을 조달한 규모인 부채규모에 관한 정보이다. 채권자는 이러한 정보를 얻기 위해 기업의 재무제표를 분석한다.

자본시장에서 투자자와 채권자에 대한 정보중개인으로 활동하는 재무분석가와 신용평가기관도 기업의 재무제표를 분석한다. 재무분석가는 기업분석보고서의 형태로 투자자들에게 주식가치 평가에 관한 정보를 제공하기 위해 재무제표를 분석한다. 그리고 신용평가기관은 기업이 발행하는 사채와 기업어음에 대한 신용등급정보를 제공하기 위해서 기업의 재무제표를 분석한다.[2]

경영자는 기업을 효율적·효과적으로 운영하기 위하여 회계정보를 필요로 한다.[3] 경영자는 기업의 장단기 목표를 설정하고 기업을 운영하기 위해 회계정보를 활용한다. 경영자가 자금조달과 운용, 경영효율성 평가, 자산의 활용, 부채관리 등과 관련된 문제 또는 기업의 장단기 수익성과 유동성에 관한 문제를 파악하기 위하여 사용하는 수단 중의 하나가 재무제표분석이다.

금융 및 자본시장 관련 여러 규제기관 또한 정책결정에 기업의 재무정보를 이용한다. 증권선물위원회나 금융감독원은 재무정보가 적절히 제공되고 있는지와 어떠한 재무정보가 필요한지를 파악하기 위해 기업의 재무제표나 사업보고서 등을 분석한다. 또한 세무당국은 기업이 이익을 자의적으로 조작함으로써 법인세 등을 탈세하고 있는가의 여부 판단과 세금부과의 정당성을 판단하는 데 재무제표분석을 이용한다.

2 신용등급(信用等級)은 기업이나 정부와 같은 조직에 채무가 발생하였을 경우 그 조직이 채무를 상환할 수 있는 능력에 대한 평가를 말하는 것으로 신용등급평가기관이 결정한다. 세계적으로 유명한 신용등급평가기관으로는 무디스, S&P, 피치 등을 들 수 있으며 한국의 신용등급평가기관으로는 NICE신용평가(주), SCI평가정보(주) 등을 들 수 있다.

3 제1장에서 살펴본 것처럼 경영자는 회계정보의 생산자이면서 수요자이다.

1.3 재무제표분석의 비교기준

재무제표에 보고되는 항목은 각각 정보로서 고유한 내용을 포함하고 있다.[4] 만일 특정 기업의 재무상태표에 10억원의 재고자산을 보고하였다면 정보이용자들은 이를 통하여 기업이 미래에 판매 또는 제조활동에 사용하기 위해 보유한 재고자산이 10억원이라는 사실을 알 수 있다. 하지만 회계연도말의 재고자산이 10억원이라는 것만으로는 당해 연도의 재고자산이 전년도에 비해 증가되었는지 여부나 경쟁기업에 비하여 재고보유량이 상대적으로 많은 것인지, 적은 것인지, 혹은 적절한 것인지를 평가할 수 없다. 정보이용자들은 이러한 내용을 알기 위해 특정 기업의 재무상태나 경영성과를 판단하기 위한 적절한 비교기준을 선정할 필요가 있다.

일반적으로 비교기준으로 제시되는 것들로는 분석대상 기업의 과거시점에서의 상태나 성과, 분석대상 기업이 속한 산업의 산업평균, 경쟁기업이나 선도기업의 성과, 기업이 정한 목표치나 이론이나 경험에서 제시하고 있는 이상치(절대치)가 있다. 기업의 과거 여러 시점의 수치를 비교하는 분석을 기간별 비교 혹은 시계열분석이라 하고, 동일시점의 산업평균이나 다른 기업의 수치를 비교하는 분석을 횡단면분석이라고 한다. 대표적인 비교기준과 그에 대한 추가적인 설명은 〈표 11-1〉과 같다.

4 정보가 포함하고 있는 내용(혹은 의미)을 정보내용(information contents)이라고 한다.

〈표 11-1〉 비교대상 기준의 구분과 내용

구 분	내 용
기간별 비교	기업의 재무제표 항목 또는 비율을 동일한 기업의 전년도 또는 그 이전 연도의 항목 또는 비율과 비교하는 기법이다. 예를 들어 어느 기업의 20×1년 12월 31일 재무상태표의 재고자산이 전년도 또는 그 이전 연도에 비해 증가 또는 감소되었는지를 전년도 또는 그 이전 연도와 비교하는 방법이다. 기업의 기간별 비교는 재무비율의 변화와 중요한 추세를 발견하는 데 유용한 기법이다.
산업평균과 비교	특정 기업의 재무제표에 나타난 항목 또는 재무비율을 동종산업에 속해 있는 기업들의 평균치(산업평균)와 비교하는 기법이다. 이렇게 산업평균과 비교함으로써 산업 내에서 차지하고 있는 위치나 영향력 등을 알 수 있게 된다.
기업간 비교	기업의 재무제표 항목 또는 재무비율을 특정 기업(선도기업이나 주된 경쟁기업)의 항목이나 비율과 비교하는 방법이다. 기업간 비교기법은 특히 기업의 경쟁력을 평가하는 데 유용한 기법 중의 하나이다.
목표치 또는 이상치와 비교	이는 기업의 재무제표 항목 또는 재무비율을 해당 기업이 연초에 설정한 목표치(budgeted number) 또는 이상치(ideal number)와 비교하는 방법이다.

제 2 절 재무제표분석의 기법

재무제표를 이용하여 기업의 상태와 성과를 분석하는 데에는 여러 기법들이 있다. 재무제표의 분석기법은 분석대상이나 분석에 포함되는 기간에 따라 구분된다. 재무제표의 분석기법은 분석대상에 따라 금액분석과 비율분석으로 구분되고 분석에 포함되는 기간에 따라 수평적 분석과 수직적 분석으로 구분된다.

2.1 금액분석과 비율분석

재무제표의 분석기법은 분석대상을 무엇으로 하는가에 따라 금액분석과 비율분석으로 구분된다. **금액분석**은 재무제표에 보고된 금액(절대금액)을 분석하는 방법이다. 금액분석은 특정 기간의 순이익이 얼마인지를 살펴보거나, 당년도의 순이익이나 매출액 혹은 자산총액이 전년도에 비하여 증가(혹은 감소)한 정도 등을 분석하는 방법이다. 이 방법은 기업의 재무제표 항목의 금액 및 금액의 변동 자체를 분석하는 방법이다. 이 방법은 재무상태나 경영성과와 관련된 항목의 상태나 변동의 실제크기(총금액)는 알 수 있지만 기업규모나 매출액과 같은 투자규모를 고려하지 못하는 문제가 있다. 예를 들어 10억원의 자기자본을 투자하여 3억원의 이익을 달성한 A기업과 5억원의 자기자본을 투자하여 2억원의 이익을 달성한 B기업의 경영성과를 비교하여 A기업이 B기업에 비하여 우수한 성과를 달성하였다고 단정할 수 없다.

반면, **비율분석**은 의미 있는 두 항목을 비교하여 비율을 계산하고 계산된 비율의 의미를 파악하여 분석하는 방법이다. 서로 관계가 있는 두 항목의 상대적 크기를 비교함으로써 규모효과를 고려하여 기업의 상태나 재무성과를 평가하는 방법이다. 비율분석은 절대적인 금액보다는 투자(혹은 규모) 대비 기업의 재무상태나 성과를 비교할 수 있으므로 기업경영의 효율성 등을 판단하는 데 도움을 줄 수 있다. 앞의 예의 경우 A기업의 투자수익률은 30%인 데 반하여 B기업의 투자수익률은 40%이다. 따라서 금액으로는 A기업이 우수해 보이지만 효율성 면에서 따져보면 B기업이 더 우수한 결과를 나타냈다고 할 수 있다. 이러한 이유로 재무제표분석에서 비율분석이 많이 사용되고 있다.

2.2 수평적 분석과 수직적 분석

재무제표의 분석기법은 분석시점에 따라 수평적 분석과 수익적 분석으로 구분된다. 수평적 분석은 여러 기간을 대상으로 하는 것으로 주로 기업의 기간별 비교를 분석하는 데 사용된다. 수평적 기법은 특정 항목에 대하여 두 기간을 비교하거나 3년에서 5년 또는 그 이상의 다년간을 비교하여 항목 변화의 추세 등을 파악하는 데 사용되는 기법이다. 수직적 분석은 동일기간을 대상으로 재무제표 항목의 구성비율(예를 들어 유동자산이 총자산에서 차지하는 비중)이나 재무제표 항목간의 비율(예를 들어 유동자산과 유동부채의 비율)이 기업 사이에 어떠한 차이가 있는지를 분석하거나 동일기업에 대하여 과거기간에 비하여 구성비율 등이 어떻게 바뀌었는지를 비교하는 데에 이용된다.

2.2.1 수평적 분석

수평적 분석은 적어도 1회계기간 이상의 재무제표 자료를 분석하는 데 사용되는 기법으로, 추세분석 또는 시계열분석이라고도 한다. 수평적 분석의 목적은 재무제표상의 특정 항목이 어떻게 변동하였는가를 분석하고자 하는 것이다. 이때 증가 또는 감소는 금액일 수도 있고 기준연도 대비 증가(감소)의 비율일 수도 있다. 또한 증가 또는 감소의 기준이 과거시점(5년 전 혹은 전년 대비 당년의 상태)이거나 당년(금년 대비 과거의 상태)일 수도 있다. 일반적으로 수평적 분석에서는 과거의 기준연도가 많이 사용된다.

우리나라 자동차 제조기업인 현대자동차 주식회사를 사례기업으로 하여 수평적 분석과 수직적 분석을 시행해 보자. 사례기업의 재무제표는 앞으로의 재무제표분석에 사용될 기본 자료이다.[5]

현대자동차(주)의 재무상태표에 대한 2018년도 대비 2019년도의 수평적 분석의 결과를 표시하면 〈표 11-2〉와 같다.

〈표 11-2〉 수평적 분석 : 재무상태표

재무상태표

제52기 2019.12.31 현재
제51기 2018.12.31 현재

현대자동차(주) (단위 : 백만원)

과 목	제52기	제51기	제52기 증가(감소)	
			금 액	비율(%)
자산				
유동자산	22,346,792	22,325,069	21,723	0.1%
현금및현금성자산	382,000	194,203	187,797	96.7%
단기금융상품	5,793,630	6,478,598	(684,968)	−10.6%
기타금융자산	6,983,208	7,444,315	(461,107)	−6.2%
매출채권	4,733,426	3,868,219	865,207	22.4%
기타채권	1,118,882	1,163,329	(44,447)	−3.8%
재고자산	3,065,329	2,863,652	201,677	7.0%
기타자산	270,317	267,367	2,950	1.1%
매각예정비유동자산		45,386	−	−
비유동자산	51,810,427	47,417,439	4,392,988	9.3%
장기금융상품	682,334	186	682,148	366746.2%
기타금융자산	2,359,601	1,795,026	564,575	31.5%

5 사례기업의 재무제표는 증권감독원 전자공시시스템(http://dart.fss.or.kr/)에 게시된 2019년도의 영업보고서를 다운받아 사용하였다.

장기성매출채권	20,449	13,858	6,591	47.6%
기타채권	475,659	498,246	(22,587)	−4.5%
유형자산	24,413,350	22,904,948	1,508,402	6.6%
투자부동산	143,237	156,206	(12,969)	−8.3%
무형자산	4,270,089	3,915,129	354,960	9.1%
종속기업, 공동기업 및 관계기업투자	18,416,453	17,533,271	883,182	5.0%
이연법인세자산	862,064	593,437	268,627	45.3%
사용권자산	148,128		−	−
기타자산	19,063	7,132	11,931	167.3%
자산총계	74,157,219	69,742,508	4,414,711	6.3%
부채				
유동부채	15,148,868	12,737,313	2,411,555	18.9%
매입채무	4,349,005	4,134,287	214,718	5.2%
미지급금	3,275,483	3,016,119	259,364	8.6%
단기차입금	3,293,370	2,283,963	1,009,407	44.2%
유동성장기부채	648,368	323,129	325,239	100.7%
당기법인세부채	207,081	55,426	151,655	273.6%
충당부채	1,936,640	1,855,748	80,892	4.4%
기타금융부채	12	785	(773)	−98.5%
리스부채	49,478		−	−
기타부채	1,389,431	1,067,856	321,575	30.1%
비유동부채	5,089,342	4,429,408	659,934	14.9%
장기성미지급금	825,824		−	−
사채	299,617	299,405	212	0.1%
장기차입금	676,957	971,688	(294,731)	−30.3%
순확정급여부채	320,843	329,919	(9,076)	−2.8%
충당부채	2,521,136	2,522,362	(1,226)	0.0%
기타금융부채	2,546	33	2,513	7615.2%
리스부채	90,213		−	−
기타부채	352,206	306,001	46,205	15.1%
부채총계	20,238,210	17,166,721	3,071,489	17.9%
자본				
자본금	1,488,993	1,488,993	0	0.0%
자본잉여금	4,012,033	4,009,870	2,163	0.1%
기타자본항목	(1,516,817)	(1,155,244)	(361,573)	31.3%
기타포괄손익누계액	64,476	94,617	(30,141)	−31.9%
이익잉여금	49,870,324	48,137,551	1,732,773	3.6%
자본총계	53,919,009	52,575,787	1,343,222	2.6%
부채와자본총계	74,157,219	69,742,508	4,414,711	6.3%

수평적 분석에 의한 현대자동차(주)의 재무상태표를 보면 자산총액이 전년 대비 4조 4,147억원(6.3%)이 증가되었음을 알 수 있다. 이는 부채가 3조 714억원(17.9%) 증가하고 자본이 1조 3,432억원(2.6%) 증가된 결과이다. 부채는 유동부채 증가액이 2조 4,115억원 증가하여 전년 대비 18.9% 증가하였으며, 비유동부채 증가액은 6,599억원 증가하여 전년 대비 14.9% 증가하였다. 즉, 유동부채가 비유동부채보다 1조 7,516억원이 증가하였으며 증가율은 4% 정도 차이가 나고 있음을 알 수 있다. 자본은 이익잉여금이 1조 7,327억원 증가하였으나 기타자본항목(자본의 차감항목)이 3,616억원이 증가하여 총자본의 증가액은 이익잉여금의 증가액보다 작다. 이와 같이 증가된 자금(부채와 자본의 증가)은 유동자산과 비유동자산 모두에 투자되었는데, 유동자산은 217억원(0.1%) 증가하여 거의 변동이 없는 반면 비유동자산은 4조 3,930억(9.3%) 증가하였으며 비유동자산 중 유형자산이 1조 5,084억원 증가하였다. 자산항목들의 증가율을 보면 현금및현금성자산이 전년 대비 96.7% 증가하여 거의 두 배 가까이 증가하였으며 매출채권(22.4%)과 장기성매출채권(47.6%)이 전년 대비 상당한 비율로 증가하였음을 알 수 있다. 예외적으로 장기금융상품이 상당한 비율(366,746.2%)로 증가한 것으로 나타나고 있으나 이는 전년(제51기)의 기초금액이 1억8,600만원이었다가 당년(제52기)에 6,823억원으로 증가한 결과로 자산의 대폭적인 증가라기보다는 기초자산의 금액이 적기 때문에 발생한 현상으로 해석할 수 있다.

현대자동차(주)의 포괄손익계산서에 대한 2018년도 대비 2019년도의 수평적 분석의 결과를 표시하면 〈표 11-3〉과 같다.

〈표 11-3〉 수평적 분석 : 포괄손익계산서

포괄손익계산서

현대자동차(주) 제52기 2019. 1. 1부터 2019.12.31까지 / 제51기 2018. 1. 1부터 2018.12.31까지 (단위 : 백만원)

과 목	제52기	제51기	제52기 증가(감소)	
			금 액	비율(%)
매출액	49,155,693	43,160,108	5,995,585	13.9%
매출원가	40,324,396	36,403,490	3,920,906	10.8%
매출총이익	8,831,297	6,756,618	2,074,679	30.7%
판매비와관리비	7,251,133	6,815,940	435,193	6.4%
영업이익(손실)	1,580,164	(59,322)	1,639,486	흑자전환
종속기업및관계기업투자손익	181,110	(191,079)	372,189	−194.8%
금융수익	1,562,521	1,076,260	486,261	45.2%
금융비용	144,315	198,306	(53,991)	−27.2%
기타수익	866,840	913,634	(46,794)	−5.1%
기타비용	856,427	831,239	25,188	3.0%
법인세비용차감전순이익	3,189,893	709,948	2,479,945	349.3%
법인세비용	357,604	295,007	62,597	21.2%
당기순이익	2,832,289	414,941	2,417,348	582.6%
기타포괄손익	(66,326)	(532,103)	465,777	−87.5%
총포괄손익	2,765,963	(117,162)	2,883,125	−2460.8%
주당이익				
기본주당이익 (단위 : 원)				
보통주 기본주당이익 (단위 : 원)	10,749	1,536	9,213	599.8%
1우선주 기본주당이익 (단위 : 원)	10,793	1,586	9,207	580.5%

현대자동차(주)의 포괄손익계산서를 보면 매출액이 5조 9,956억원(13.9%) 증가하였고 매출총이익은 2조 747억원(30.7%) 증가하였다. 매출액이 13.9% 증가한 반면 매출총이익이 30.7% 증가한 것은 매출원가의 증가율(10.8%)이 매출액의 증가율(13.9%)보다 낮기 때문이다. 그리고 영업이익은 전년도에 적자(593억원 적자)에서 당년도에

1조 5,802억원으로 흑자를 기록하였다. 이렇게 적자에서 흑자로 된 경우에는 증가율을 계산하는 것이 의미가 없을 수 있다.[6] 당기순이익은 전년도 영업이익의 적자 등으로 인하여 전년도 이익이 4,149억원이었으나 당년도 이익은 2조 8,323억원으로 582.6%의 이익증가율을 나타내고 있다. 주식 1주당 이익을 나타내는 주당이익을 보면 보통주 1주당 이익은 1,536원에서 10,749원으로 전년 대비 거의 6배 가까이 증가하였다.

이처럼 수평적 분석은 재무제표상의 특정 항목을 기준으로 증감액, 증감률 분석을 함으로써 기업의 재무상태와 경영성과에 대한 대체적인 내용을 파악하는 비교적 간단한 방법이라 할 수 있다.

2.2.2 수직적 분석

수직적 분석은 재무제표를 구성하고 있는 재무제표 항목들 사이의 상대적 크기를 비교하는 분석기법으로 공통형분석 또는 요소구성비율분석이라고도 한다. 재무상태표의 경우 개별 항목을 총자산(혹은 총부채와 자본)으로 나누어 각 항목이 총자산(혹은 총부채와 자본의 합)에서 차지하는 비중을 표시하여 특정 시점에서 재무상태표를 구성하는 항목들의 상대적 크기를 비교할 수 있다. 이렇게 재무상태표의 개별 항목을 총자산으로 나누어 각 항목이 차지하는 비중으로 표시한 재무상태표를 **공통형재무상태표**라 한다. 공통형재무상태표를 기간별로 비교하면 시간의 경과에 따라 각각의 자산과 부채 및 자본 항목의 구성비율 변동도 파악할 수 있다.

포괄손익계산서에 대해서도 수직적 분석을 할 수 있다. 포괄손익

6 수학적인 계산으로 하면 "증가비율=증가금액÷전년도 금액"이 되는데, 전년도 금액이 음수이므로 증가비율이 음수로 되어 의미가 없어진다.

계산서에 대한 수직적 분석은 포괄손익계산서의 각 항목을 매출액으로 나누어 각 항목이 매출액에서 차지하는 비중을 표시한다. 포괄손익계산서의 각 항목을 매출액으로 나누어 표시한 포괄손익계산서는 공통형포괄손익계산서라 한다.

수직적 분석의 가장 큰 장점은 비교 분석시 기업의 규모(또는 투자액)를 통제할 수 있다는 점이다. 수직적 분석은 금액분석의 단점인 규모(또는 투자액)에 관계없이 각각의 구성요소비율을 비교해 볼 수 있다.

수직적 분석을 위해 현대자동차(주)의 2018년도와 2019년도의 재무상태표를 공통형재무상태표로 전환하여 2018년도 대비 2019년도의 수평적 분석의 결과를 표시하면 〈표 11-4〉와 같다.

〈표 11-4〉 수직적 분석 : 재무상태표

재무상태표

제52기 2019.12.31 현재
제51기 2018.12.31 현재

현대자동차(주) (단위 : 백만원)

과 목	제52기		제51기	
	금 액	비율(%)	금 액	비율(%)
자산				
유동자산	22,346,792	30.1	22,325,069	32.0
현금및현금성자산	382,000	0.5	194,203	0.3
단기금융상품	5,793,630	7.8	6,478,598	9.3
기타금융자산	6,983,208	9.4	7,444,315	10.7
매출채권	4,733,426	6.4	3,868,219	5.5
기타채권	1,118,882	1.5	1,163,329	1.7
재고자산	3,065,329	4.1	2,863,652	4.1
기타자산	270,317	0.4	267,367	0.4
매각예정비유동자산		–	45,386	0.1
비유동자산	51,810,427	69.9	47,417,439	68.0
장기금융상품	682,334	0.9	186	0.0
기타금융자산	2,359,601	3.2	1,795,026	2.6
장기성매출채권	20,449	0.0	13,858	0.0

기타채권	475,659	0.6	498,246	0.7
유형자산	24,413,350	32.9	22,904,948	32.8
투자부동산	143,237	0.2	156,206	0.2
무형자산	4,270,089	5.8	3,915,129	5.6
종속기업, 공동기업 및 관계기업투자	18,416,453	24.8	17,533,271	25.1
이연법인세자산	862,064	1.2	593,437	0.9
사용권자산	148,128	0.2		—
기타자산	19,063	0.0	7,132	0.0
자산총계	74,157,219	100.0	69,742,508	100.0
부채				
유동부채	15,148,868	20.4	12,737,313	18.3
매입채무	4,349,005	5.9	4,134,287	5.9
미지급금	3,275,483	4.4	3,016,119	4.3
단기차입금	3,293,370	4.4	2,283,963	3.3
유동성장기부채	648,368	0.9	323,129	0.5
당기법인세부채	207,081	0.3	55,426	0.1
충당부채	1,936,640	2.6	1,855,748	2.7
기타금융부채	12	0.0	785	0.0
리스부채	49,478	0.1		—
기타부채	1,389,431	1.9	1,067,856	1.5
비유동부채	5,089,342	6.9	4,429,408	6.4
장기성미지급금	825,824	1.1		—
사채	299,617	0.4	299,405	0.4
장기차입금	676,957	0.9	971,688	1.4
순확정급여부채	320,843	0.4	329,919	0.5
충당부채	2,521,136	3.4	2,522,362	3.6
기타금융부채	2,546	0.0	33	0.0
리스부채	90,213	0.1		—
기타부채	352,206	0.5	306,001	0.4
부채총계	20,238,210	27.3	17,166,721	24.6
자본				
자본금	1,488,993	2.0	1,488,993	2.1
자본잉여금	4,012,033	5.4	4,009,870	5.7
기타자본항목	(1,516,817)	(2.0)	(1,155,244)	(1.7)
기타포괄손익누계액	64,476	0.1	94,617	0.1
이익잉여금	49,870,324	67.2	48,137,551	69.0
자본총계	53,919,009	72.7	52,575,787	75.4
부채와자본총계	74,157,219	100.0	69,742,508	100.0

현대자동차(주)의 공통형재무상태표는 재무상태표 각 항목의 구성비를 보여준다. 2019년도말 총자산 중 유동자산은 30.1%이고, 비유동자산의 비율이 69.9%로 매우 높다. 그리고 2018년도의 유동자산 비율은 32.0%로 2019년도보다 약간 많은 비중을 차지하고 있다. 현대자동차(주)가 비유동자산의 비율이 유동자산보다 높은 것은 제조업의 특성 때문으로 보인다. 즉, 기계설비와 토지 등으로 구성되는 유형자산의 비중이 32.9%로 유동자산 전체(30.1%)보다 많다. 종속기업이나 공동기업 및 관계기업에 대한 투자도 24.8%로 총자산에서 많은 비중을 차지하고 있다. 전년도와 비교해 보면 자산항목의 구성비율에 커다란 차이를 보이고 있지는 않다.

2019년도말 총부채는 27.3%로 총자본의 72.7%에 비하여 매우 낮아 부채가 차지하는 비중이 낮은 것으로 나타났다. 부채 중 유동부채는 20.4%이고 비유동부채는 6.9%이다. 이는 현대자동차(주)는 타인자본에 의한 자금조달 의존도가 낮고 장기부채보다는 단기부채가 더 많음을 나타낸다. 단기부채는 영업활동과정에서 발생하는 매입채무(5.9%)와 미지급금(4.4%)이 많은 부분을 차지하고 있다. 차입금은 단기차입금이 4.4%로 장기차입금과 사채의 합계(1.3%)보다 더 많은 비중을 차지하고 있다. 2018년도와 비교하여 유동부채와 비유동부채의 구성비율은 커다란 변화가 없었다.

자본은 총자산(=총부채와 자본의 합계)의 72.7%를 차지하고 있어 자기자본에 의한 자본조달의 비중이 높으며 자본항목 중에서는 이익잉여금의 비중(67.2%)이 큰 것을 알 수 있다. 이는 기업의 영업활동 결과 획득한 이익의 재투자 비중이 매우 높음을 보여준다.

2개 연도의 수직적 분석 결과를 비교하면 자산이나 부채 및 자본의 비중이 전년 대비 큰 변동 없이 유사하게 나타남을 알 수 있다.

하지만 앞의 수평적 분석과 비교하면 유동자산 중 현금및현금성자산이나 매출채권의 금액은 상당한 비율로 증가하였으나 그 구성비율에는 커다란 변화가 없음을 알 수 있다. 이처럼 수평적 분석에서는 절대적 크기의 변동을 파악할 수 있는 반면, 수직적 분석에서는 총자산에서 차지하는 비율의 변동을 파악할 수 있어 수평적 분석과 수직적 분석의 결과나 나타내는 내용이 다르다. 따라서 두 분석방법의 결과를 적절히 종합하여 기업의 재무상태를 분석하는 것이 필요하다.

현대자동차(주)의 경영성과에 대한 수직적 분석을 위해 2018년도와 2019년도의 포괄손익계산서를 공통형포괄손익계산서로 전환하여 표시하면 〈표 11-5〉와 같다.

손익계산서의 수직적 분석 결과 매출액 대비 매출원가의 비중은 82%이며 매출총이익은 18.0%이다. 이는 100원의 매출 중 매출원가가 차지하는 비중이 82원이며 매출총이익은 18원이라는 것을 의미한다. 그리고 판매비와 관리비가 14.8%로 매출총이익에서 판매비와 관리비를 뺀 영업이익은 매출액 대비 3.2%임을 알 수 있다. 영업외수익과 비용 항목 중 금융수익이 매출액 대비 3.2%로 금융활동에서 획득한 수익이 영업이익과 비슷한 비중을 차지하고 있음을 알 수 있다. 이를 2018년도와 비교하면 2018년도에는 매출원가가 84.3%로 2019년도보다 2.3% 높아 매출총이익이 15.7%였으며 판매비와 관리비도 2019년도보다 1% 높은 15.8%였다. 따라서 현대자동차(주)는 2018년도에 0.1%의 영업손실을 나타내고 있다.

2019년도의 매출액 대비 당기순이익(당기순이익률)의 비중은 5.8%로 전년도의 1.0%에 비하여 4.8% 개선되었는데, 이는 2018년도 대비 매출원가(2.3%)와 판매관리비(1.0%)의 절감과 금융수익(0.7%)의

〈표 11-5〉 수직적 분석 : 포괄손익계산서

포괄손익계산서

제52기 2019.1.1부터 2019.12.31까지

현대자동차(주) 제51기 2018.1.1부터 2018.12.31까지 (단위 : 백만원)

과 목	제52기		제51기	
	금 액	비율(%)	금 액	비율(%)
매출액	49,155,693	100.0	43,160,108	100.0
매출원가	40,324,396	82.0	36,403,490	84.3
매출총이익	8,831,297	18.0	6,756,618	15.7
판매비와관리비	7,251,133	14.8	6,815,940	15.8
영업이익(손실)	1,580,164	3.2	(59,322)	(0.1)
종속기업및관계기업투자손익	181,110	0.4	(191,079)	(0.4)
금융수익	1,562,521	3.2	1,076,260	2.5
금융비용	144,315	0.3	198,306	0.5
기타수익	866,840	1.8	913,634	2.1
기타비용	856,427	1.7	831,239	1.9
법인세비용차감전순이익	3,189,893	6.5	709,948	1.6
법인세비용	357,604	0.7	295,007	0.7
당기순이익	2,832,289	5.8	414,941	1.0
기타포괄손익	(66,326)	(0.1)	(532,103)	(1.2)
주당이익				
기본주당이익 (단위 : 원)				
보통주 기본주당이익 (단위 : 원)	10,749		1,536	
1우선주 기본주당이익 (단위 : 원)	10,793		1,586	

증가가 주요 요인으로 나타난다.

포괄손익계산서의 2개 연도의 수직적 분석 결과를 비교해 보면 2018년도의 영업이익과 당기순이익의 구성비율이 각각 −0.1%와 1.0%에서 2019년도에는 3.2%와 5.8%가 되어 영업이익은 적자에서 흑자로 전환되었으며 당기순이익은 1.0%에서 5.8%로 상당한 개선이 있었음을 알 수 있다. 그리고 이러한 개선의 원인이 주로 매출원가와 판매관리비의 절감 및 금융수익의 증가에 있음을 알 수 있다. 이렇게 수직적 분석을 2년 혹은 그 이상의 기간에 걸쳐 비교하면 기업의 수익 및 비용 항목들의 변화와 기업의 원가나 비용에 대한 관리활동의 성과를 파악할 수도 있다.

제 3 절 재무제표분석의 틀

3.1 경영활동과 재무제표분석

재무제표를 이용하여 기업의 상태와 성과를 분석하는 목적은 기업의 성과를 평가하는 데 있다. 앞에서 살펴본 것처럼 재무제표를 통하여 기업의 성과를 평가하는 방법은 구분기준에 따라 금액분석과 비율분석, 혹은 수평적 분석과 수직적 분석으로 구분된다. 이 중 대표적이며 전통적으로 많이 사용되는 기법이 비율분석이다.

기업에 대한 재무제표분석은 다양한 의사결정에 활용될 수 있다. 기업의 과거 및 현재 성과를 분석한 결과는 미래 (재무)성과 예측의 기초가 된다. 기업의 미래에 대한 예측은 기업의 가치가 얼마나 될 것인가를 평가하는 가치평가에 활용될 수 있으며, 매입채무나 차입금의 원금이나 이자를 지급할 여력이 얼마나 되는가를 평가하여 기업의 지급능력이나 신용도를 평가하는 데 이용될 수 있다. 더 나아가서 기업에 대한 (재무)분석의 결과는 인수·합병이나, 경영자의 재무정책 결정 등에 유용하게 활용될 수 있다.

기업의 재무제표분석이 대표적으로 활용되는 부분은 기업의 가치

[그림 11-1] 수익성과 성장의 동력

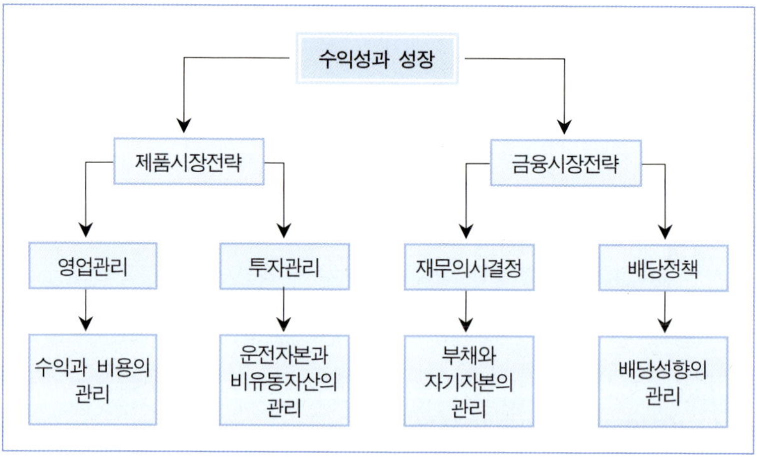

를 평가하는 부분이다. 기업의 가치는 경영자의 경영활동 결과 나타나는 수익성과 성장에 의해 결정된다. [그림 11-1]에서 보듯이 기업의 수익성과 성장은 기업의 제품시장 및 금융시장 전략에 의해 영향을 받는다.[7] 기업의 경영자는 효율적으로 자원을 조달하고 운용하여 기업의 성과(수익)를 극대화시키고 기업을 계속 성장시키려 한다. 이를 위해 경영자는 자원의 조달과 운용에 대한 최적의 의사결정을 하려 한다.

경영자는 소유주(주주)와 채권자로부터 효율적으로 자원을 조달할 뿐 아니라 조달된 자원을 효율적으로 활용하여 기업의 영업성과를 최대화시키려 한다. 자원의 효율적 조달은 자원의 조달비용을 최소화시키는 의사결정을 하는 것과 연결된다. 조달비용을 최소화하기

7 비율분석의 체계는 다음 문헌에 기초하여 기술하였다.
K. G. Palepu, P. M. Healy, V. L. Bernard, and E. Peek. 2019. *Business Analysis and Valuation*. 5th edition. Cengage Learning.

위해서는 기업의 이익 중 얼마나 소유주에게 돌려줄 것인지, 필요한 자금은 외부에서 차입할 것인지 아니면 소유주에게서 추가 출자를 받을 것인지를 결정해야 하며 이는 제1장에서 살펴본 기업활동의 분류 중 재무활동과 관련된다.[8] 자금조달과 관련된 재무의사결정과 배당정책은 비용을 최소화하는 경영의사결정과 관련되는 것으로 경영자의 금융시장전략에 의하여 결정된다.

경영자는 비용을 부담하고 조달한 자금을 효율적으로 운용하여 조달비용 이상의 수익을 얻도록 해야 한다. 경영자는 조달된 자원으로 기업의 산출물(제품)에서 적절한 판매이익을 달성해야 하며 산출물(제품)의 생산을 위해 투자된 자원(예를 들어 기계설비)을 효율적으로 활용하여 성과를 높여야 한다. 즉, 경영자는 조달된 자원으로 산출물(제품)을 효율적으로 생산하여 판매하기 위해 생산설비나 운전자본을 적절하게 관리해야 하며 이를 활용하여 생산된 산출물(제품)을 원가 이상에 판매하여 이익을 창출해야 한다. 조달된 자원을 활용하는 부분은 수익을 창출하는 의사결정과 관련되는 것으로 제1장에 살펴본 기업활동의 분류 중 영업활동 및 투자활동과 관련된다. 영업관리와 투자관리는 기업의 이익을 창출하는 것으로 제품시장전략에 의하여 결정된다.

이처럼 기업의 성과는 자금의 조달과 관련된 금융시장전략과 자

8 기업이 채권자에게서 자금을 차입하는 것은 이자비용이 발생한다. 그와 마찬가지로 소유주(주주)에게서 자금을 조달하기 위해서는 소유주(주주)에게 적절한 보상(주주의 경우 배당이나 주가 상승)이 있어야 한다. 기업의 입장에서 이자나 배당은 모두 자금조달비용에 해당한다. 기업의 이익을 배당하지 않고 기업이 재투자하여 활용하는 것(이를 사내유보라 한다)도 기업의 입장에서 비용이 발생한다. 소유주(주주)에게 경영성과를 돌려주지 않고 사내에 유보하여 재투자하는 것이 정당화되려면 재투자의 성과가 소유주가 성과를 인출하여 다른 곳에 사용하는 것보다 더 커야 한다. 즉, 기업의 입장에서는 사내유보를 정당화하는 비용은 소유주가 다른 곳에 투자하여 얻는 투자수익(기회비용)이다. 이처럼 기업의 자금조달은 모두 비용이 발생한다.

금의 운용과 관련된 제품시장전략에 의하여 결정된다. 따라서 기업의 경영성과 평가는 금융시장전략의 성과와 제품시장전략의 성과를 종합적으로 반영하여야 한다.

3.2 전반적 수익성의 측정과 경영활동 성과

3.2.1 자기자본이익률

위에서 살펴본 것처럼 기업의 성과는 금융시장전략과 제품시장전략에 관련된 의사결정 성과를 종합적으로 판단하여 측정한다. 그리고 금융시장전략과 제품시장전략은 제1장에서 살펴본 기업활동(재무활동, 영업활동, 그리고 투자활동)과 연결된다. 따라서 기업의 성과는 기업활동의 성과를 모두 내포하는 전반적인 성과의 평가에서 출발하여, 전반적인 성과를 기업활동의 영역별로 분해하여 분석하는 방법이 사용되고 있다.[9]

기업의 전반적인 수익성을 측정하는 포괄적 성과지표는 **자기자본이익률**(return on equity : ROE)이다. 자기자본이익률은 다음과 같이 계산된다.

$$\text{자기자본이익률}(ROE) = \frac{\text{당기순이익(또는 포괄이익)}}{\text{자기자본}}$$

위 식에서 보는 것처럼 자기자본이익률은 기업의 소유주(주주)들

9 앞에서 살펴본 것처럼 재무제표분석은 금액분석과 비율분석으로 나누어진다. 그런데 기업의 성과평가에는 비율분석을 주로 사용하고 있다. 따라서 여기와 다음의 제12장에서는 비율분석을 중심으로 기술한다.

이 출자한 자금을 활용하여 기업이 얼마만큼의 이익을 달성하였는지를 나타내는 것으로 기업의 성과를 나타내는 포괄적인 성과지표가 된다.

3.2.2 자기자본이익률의 분해

기업의 ROE는 두 가지 요소에 의해 영향을 받는다. 첫째는 기업이 조달된 자원을 활용하여 어떠한 성과를 이루었는지를 나타내는 것이다. 자원의 활용 성과는 제품시장전략의 성과와 관련된다. 둘째는 자본조달과 관련된 성과로 자기자본을 기초로 기업에 필요한 자원을 어떻게 조달하였는가와 관련된다. 이것은 자산규모(조달된 총자원)가 자기자본에 비해서 얼마나 큰지를 측정하는 것으로 금융시장전략의 성과와 관련된다.

자본의 조달(금융시장전략)과 자본의 운용(제품시장전략)의 효과가 전반적인 성과평가지표인 자기자본이익률과 어떻게 연결되는지를 이해하기 위해 자기자본이익률(ROE)을 총자산이익률과 재무레버리지의 측정치로 분해한다.

$$ROE = \frac{\text{당기순이익}}{\text{자기자본}} = \frac{\text{당기순이익}}{\text{총자산}} \times \frac{\text{총자산}}{\text{자기자본}}$$

위의 식에서 보는 것처럼 ROE는 투입자산(총자산)에 대한 성과(당기순이익)와 자기자본 대비 총자산(=부채+자본)으로 나눌 수 있다. 여기에서 총자산에 대한 성과는 투하된 자원으로 획득한 이익을 나타내는 것으로, 제품시장전략의 결과(영업 및 투자관리 성과)를 나타낸다. 그리고 자기자본 대비 총자산의 비율은 기업의 소유주(주주)

에 의하여 투하된 자원 1원에 대하여 얼마의 총자산(부채와 자산의 합계)을 운용하고 있는지를 나타내는 것으로 자원의 조달의사결정인 금융시장전략의 성과를 나타낸다. 소유주(주주)를 통해 조달된 자원 대비 얼마나 많은 자원을 동원할 수 있는지를 나타내는 지표이다.

제품시장전략의 성과인 총자산 대비 당기순이익은 **총자산이익률**(return on assets : ROA)로 부른다. 총자산이익률은 기업이 투자된 자산 1원당 창출할 수 있는 순이익을 나타내며, 다시 다음과 같이 두 요소의 곱으로 분해될 수 있다.

$$ROA = \frac{\text{당기순이익}}{\text{총자산}} = \frac{\text{당기순이익}}{\text{매출액}} \times \frac{\text{매출액}}{\text{총자산}}$$

이처럼 총자산이익률은 매출액에 대한 순이익의 비율과 총자산에 대한 매출액 비율로 구분된다. 매출액에 대한 순이익의 비율은 순이익률 또는 **매출액순이익률**(return on sales : ROS)이라고 한다. 매출액순이익률은 기업이 매출 1원당 얼마의 순이익을 남길 수 있는지를 나타내는 것으로 판매한 대가 중 순이익이 어느 정도인지를 나타낸다. 매출액순이익률은 결국 제품시장전략의 하부영역인 영업관리의 성과를 나타낸다([그림 11-1]). 그리고 총자산에 대한 매출액 비율은 **총자산회전율**(assets turnover)이라고 한다. 총자산회전율은 기업이 자산 1원을 사용하여 얼마의 매출을 실현할 수 있는지를 나타내는 것으로 자원을 얼마나 효율적으로 활용하여 투하된 자원으로 어느 정도의 산출물(매출)을 창출하였는지를 나타낸다. 이는 자산의 활용도를 나타내는 것으로 제품시장전략의 하부영역인 투자관리의 성과를 나타낸다([그림 11-1]).

ROE의 또 다른 구성요소인 자기자본 대비 총자산의 비율은 다음과 같이 표시할 수 있다.

$$\text{재무레버리지} = \frac{\text{총자산}}{\text{자기자본}} = \frac{\text{부채}+\text{자기자본}}{\text{자기자본}}$$

재무레버리지는 자기자본 1원을 투하하여 자기자본의 몇 배에 해당하는 자금을 조달하였는지를 나타내는 것으로 자기자본과 타인자본의 구성비율과 자기자본의 조달방법(사내유보와 유상증자)과 관련된 의사결정에 의하여 영향을 받는다. 즉, 재무레버리지는 금융시장 전략과 관련되는 것으로 재무의사결정과 배당정책(사내유보 정책)의 성과를 반영한다.

이처럼 기업의 전반적인 성과지표로서 자기자본이익률(ROE)은 기업활동의 성과를 모두 반영하여 나타난 성과라는 측면에서 기업활동의 종합적 성과지표로 간주된다. 즉, 자기자본이익률은 기업활동의 세 영역인 영업활동, 투자활동, 그리고 재무활동의 성과를 모두 반영하는 종합성과지표로서의 역할을 한다.

생각해 볼 문제

(1) 재무제표이용자 집단별로 재무제표분석의 목적이 어떻게 달라질 수 있는지 설명하시오.

(2) 재무제표분석에서 비교대상기준이 필요한 이유는 무엇이며 재무제표분석 목적에 따라 어떠한 기준이 적절한지 논의해 보시오.

(3) 재무제표분석방법 중 금액분석과 비율분석의 장단점을 설명하시오.

(4) 재무제표분석에서 수평적 분석과 수직적 분석의 장단점을 설명하시오.

(5) 재무제표분석에서 분석대상(금액분석과 비율분석)과 분석시점(수평적 분석과 수직적 분석)이 어떻게 결합될 수 있는지 논의해 보시오.

(6) 기업의 수익성과 성장에 영향을 주는 요인들을 자금의 조달과 운용이라는 측면에서 설명해 보시오.

(7) 자기자본이익률이 기업의 종합성과지표가 될 수 있는 이유를 설명해 보시오.

HAPTER 12

재무비율분석

기업(경영자)의 성과를 기업(경영자)의 활동에 따라 재무활동과 투자활동의 성과로 구분할 수 있다. 기업의 재무활동과 투자활동의 성과는 자기자본이익률을 영업활동 성과요소와 재무활동 성과요소로 구분하여 분석할 수 있다.

본장에서는 우선 비율분석의 개념과 체계를 살펴보고, 구체적인 비율분석의 내용으로 수익성 비율, 안정성 비율, 성장성 비율, 그리고 기타 비율에 대하여 살펴본다.

제 1 절 비율분석의 개념과 체계

1.1 비율분석의 개념

재무제표의 정보는 있는 그대로 활용될 수도 있지만 의사결정자들의 목적에 맞게 적절히 가공되어 사용된다. 재무제표를 이용하여 의사결정자에게 의미 있는 정보를 도출하기 위해서 여러 가지 분석방법이 이용된다. 제11장에서 설명한 수평적 분석과 수직적 분석도 이런 방법 중의 하나이다. 정보이용자들은 여러 분석방법에 의하여 창출된 정보들의 장점과 단점을 파악하고 정보들의 의미를 종합적으로 판단하여 의사결정에 활용하여야 한다. 따라서 어느 한 방법에 의하여 창출된 정보만을 활용하는 것은 지양해야 한다. 그리고 특정 분석방법이 다른 방법보다 우수하다고 할 수 없다.

정보이용자들이 가장 쉽게 이용할 수 있는 재무제표분석방법 중의 하나가 비율분석이다. 비율분석은 두 개 이상의 재무제표 항목들을 서로 대비시켜 의미 있는 비율을 계산하고, 이를 통하여 기업(경영)활동의 성과를 평가하는 방법이다. 예를 들면, 재무상태표상의 유동부채와 유동자산을 대비시켜 유동비율을 계산하고, 이를 통하여 기업의 재무위험(단기부채 상환능력)을 평가할 수 있다. 의사결정자에게 유용한 의미 있는 재무비율들은 공시된 재무제표를 통하여 쉽게 계산할 수 있다. 따라서 비율분석은 이해관계자들이 비교적 쉽게 사용할 수 있어서 오래전부터 유용하게 활용되어 왔다. 비율분석은 주로 현재 및 과거의 재무제표를 기본 자료로 활용하고 있으며,

비율분석의 결과는 투자종목의 선정, 기업의 가치평가, 신용평가에 의한 대출의사결정 등 여러 의사결정에 기초적인 자료로서 다양하게 활용되고 있다.

비율분석은 다른 분석의 출발점이 되기도 하며 일반적으로 가장 많이 활용되는 방법이다. 비율분석도 기업(경영자)의 활동과 연결하여 성과를 평가하게 된다. 기업(경영자)의 활동은 자금의 조달 및 운용과 관련되는 것으로, 비율분석도 자금의 조달 및 운용과 관련하여 구분될 수 있다.

1.2 재무비율분석의 구분

비율분석은 재무제표를 이용하여 기업(경영자)의 활동성과를 분석하는 것이다. 따라서 비율분석은 자금의 조달과 운용의 성과를 판단하는 데 활용될 수 있는 비율들을 계산하여 해석하는 것과 관련된다.

경영자는 위험을 최소화하면서 낮은 비용으로 자금을 조달하여야 하며 조달된 자금을 효율적으로 사용하여 수익을 창출하여야 한다. 이러한 측면에서 비율분석은 기업의 지불능력을 판단하는 재무위험 분석비율과 조달된 자원을 효율적으로 활용하여 적절한 수익을 얻고 있는지를 판단하는 수익성 분석비율로 구분될 수 있다. 그리고 기업의 성장이나 기업의 가치(주가) 등의 수준을 평가하는 비율들도 있다.

재무위험 분석비율은 기업의 장·단기 지급능력을 판단하는 데 사용되는 비율들로 단기지급능력을 나타내는 유동성 비율과 장기지급능력을 나타내는 안정성 비율(또는 레버리지비율이라 함)로 세분할 수 있다. 또한 수익성 분석비율은 순수하게 판매활동의 결과 나타나는 수익(비용)을 분석하는 수익성 비율과 투하된 자원을 얼마나 효율적으로 활용하였는지를 나타내는 활동성 비율로 세분할 수 있다.

물론 특정 범주에 속하는 비율은 그 범주의 의미만 파악하는 데 활용되는 것은 아니다. 예를 들어 활동성 비율에 속하는 비율은 활동성의 평가에만 활용되는 것이 아니다. 활동성 비율에 속하는 항목은 활동성을 나타내는 지표일 뿐만 아니라 다른 의미로 해석되기도 한다. 그리고 활동성 비율은 다른 비율들과 동시에 고려되어 더 큰 종합적 의미를 파악하는 데 활용되기도 한다. 즉, 매출채권회전율과 같은 활동성 비율은 기업의 유동성을 파악하는 데에도 이용되고 있다.[1] 이런 관계는 모든 재무비율에 적용된다.

〈표 12-1〉은 재무비율의 구분과 그 내용을 나타내고 있다.

〈표 12-1〉 재무비율의 구분

구 분	내 용
재무위험 분석비율	(1) 유동성 비율 : 기업의 유동부채 상환능력을 평가하는 데 이용 (2) 안정성 비율 : 장기지급능력으로 장기채권자나 주주에 대한 보호도 측정에 이용
수익성 분석비율	(3) 수익성 비율 : 기업의 수익성을 평가하는 데 이용 (4) 활동성 비율 : 자산의 효율적 운용에 대한 평가에 이용
기타	(5) 기타 비율 : 주가수익비율, 배당성향 등

1 매출채권회전율은 매출액을 평균매출채권으로 나눈 값으로 매출채권(외상매출금 포함)을 얼마나 효율적으로 회수하고 관리하는가를 나타내는 비율인 동시에 "365일÷매출채권회전율"의 식으로 매출채권이 회수되는 평균일수를 계산하여 기업의 유동성(단기지급능력)을 평가하는 데에도 활용될 수 있다.

제 2 절 재무위험 분석비율

재무위험을 분석하는 비율은 기업의 장단기 지급능력을 평가하는 비율과 관련이 있다. 기업의 단기지급능력을 판단하는 지표로는 유동성 비율이 있으며, 유동성 비율의 대표적인 비율로 유동비율과 당좌비율을 들 수 있다. 반면, 기업의 장기지급능력을 판단하는 지표로는 안정성 비율이 있으며, 안정성 비율의 대표적인 비율로 부채비율과 이자보상비율을 들 수 있다.

2.1 유동성 비율

유동성 비율은 기업의 단기자금 상환능력을 평가하는 것과 관련되는 비율들이다. 구체적으로 기업이 1년 이내에 상환하여야 할 부채인 유동부채의 지급능력을 평가하는 지표이다. 대표적인 유동성 비율로는 유동비율과 당좌비율을 들 수 있다.[2]

2.1.1 유동비율

유동비율(current ratio)은 유동부채 총액에 대한 유동자산 총액의 비율로 유동성 비율 중 가장 널리 사용되어 온 비율이다. 유동비율은 유동자산을 유동부채로 나누어 계산하는 것으로, 유동비율의 계산

2 물론 기업의 단기지급능력을 평가하는 지표로는 유동비율과 당좌비율 이외에 다른 비율들도 존재한다.

식은 다음과 같다.

$$유동비율 = \frac{유동자산}{유동부채}$$

유동부채는 1년 내에 만기가 도래하여 상환해야 하는 부채이고, 유동자산은 현금과 1년 내에 소비되거나 현금화되는 자산으로 구성되어 있다. 그러므로 유동자산이 유동부채보다 충분히 많다면 유동성이 확보된 것으로 평가되고 있다.

현대자동차(주)와 동일산업에 속하는 기아자동차(주)의 2017년도에서 2019년도까지의 연도별 유동비율과 동일기간 동안의 자동차 제조업의 유동비율은 〈표 12-2〉와 같다.[3]

〈표 12-2〉 연도별 유동비율(%)

	2017	2018	2019
현대자동차(주)	224.88	175.27	147.51
기아자동차(주)	167.13	159.73	139.32
자동차 제조업	191.32	164.16	140.79

현대자동차(주)의 유동비율은 연도별로 점차 감소하고 있으며

3 산업의 분류는 여러 방법이 있다. 본장에서는 산업의 분류를 한국표준산업분류코드(KSIC)를 기준으로 정한다. 한국표준산업분류코드는 상세 정도에 따라 대분류, 중분류, 소분류, 세분류, 세세분류로 구분되는데, 본장에서는 세분류에서 자동차 제조업(C30120)의 재무비율을 산업의 재무비율로 사용한다. 그리고 본장에서의 산업 및 각 기업의 재무비율은 NICE평가정보(주)의 KISVALUE에서 제공하는 재무비율을 사용한다.

2019년도에는 상당한 감소를 보이고 있으나 동종산업에 속하는 기아자동차(주)의 유동비율과 산업 전체의 유동비율보다는 높다. 하지만 산업 전체적으로 유동비율이 점차 감소하고 있으며, 2019년도에는 상당한 감소를 보이고 있다. 이는 자동차 제조업에 속하는 기업의 단기지급능력이 전반적으로 나빠지고 있음을 의미한다.

그런데 비교적 낮은 유동비율은 기업의 단기지급능력에 문제가 있음을 의미하는가? 비율이 100%보다 크면 문제가 없는 것인가? 유동비율은 산업에 관계없이 100%를 기준으로 평가해도 되는 것인가? 여기에서 주의할 점은 유동비율이 유동성을 평가하는 하나의 방법에 불과한 것이지 유동성에 관한 전체 문제를 다 해결해 주는 것은 아니라는 것이다. 그리고 유동비율은 산업의 특성에 따라 큰 차이가 있다는 것도 고려할 필요가 있다. 그리고 유동자산에는 아직 처분되지 않은 재고자산이 포함되어 있다. 따라서 유동비율뿐만 아니라 아직 처분되지 않은 재고자산이 유동성 분석에 미치는 영향도 고려할 필요가 있다.

그리고 유동비율을 포함하는 재무비율은 제11장에서 살펴본 것처럼 기간별로 비교, 산업평균과 비교, 기업간 비교, 그리고 목표치 또는 이상치와의 비교와 같은 여러 비교기준을 전반적으로 활용할 수 있다.

2.1.2 당좌비율

재고자산, 특히 원료와 재공품의 경우에는 제조 및 판매 이후에 현금이나 매출채권과 같은 자금의 유입항목으로 전환된다. 이들을 완제품으로 완성하는 데 얼마나 걸리는지 또한 제품의 판매로 얼마만큼의 현금이 유입될 것인지를 정확히 예측하는 데 어려움이 있다.

따라서 유동자산에서 재고자산을 제외시키는 것이 단기채권자들에게 단기지급능력에 대한 좀 더 나은 정보를 제공할 수 있다. 분석가들은 이러한 상황을 고려하여 유동자산에서 재고자산을 제외한 금액과 유동부채를 대비시킨 비율인 **당좌비율**(quick ratio)을 선호하기도 한다.[4] 당좌비율의 계산식은 다음과 같다.

$$\text{당좌비율} = \frac{\text{유동자산} - \text{재고자산}}{\text{유동부채}}$$

현대자동차(주)와 동일산업에 속하는 기아자동차(주)의 2017년도에서 2019년도까지의 연도별 당좌비율과 동일기간 동안의 자동차 제조업의 당좌비율은 〈표 12-3〉과 같다.

〈표 12-3〉 연도별 당좌비율(%)

	2017	2018	2019
현대자동차(주)	201.83	152.79	127.28
기아자동차(주)	150.18	141.57	123.84
자동차 제조업	171.03	143.31	122.30

현대자동차(주)의 당좌비율은 2017년도 201.83%에서 2019년도 127.28%로 감소하였으며 동종산업에 속하는 기아자동차(주)의 당좌비율도 감소하였다. 현대자동차(주)의 당좌비율은 산업 전체 및 기

4 선급비용은 이미 지급된 것으로 추후 현금과 같이 지불가능한 자금으로 유입되지 않는다. 따라서 선급비용과 함께 재고자산을 유동자산에서 제외시켜 당좌비율을 계산하는 경우도 있다. 여기에서는 유동자산에서 재고자산을 제외시켜 당좌비율을 계산하는 방식을 이용하여 설명한다.

아자동차(주)보다는 높다. 하지만 산업 전체적으로 유동비율에서처럼 당좌비율도 점차 감소하고 있어 자동차 제조업에 속하는 기업의 단기지급능력이 전반적으로 나빠지고 있음을 알 수 있다.

당좌비율이 100% 이상이라는 것은 재고자산을 제외하더라도 단기간 유입된 자금으로 유동부채를 지급할 수 있는 능력이 있음을 보여준다.

2.2 안정성 비율

안정성 비율은 기업의 장기지급능력을 평가하는 비율로 레버리지비율 또는 보상비율이라고도 한다. 안정성 비율은 유동성 비율과 함께 기업의 장단기 지급능력을 평가하는 재무위험 평가의 한 요소가 된다. 기업의 장기지급능력은 만기가 1년 이내에 도래하지 않는 부채의 지급과 관련된 것으로 기간이 장기이므로 원금의 지급뿐만 아니라 이자지급도 고려대상이 된다. 따라서 안정성 비율은 기업의 타인자본 의존도와 부채의 원리금 지급능력을 평가하는 데 사용되는 비율이다. 기업은 성과와 관계없이 부채의 원금과 이자를 반드시 상환해야 하므로 타인자본 의존도가 높은 기업의 성과가 저조할 경우에는 지급불능위험에 처할 가능성이 커진다. 이런 점에서 레버리지 비율은 주로 기업의 신용(위험성)을 분석하는 데 사용된다.

2.2.1 부채비율

부채비율은 자기자본에 비하여 타인자본을 조달한 정도를 나타낸다. 부채비율은 부채를 자기자본으로 나눈 것으로 채권자의 이익을 해하지 않고 손실을 견디어 낼 수 있는 기업의 능력에 대한 정보를 제공해 준다. 즉, 부채비율은 기업이 손실을 경험하여 자본이 감소할 경우 자기자본으로 그것을 감내할 수 있는 능력을 판단하는 정보를 제공해 준다. 부채비율이 낮으면 낮을수록 기업이 지급불능이 되기 전에 채권자에게 지급가능한 금액이 많아지므로 채권자의 입장에서는 부채비율이 낮은 것이 바람직하다. 부채비율의 계산식은 다음과 같다.5

$$부채비율 = \frac{부채}{자본} = \frac{타인자본}{자기자본}$$

현대자동차(주)와 동일산업에 속하는 기아자동차(주)의 2017년도에서 2019년도까지의 연도별 부채비율과 동일기간 동안의 자동차 제조업의 부채비율은 〈표 12-4〉와 같다.

〈표 12-4〉 연도별 부채비율(%)

	2017	2018	2019
현대자동차(주)	29.33	32.65	37.53
기아자동차(주)	69.50	65.13	61.11
자동차 제조업	42.80	44.11	46.65

현대자동차(주)의 부채비율은 2017년도 29.33%에서 2019년도 37.53%로 증가하였으나 산업평균에 비하여는 높지 않다. 반면 기아

5 실무에서는 간혹 분모에 자본 대신 총자산을 사용하기도 한다. 이 경우 자본잠식이 없는 정상적인 기업의 부채비율은 항상 1(100%)보다 작다.

자동차(주)는 2017년도 69.50%에서 2019년도 61.11%로 감소하였으나 산업평균보다는 높은 편이다. 그런데 부채비율은 기업의 추가적인 자금조달능력에도 큰 영향을 미친다. 현대자동차(주)는 산업평균에 비하여 부채비율이 낮기 때문에 다른 조건이 동일하다면 부채를 통한 추가적 자금조달의 여력이 있다고 할 수 있다. 이것은 기업이 수익성이 있는 사업아이템이 있을 경우 필요한 자금을 조달할 여력이 있다는 것으로 미래의 성장가능성이 있음을 의미하기도 한다.

2.2.2 이자보상비율

이자보상비율은 영업을 통한 자금의 유입이 이자의 몇 배나 되는지를 나타내는 것으로 기업의 이자지급능력을 평가하는 지표이다. 즉, 이자보상비율은 영업활동을 통하여 유입된 현금(영업활동 현금흐름)이나 포괄손익계산서에서 계산된 영업이익을 이자비용으로 나눈 값으로 계산된다. 어떤 경우는 법인세비용차감전순이익을 이자비용으로 나누어 계산하기도 한다. 이처럼 이자보상비율은 기업의 영업성과를 통하여 유입된 자금(현금 혹은 이익)이 이자의 몇 배에 해당하는지를 계산한다. 따라서 이자보상비율이 1(혹은 100%) 이상이라면 영업으로 조달된 자금이 이자에 필요한 자금 이상이라는 것을 의미하는 반면, 이자보상비율이 1(혹은 100%) 미만이라는 것은 영업으로 조달된 자금으로 이자를 지급하기에도 충분하지 않다는 것을 의미한다. 따라서 이자보상비율이 낮다는 것은 이자를 지급하기 위하여 외부에서 추가적인 자금을 조달해야 한다는 신호로 받아들여질 수 있다.

이자보상비율은 분자에 어떤 항목을 사용하는가에 따라 다양한 방법으로 측정, 활용되고 있다. 대표적으로 사용하는 영업활동현금흐름이자보상비율의 계산방법은 다음과 같다.[6]

$$\frac{\text{영업활동현금흐름}}{\text{이자보상비율}} = \frac{\text{영업활동 현금흐름} + \text{이자비용} + \text{법인세납부액}}{\text{이자비용}}$$

현대자동차(주)와 동일산업에 속하는 기아자동차(주)의 2017년도에서 2019년도까지의 연도별 영업활동현금흐름이자보상비율과 동일기간 동안의 자동차 제조업의 영업활동현금흐름이자보상비율은 〈표 12-5〉와 같다.[7]

〈표 12-5〉 연도별 영업활동현금흐름이자보상비율(배)

	2017	2018	2019
현대자동차(주)	24.76	10.65	41.93
기아자동차(주)	17.47	16.28	21.87
자동차 제조업	20.95	14.03	30.54

현대자동차(주)의 영업활동현금흐름이자보상비율은 2017년도 24.76배, 2018년도 10.65배, 그리고 2019년도 41.93배로 연도별로 변동이 크며 2018년도는 산업의 평균 14.03배보다 낮다. 이는 2018년도의 당기순이익이 다른 연도에 비하여 매우 낮으며 그 결과 영업

6 분자에 영업이익을 사용하는 경우 '영업이익이자보상비율'로 불리고, 분자에 법인세비용차감전순이익을 사용하면 '법인세비용차감전순이익이자보상비율'로 불린다. 각각의 계산방법은 다음과 같다.

$$\text{영업이익이자보상비율} = \frac{\text{영업이익}}{\text{이자비용}}$$

$$\text{법인세비용차감전순이익이자보상비율} = \frac{\text{법인세비용차감전순이익} + \text{이자비용}}{\text{이자비용}}$$

7 여기에서 제시되는 KISVALUE의 이자보상비율 값은 %가 아닌 현금유입을 지급이자로 나눈 비율(배)을 나타낸다.

을 통하여 창출된 현금흐름이 낮기 때문이다. 반면 2019년도에는 영업활동현금흐름이자보상비율이 41.93배로 큰 폭으로 증가하였다. 기아자동차(주)는 2017년도 17.47배에서 2019년도 21.87배로 점차 증가하고 있으나 2018년도를 제외하고 산업평균보다 낮은 수준이다.

제 3 절 수익성 분석비율

수익성 분석비율은 일정 기간 동안 기업의 성과를 평가하는 지표로, 기업이 일정 기간 동안 얼마나 경영을 잘하였는가를 평가하는 데 사용하는 비율이다. 기업의 수익성은 기업의 주요 활동에 따른 성과를 나타내는 것으로 기업의 지급능력에 영향을 미칠 뿐만 아니라 차입금조달이나 주식발행과 같은 자금의 조달 및 기업의 미래 성장가능성에도 영향을 미치는 기업의 핵심요소이다. 그러므로 경영분석가들뿐만 아니라 기업이해관계자들의 주요 관심사는 수익성이라 할 수 있다.

기업의 수익성을 평가하는 수익성 분석비율은 기업의 산출물의 판매나 자원의 투입을 통하여 얼마의 이익을 달성했는지를 평가하는 비율로, 대표적인 비율로는 제11장에서 전반적인 성과를 측정하는 지표로서 재무제표분석의 틀에서 출발점이 되었던 자기자본이익률과 자기자본이익률의 분해요소로 제품시장전략 중 영역관리의 성과를 평가하는 지표로 활용되는 매출액이익률과 총자산이익률을 들 수 있다.

3.1 자기자본이익률

앞의 제11장에서 살펴본 것처럼 **자기자본이익률**은 기업의 전반적 성과를 평가하는 종합성과지표로 당기순이익을 평균자기자본(평균자본, 평균순자산)으로 나눈 값이다. 자기자본이익률의 계산식은 다음과 같다.

$$\text{자기자본이익률} = \frac{\text{이익}}{\text{평균자기자본}}$$

자기자본이익률의 분자는 일정 기간 동안의 기업의 성과(이익)를 나타내는 유량(flow)의 개념인 반면, 분모는 일정 시점의 기업의 투하자금을 나타내는 저량(stock)의 개념이다. 따라서 유량과 저량을 대비시키기 위해서는 저량에 해당하는 자기자본에 대한 일정 기간 동안의 평균투입량을 계산해야 한다. 하지만 일정 기간 동안의 평균투입량을 계산하는 것이 거의 불가능하므로 일반적으로 기초와 기말의 평균값을 사용한다.[8] 앞의 제11장에서 살펴본 것처럼 자기자본이익률은 실제로 제품시장전략의 성과인 총자본이익률과 금융시장전략의 성과인 재무성과(재무레버리지)로 나누어진다.

---

8 분자에 해당하는 이익으로 순이익이나 포괄이익을 사용한다.

현대자동차(주)와 동일산업에 속하는 기아자동차(주)의 2017년도에서 2019년도까지의 연도별 자기자본이익률과 동일기간 동안의 자동차 제조업의 자기자본이익률은 〈표 12-6〉과 같다.

〈표 12-6〉 연도별 자기자본이익률(%)

	2017	2018	2019
현대자동차(주)	4.78	.78	5.32
기아자동차(주)	4.58	1.74	6.73
자동차 제조업	4.58	.98	5.27

현대자동차(주)의 자기자본이익률은 2017년도 4.78%, 2018년도 0.78%, 그리고 2019년도 5.32%로 연도별로 차이가 있으며 2018년도에는 매우 낮다. 2018년도에는 산업평균에 비하여 자기자본이익률이 낮고 2017년도와 2019년도는 산업평균에 비하여 약간 높다. 기아자동차(주)는 2017년도 4.58%, 2018년도 1.74%, 그리고 2019년도 6.73%로 산업평균보다 높으며, 특히 2018년도는 산업평균에 비하여 상당히 높은 성과를 보여주고 있다.

3.2 총자산이익률

총자산이익률(rate of return on assets : ROA)은 당기순이익을 평균자산총액으로 나눈 값으로 총자본이익률이라고도 한다. ROA는 기업자원의 투자에 대한 성과(이익)의 정도를 나타내는 것으로 투하자원의 활용 정도를 고려한 수익성 지표이다. 총자산이익률의 계산식은 다음과 같다.

$$총자산이익률 = \frac{당기순이익}{평균자산총액}$$

현대자동차(주)와 동일산업에 속하는 기아자동차(주)의 2017년도에서 2019년도까지의 연도별 총자산이익률과 동일기간 동안의 자동차 제조업의 총자산이익률은 〈표 12-7〉과 같다.

〈표 12-7〉 연도별 총자산이익률(%)

	2017	2018	2019
현대자동차(주)	3.65	.59	3.94
기아자동차(주)	2.76	1.04	4.12
자동차 제조업	3.20	.68	3.62

현대자동차(주)의 총자산이익률은 2017년도와 2019년도 각각 3.65%와 3.94%로 산업평균보다 높으나 2018년도에는 0.59%로 산업평균보다 낮다. 반면 기아자동차(주)의 총자산이익률은 2017년도에는 현대자동차(주)와 산업평균보다 낮지만 2018년도와 2019년도에는 높다. 이는 2018년도와 2019년도에는 투하된 자원(자산)에 비하여 높은 이익을 달성했다는 것을 의미한다.

한편, 총자산이익률은 다음과 같이 매출로 달성한 성과의 정도인 매출액순이익률과 자산의 활용 정도인 총자산회전율로 세분될 수 있다.

$$\text{총자산이익률} = \frac{\text{당기순이익}}{\text{평균자산총액}}$$

$$= \frac{\text{당기순이익}}{\text{매출액}} \times \frac{\text{매출액}}{\text{평균자산총액}}$$

$$= \text{매출액순이익률} \times \text{총자산회전율}$$

위의 식에서 보는 것처럼 총자산이익률은 매출로 달성하게 된 이익과 매출을 위해 투하한 자원을 모두 고려하여 측정된다. 즉, 총자산이익률은 매출을 통한 수익과 수익을 달성하기 위해 활용한 비용의 효율성을 측정하는 매출액순이익률과 매출을 달성하기 위한 자원의 효율적인 활용을 평가하는 총자산회전율이 결합된 성과지표이다.[9]

3.3 매출액순이익률

매출액순이익률(profit margin on sales)은 당기순이익을 순매출액으로 나눈 값으로 1원의 매출에 대하여 얼마의 순이익을 달성하였는지를 나타내는 지표이다. 매출액순이익률의 계산식은 다음과 같다.

$$\text{매출액순이익률} = \frac{\text{당기순이익}}{\text{순매출액}}$$

9 총자산회전율에 대하여는 다음 절에서 설명한다.

매출액순이익률은 산출물(제품)을 판매한 대가 중 비용을 지출한 이후에 기업이 얻는 순이익(순마진)이 얼마인지를 나타내는 것이다. 매출액순이익률은 수익에 따른 비용의 효율적인 관리를 평가하는 지표로 매출액순이익률이 높은 경우 매출이 늘어날수록 이익의 증가가 커진다. 그런데 경쟁이 치열한 경우 비용에 비하여 높은 가격으로 판매하기 어려우므로 경쟁 정도에 따라 매출액순이익률은 달라질 수 있다. 따라서 매출액순이익률은 산업에 따라 달라질 수 있다. 경쟁이 심한 산업에 속하는 기업의 경우 상대적으로 경쟁이 적은 산업에 비하여 매출액순이익률이 낮을 수 있다. 일반적으로 잡화상이나 할인코너 등의 기업들은 매출액순이익률이 낮고, 보석상이나 가구점 등과 같은 기업들은 비교적 매출액순이익률이 높다.

현대자동차(주)와 동일산업에 속하는 기아자동차(주)의 2017년도에서 2019년도까지의 연도별 매출액순이익률과 동일기간 동안의 자동차 제조업의 매출액순이익률은 〈표 12-8〉과 같다.

〈표 12-8〉 연도별 매출액순이익률(%)

	2017	2018	2019
현대자동차(주)	6.13	.96	5.76
기아자동차(주)	3.25	1.26	4.68
자동차 제조업	4.56	.96	4.70

현대자동차(주)의 매출액순이익률은 2017년도 6.13%, 2018년도 0.96%, 그리고 2019년도 5.76%로 연도별로 차이가 있으나 매년의 산업평균보다는 높다. 특히 2018년도의 매출액순이익률은 현대자동차(주)뿐만 아니라 산업의 평균도 낮다. 반면 기아자동차(주)의 매출

액순이익률은 2017년도 3.25%, 2018년도 1.26%, 그리고 2019년도 4.68%로 나타났으며 2017년도에는 산업평균에 못 미치는 성과를 보였으나 2018년도에는 산업평균보다 높은 성과를 나타내고 있다.

그런데 매출액순이익률만으로는 기업이 당해 연도 동안 얼마나 수익성이 높게 경영활동을 하였는가에 대해서 적절한 해답을 주지 못할 수 있다. 기업의 투자규모를 고려하지 않고 매출에 따른 이익만을 고려한다면 매출액순이익률은 높지만, 그 매출을 달성하기 위해 많은 자원(자산)을 투자한 경우에는 매출을 통하여 높은 이익을 창출하였지만 자원을 효율적으로 활용하지 못하지 못한 부분은 성과평가에 반영될 수 없다. 예를 들어 A기업은 매출액순이익률이 10%이고 1원의 매출을 위해 10원의 자원을 투자하였고, B기업은 매출액순이익률이 8%인 반면 1원의 매출을 위해 5원의 자원을 투자하였다고 가정해 보자. 이 경우 A기업은 투하자원 1원에 대하여 1%(=10%÷10원)의 순이익을 달성한 반면, B기업은 투하자원 1원에 대하여 1.6%(=8%÷5원)의 순이익을 달성하였다. 따라서 기업의 성과를 평가하려면 매출액순이익률(매출액 1원에 대한 순이익)뿐만 아니라 매출을 달성하기 위해 얼마나 자원을 효율적으로 사용하였는지를 함께 고려하여야 한다.

제4절 활동성 비율분석

활동성 비율(activity ratios)은 투하된 자원을 얼마나 효율적으로 사용하고 있는가를 평가하는 데 사용되는 지표이다. 활동성 비율은 기업이 자산을 얼마나 효율적으로 활용했는가를 나타내기 때문에 자산효율성 비율 또는 자산회전율이라 하기도 한다. 활동성 비율은 주로 투하된 자원으로 얼마나 많은 산출량을 창출하였는가를 측정하는 것으로 투하자원의 몇 배만큼의 수익(매출)을 달성하였는지를 측정하여 계산한다.

4.1 총자산회전율

총자산회전율(asset turnover ratio)은 기업이 사업을 위해 투자한 총자산의 몇 배에 해당하는 수익(매출)을 달성하였는지를 측정하는 것으로 총투하자원(자산)의 효율적인 사용 정도를 평가하는 지표이다. 총자산회전율은 일정 기간 동안의 순매출액을 평균자산총액으로 나눈 값이다. 이 비율은 기업의 총자산이 수익을 창출하는 데 얼마나 효율적으로 활용되었는가를 알려준다. 총자산회전율의 계산식은 다음과 같다.

$$총자산회전율 = \frac{순매출액}{평균자산총액}$$

총자산회전율은 앞에서 살펴본 자기자본이익률처럼 분자에는 유량이 사용되고 분모에는 저량이 사용된다. 즉, 총자산회전율은 분자에 유량인 순매출액을 사용하고 분모에는 저량인 자산총액을 사용하여 계산된다. 따라서 분자와 분모의 적절한 대응을 위해 분모에는 평균자산을 사용한다.

현대자동차(주)와 동일산업에 속하는 기아자동차(주)의 2017년도에서 2019년도까지의 연도별 총자산회전율과 동일기간 동안의 자동차 제조업의 총자산회전율은 〈표 12-9〉와 같다.

〈표 12-9〉 연도별 총자산회전율(배)

	2017	2018	2019
현대자동차(주)	.59	.62	.68
기아자동차(주)	.85	.83	.88
자동차 제조업	.70	.71	.77

현대자동차(주)의 총자산회전율은 2017년도 0.59배, 2018년도 0.62배, 그리고 2019년도 0.68배로 투하자원(총자산)의 약 60%에 해당하는 매출을 달성하였으며 연도별로 점차 증가하는 형태를 보이고 있으나 산업평균에 못 미치고 있다. 반면 기아자동차(주)는 3년 동안 0.83배에서 0.88배 사이의 총자산회전율을 보이고 있어 산업평균이나 현대자동차(주)보다 높다. 이는 현대자동차(주)는 기아자동차(주)에 비하여 상대적으로 자원의 회전율(효율성)이 떨어지는 것으로 해석할 수 있다. 그런데 위에서 살펴본 매출액순이익률의 경우 현대자동차(주)는 2018년도를 제외하고 기아자동차(주)와 산업평균보다 높다. 반면 총자산회전율은 현대자동차(주)가 기아자동차(주)

나 산업평균보다 낮다. 이는 수익률에서는 현대자동차(주)가 산업평균이나 경쟁기업보다 좋은 성과를 보이지만 자원의 활용은 우수하지 않다고 해석할 수 있다.

자원의 전반적인 투자효율성을 평가하는 지표로 총자산회전율과 더불어 자기자본회전율을 사용하기도 한다. 자기자본회전율은 분모에 평균자산총액 대신 평균자기자본총액을 사용하는 방법으로 소유주(주주)가 투하한 자원의 효율성을 평가하는 지표로 사용된다.

총자산회전율 계산시의 문제점은 기업이 채택하는 감가상각방법에 따라서 비율이 영향을 받는다는 점이다. 예를 들어, 다른 조건이 일정하다고 가정할 때(동일한 투하자산과 매출액을 달성한 기업의 경우) 내용연수 초기에 가속상각법을 사용하는 기업의 자산회전율은 정액법을 사용하는 기업의 자산회전율보다 높을 것이다.[10] 이러한 이유 등으로 기업의 자산활용의 효율성 평가는 이 비율과 함께 효율성 지표들을 종합적으로 고려하여야 한다.

4.2 매출채권회전율

매출채권회전율(receivables turnover ratio)은 순매출액을 평균매출채권금액으로 나눈 값으로 일정 기간 동안 매출채권금액의 몇 배에 해당하는 금액을 판매하였는지를 평가하는 지표이다. 매출채권회전율

10 가속상각법을 사용하는 기업은 정액법을 사용하는 기업에 비하여 자산의 사용 초기에 더 많은 감가상각을 하므로 장부금액(자산의 구입원가에서 감가상각누계액을 차감한 금액)이 상대적으로 적다. 따라서 분모가 더 적으므로 회전율이 높아진다.

의 계산식은 다음과 같다.

$$\text{매출채권회전율} = \frac{\text{순매출액}}{\text{평균매출채권(순액)}}$$

만일 기업이 신용판매만을 한다면 매출채권회전율은 기업이 판매한 대금 중 회수하지 못한 매출채권의 몇 배에 해당하는 금액을 판매하였는지를 나타낸다. 따라서 365일을 매출채권회전율로 나눈 값은 매출채권이 회수되는 평균일수를 나타낸다. 이 값을 매출채권회수기간이라고 하는데, 매출채권회수기간과 매출채권회전율은 신용판매정책의 평가나 매출채권 회수의 효율성을 판단하는 지표로 활용될 수 있다. 매출채권회전율을 계산하는 경우 매출채권은 총매출채권이 아닌 순매출채권(대손추정액을 제외한 금액)을 사용하며 평균매출채권은 기말과 기초의 매출채권(순액)의 평균값을 사용한다.

매출채권회전율과 매출채권회수기간은 매출채권의 특성에 관한 지표를 제공해 주며, 또한 매출채권을 회수하는 데 기업이 얼마나 효과적으로 활동했는가에 대한 정보도 제공해 준다. 매출채권회전율이 크거나 회전율기간이 빠를수록 앞서 설명한 유동비율과 당좌비율에 대한 신뢰도는 높아진다.

반면 매출채권회전율이 너무 높은 것은 문제가 될 수도 있다. 기업은 현금매출과 함께 신용매출을 하게 된다. 그런데 매출채권회전율이 높은 것은 신용매출의 비중이 상대적으로 낮아 생기는 현상일 수 있다. 즉, 기업이 현금매출의 비중을 높게 하면 매출채권회전율이 높아질 수 있다. 그런데 현금매출의 비중을 높게 하는 신용정책을 사용한다면 신용매출을 통하여 수익을 창출할 수 있는 기회가 상실될 수도 있다. 기업이 엄격한 신용정책을 사용하면 외상으로 판매할 수 있는 기회를 상실하여 더 높은 수익을 창출할 수 있는 기회를 상실할 수 있다. 따라서 매출채권회전율이 높다는 것이 항상 매출채권을 효과적으로 회수하는 것을 의미하지 않을 수도 있다.

현대자동차(주)와 동일산업에 속하는 기아자동차(주)의 2017년도에서 2019년도까지의 연도별 매출채권회전율과 매출채권회수기간 및 동일기간 동안의 자동차 제조업의 매출채권회전율과 매출채권회수기간은 〈표 12-10〉과 같다.

〈표 12-10〉 연도별 매출채권회전율 및 매출채권회수기간(배/일)

비 율	구 분	2017	2018	2019
매출채권 회전율	현대자동차(주)	11.74	12.58	11.31
	기아자동차(주)	7.51	8.8	10.47
	자동차 제조업	9.77	11.08	11.37
매출채권 회수기간	현대자동차(주)	31.09	29.01	32.27
	기아자동차(주)	48.60	41.48	34.86
	자동차 제조업	37.36	32.94	32.10

현대자동차(주)의 매출채권회전율은 11.31배에서 12.58배로 동일산업에 속하는 기아자동차(주)보다 높으며 산업평균에 비하여도 비슷하거나 높다. 매출채권회수기간도 29.01일에서 32.27일로 기아자동차(주)의 34.86일에서 48.60일보다 짧으며 산업평균보다 짧다. 이는 전체적으로 현대자동차(주)는 매출액에 비하여 매출채권의 규모가 적으며 그에 따라 매출채권의 회수기간도 짧다는 것을 의미한다. 따라서 매출채권의 회수가 산업평균보다 잘 되고 있다고 해석할 수 있다.

그런데 2018년도의 매출채권회전율은 12.58배이고 매출채권회수기간이 29.01일이다. 이는 효율적으로 매출채권을 관리한 결과로 해석할 수도 있지만 앞의 수익성 분석에서 보는 것처럼 2018년도의 현대자동차(주)의 수익성이 높지 않은 것과 함께 고려하면 매출채권회전율이 높아진 것은 판매(특히 신용판매)의 성과가 좋지 않아 생긴 현상으로 해석할 여지도 있다.

4.3 재고자산회전율

재고자산회전율(inventory turnover ratio)은 매출원가를 평균재고자산으로 나눈 값으로 일정 기간 동안 기업이 보유한 재고의 몇 배가 외부로 판매되었는지를 나타내는 지표이다. 재고자산회전율의 계산식은 다음과 같다.

$$\text{재고자산회전율} = \frac{\text{매출원가}}{\text{평균재고자산}}$$

재고자산회전율은 분자에 매출원가를 사용한다. 분모에 사용되는 평균재고자산이 원가로 평가되었기 때문에 분모와 분자의 적절한 대응을 위해 분자에 매출원가를 사용한다. 또한 분자는 유량의 개념이고 분모는 저량의 개념이므로 분모에는 평균재고자산을 사용한다.

재고자산회전율은 보유한 재고의 몇 배에 해당하는 만큼이 판매되었는가를 측정하는 것이다. 따라서 365일을 재고자산회전율로 나눈 값은 보유한 재고자산이 모두 판매되는 데 걸리는 평균일수를 나타낸다. 따라서 재고자산회전율이 높거나 평균보유기간이 짧을수록 기업은 효율적인 활동을 하고 있다고 평가된다. 그런데 재고자산의 보유는 기회비용이 발생한다. 재고자산을 보유하면 재고자산을 구입하기 위한 비용(자원의 유출)은 재고자산이 판매되어 현금으로 회수될 때까지 회수되지 않고 자산으로 잠겨 있게 된다. 재고자산을 구입한 금액을 다른 곳에 활용하여 수익을 얻을 기회를 상실한다. 따라서 되도록 재고자산을 적게 보유하려 한다. 그러나 재고자산을 너무 적게 보유하면 재고고갈비용이 발생할 수도 있다. 즉, 재고자산이 없어 판매를 못할 경우 재고자산이 있었다면 얻을 수 있는 수익(이익)만큼의 손실(기회비용)이 발생할 수 있다.

현대자동차(주)와 동일산업에 속하는 기아자동차(주)의 2017년도에서 2019년도까지의 연도별 재고자산회전율과 재고자산보유기간 및 동일기간 동안의 자동차 제조업의 재고자산회전율과 재고자산보유기간은 〈표 12-11〉과 같다.

〈표 12-11〉 연도별 재고자산회전율 및 재고자산보유기간(배/일)

비 율	구 분	2017	2018	2019
재고자산 회전율	현대자동차(주)	18.39	16.44	16.58
	기아자동차(주)	22.76	21.11	22.88
	자동차 제조업	19.87	18.08	18.61
재고자산 보유기간	현대자동차(주)	19.85	22.20	22.01
	기아자동차(주)	16.04	17.29	15.95
	자동차 제조업	18.37	20.19	19.61

현대자동차(주)의 재고자산회전율은 16.44배에서 18.39배로 기아자동차(주)나 산업평균보다 낮다. 재고자산보유기간은 19.85일에서 22.20일로 기아자동차(주)나 산업평균보다 길다. 이것은 현대자동차(주)가 상대적으로 많은 재고를 보유하고 있음을 의미한다. 매출채권회전율(매출채권회수기간)과 동시에 고려하면 일단 판매된 매출채권은 원활히 회수하고 있으나 보유한 재고자산을 판매하는 기간은 산업 내 다른 기업보다 늦다는 것을 보여준다.

그런데 재고자산회전율과 재고자산회전기간은 재고자산 전체에 대한 평균비율이라는 점을 고려하여 해석하여야 한다. 즉, 재고자산 중에는 회전율이 빠른 재고자산이 있는가 하면 회전율이 아주 느린 재고자산도 있으므로 기업이 보유한 재고의 종류와 성격도 고려하여 재고자산보유의 효율성을 판단할 필요성이 있다. 게다가 기초재고자산과 기말재고자산의 평균치를 사용하였으므로 이 수치가 해당 기간의 평균재고수준을 적절히 나타내지 못한다면 추가적으로 다른 정보를 이용해야 한다. 그리고 재고자산의 원가흐름가정도 회전율과 유동비율의 계산에 영향을 미칠 수 있다. 분석가들은 회계처리방법이 달라짐으로써 각종 비율에 미치는 영향에 대해서도 충분한 주의를 기울여야 한다.

제 5 절 기타 분석비율

지금까지 위험성과 수익성을 나타내는 대표적인 재무비율들을 살펴보았다. 그런데 기업의 활동을 평가하는 재무비율은 지금까지 살펴본 비율들 이외에도 다양한 것들이 존재한다.

특히 현대에 들어와서 자본시장과 관련된 여러 의미 있는 비율들이 개발되어 사용되고 있다. 여기에서는 자본시장과 관련된 비율들 중 상대적으로 잘 알려져 있고 많이 사용되는 대표적인 비율들을 살펴본다.

5.1 주가수익비율

주가수익비율(price earnings ratio : PER)은 주가이익비율로도 불리는 것으로 기업에 대한 투자가능성을 분석할 때 자주 인용되는 비율이다. 이 비율은 주식의 시장가격을 주당순이익으로 나눈 값으로 주식가격이 이익의 몇 배로 형성되었는지를 나타낸다. 주가수익비율의 계산식은 다음과 같다.

$$\text{주가수익비율} = \frac{\text{주식의 시장가격}}{\text{주당순이익}}$$

주가수익비율의 분자에 해당하는 주식의 시장가격은 매일매일 변한다. 반면 주당순이익은 재무제표로 공시된 정보를 사용하고 있으므로 특정 시점의 가액을 사용한다. 따라서 주가수익비율은 측정시점에 따라 달라진다.

주가수익비율은 일반적으로 보통주에 대해 측정한다. 특정 시점의 보통주의 주식가격을 보통주 주당순이익으로 나누어 계산한다.[11] 주가수익비율은 이익 1원에 대하여 주가가 얼마로 평가되었는가를 나타내는 것으로, 주가수익률이 낮다는 것은 이익 1원에 대하여 주가가 낮게 평가되고 있다는 것을 의미한다. 따라서 다른 조건이 같다면 주가수익비율이 낮은 기업은 상대적으로 주가가 낮게 평가되었다고 할 수 있다. 물론 기업마다 주가수익비율에 차이가 나는 것은 주가가 낮은 가격(혹은 높은 가격)으로 평가되어 있기 때문에 발생하기도 하지만 기업마다 위험, 이익의 안정성, 이익의 추세, 성장가능성과 같은 여러 요인이 반영된 결과이기도 하다. 따라서 주가수익률을 이용하여 주가가 높게 평가되었는지 아니면 낮게 평가되었는지를 판단하려면 개별 기업의 여러 특성을 종합적으로 고려하여 판단하여야 한다.

현대자동차(주)와 동일산업에 속하는 기아자동차(주)의 2017년도에서 2019년도까지의 회계연도말일을 기준으로 한 주가수익비율은 〈표 12-12〉와 같다.[12]

11 보통주 주당순이익은 당기순이익 중 보통주에 귀속되는 순이익(우선주 배당금 등을 제외)을 발행보통주식수로 나누어 계산한다.

12 KISVALUE에서는 산업별 주가수익비율은 제공하고 있지 않아 여기에서는 기업의 주가수익비율만 제시한다.

〈표 12-12〉 연도별 주가수익비율(배)

	2017	2018	2019
현대자동차(주)	16.46	77.15	11.21
기아자동차(주)	12.88	33.73	11.22

현대자동차(주)의 주가수익비율은 2017년도 16.46배, 2018년도 77.15배, 그리고 2019년도 11.21배로 2017년도와 2018년도에는 기아자동차(주)보다 높았고 2019년도에는 기아자동차(주)와 거의 비슷하였다. 특히 2018년도의 주가수익비율이 매우 높게 나타나고 있는데, 이는 2018년도의 주당순이익이 낮기 때문이다.

5.2 배당성향

배당성향(payout ratio)은 당기순이익에 대한 현금배당액의 비율로 기업의 이익 중 재투자되지 않고 외부로 유출되는 비율이 얼마인지를 나타낸다. 만약 우선주가 발행되어 있는 경우에는 보통주식에 대한 배당금을 보통주주이익으로 나누어 계산한다. 배당성향의 계산식은 다음과 같다.

$$\text{배당성향} = \frac{\text{현금배당}}{\text{당기순이익}}$$

배당은 기업의 성과를 주주에게 나누어 주는 것을 말한다. 기업의 배당방법은 이익 중 일부를 현금으로 나누어 주는 방법과 주식으로 나누어 주는 방법이 있다.[13] 현금배당은 기업의 현금이 주주에게 지급되는 것으로 배당을 통하여 기업의 자산이 주주(기업 외부)에게 유출된다. 반면 주식배당은 주주에게 주식을 지급하는 것으로 기업의 입장에서는 이익잉여금이 자본금으로 전환되어 기업의 자금이 외부로 유출되지 않고 자본금의 형태로 재투자된다. 따라서 주식배당은 총자본의 변동이 없다.

현대자동차(주)와 동일산업에 속하는 기아자동차(주)의 2017년도에서 2019년도까지의 연도별 배당성향과 동일기간 동안의 자동차 제조업의 배당성향은 〈표 12-13〉과 같다.

〈표 12-13〉 연도별 배당성향(%)

	2017	2018	2019
현대자동차(주)	31.78	192.87	27.91
기아자동차(주)	30.76	90.08	29.13
자동차 제조업	32.12	154.19	30.72

현대자동차(주)와 기아자동차(주)의 배당성향은 2018년도를 제외하고 30% 내외이다. 2018년도에는 배당성향이 상대적으로 높은데, 이는 당기순이익이 낮은 결과로 보인다. 즉, 2018년도에 산업 전체적으로 성과(순이익)가 낮은 반면 배당은 크게 줄지 않아 배당성향이 높게 나타난 것으로 보인다. 그리고 현대자동차(주)의 2018년도의 배당성향이 100% 이상인 것은 당기의 이익뿐만 아니라 그 이전 연

13 배당에는 현금배당 및 주식배당 이외에 현물배당과 청산배당 등이 있다. 그런데 우리나라에서 현물배당이나 청산배당이 이루어지는 경우는 거의 없다. 따라서 여기에서는 논의를 단순화하기 위해 현금배당과 주식배당만을 설명한다.

도에 적립된 이익잉여금에서 배당이 이루어졌다는 것을 의미한다.

한편, 배당성향이 높다는 것은 당기순이익에서 배당금이 차지하는 비중이 크다는 것을 뜻한다. 배당성향이 높다고 해서 항상 좋은 것은 아니다. 이러한 기업에 대해 마땅한 투자처를 찾지 못하는 기업 또는 성장가능성이 낮은 기업으로 평가하는 분석가들이 있을 수 있다. 일반적으로 성장기업들은 그들의 이익을 재투자하기 때문에 배당성향이 낮은 편이다.

제 6 절 비율분석의 한계점

비율분석이 기업의 재무제표를 분석하는 데 유용한 방법임에는 틀림이 없다. 그러나 비율분석에도 한계점이 있다. 이는 주로 재무제표의 한계점과 관련이 많다.

첫째, 재무제표는 추정치를 내포하고 있다는 점이다. 재무제표 작성시에는 대손이나 내용연수, 잔존가치, 제품보증비용 등 추정치가 많이 사용된다. 만약 이들 추정치가 정확하지 않을 때에는 비율분석도 정확하지 않게 된다.

둘째, 재무제표의 여러 항목들이 취득원가를 기준으로 작성되어 있다는 점이다. 인플레이션인 경우 과거의 낮은 금액으로 표시된 금액이 기준치로 사용되는 경우 재무비율이 실제보다 높게(혹은 낮게) 계산되는 현상이 나타날 수 있다.

셋째, 대체적인 회계처리방법이 존재할 경우 기업간 혹은 동일 기업에서도 기간간에 서로 다른 회계처리방법을 사용함으로써 발생되는 문제점이다. 유형자산의 감가상각방법이나 재고자산의 원가흐름 가정에 대한 선택이나 서로 다른 회계기간에 회계처리방법의 변경 등으로 인하여 당기순이익이나 자산가액이 달리 보고될 수 있다. 이 경우 기업간 또는 기간간 재무비율을 비교하는 것이 어려울 수 있다. 그러므로 분석가들은 어떠한 방법을 적용했는가를 확인하고 다른 방법을 적용할 경우 어떻게 달라질 것인가를 고려해야 한다.

넷째, 산업의 다양화로 적절한 비교 상대를 찾기 어려운 경우가 많다. 각각의 기업은 서로 다른 특성을 가진 여러 분야에서 사업을 영위할 수 있다. 따라서 기업마다 고유의 특성이 있기 때문에 비교 기준이 되는 산업이나 기업을 선택하는 데 어려움이 있을 수 있다.

따라서 재무제표에 근거한 재무비율을 분석할 때 적절한 결론을 도출하기 위해서는 이와 관련된 종합적인 여러 요인들에 대한 추가 분석도 병행해야 하며, 질적인 정보도 고려해야 한다. 특히 재무제표의 주석사항이나 특기사항에는 중요한 정보가 많으므로 면밀히 검토해야 한다. 그리하여 획일적인 잣대로 재무비율을 선택, 판단하지 않도록 주의해야 하며, 산업의 특성과 기업의 경영전략 등 상황을 고려한 세심한 분석이 중요하다고 할 수 있다.

생각해 볼 문제

(1) 비율분석의 개념체계를 기업경영활동의 분류와 연결하여 설명해 보시오.

(2) 재무비율을 특성에 따라 구분해 보고 각 구분에 속하는 비율들을 설명해 보시오.

(3) 재무위험 분석비율은 무엇을 평가하기 위한 것인지 설명하고 그에 포함되는 대표적인 비율들을 설명해 보시오.

(4) 수익성 분석비율에는 어떠한 것들이 있는지 설명하시오.

(5) 활동성 비율은 무엇을 평가하기 위한 것인지 설명하고 그에 포함되는 비율들을 어떻게 활용할 것인지 논의해 보시오.

(6) 재무위험 분석비율과 수익성 분석비율 그리고 기타 비율들의 분석결과들이 서로 상충될 경우 이 비율들을 어떻게 활용할 것인지 논의해 보시오.

(7) 재무비율분석의 한계를 설명해 보시오.

찾아보기

[ㅈ]

■ 저자약력

반선섭 연세대학교 경영학박사(회계학 전공)
강릉원주대학교 총장

박창래 연세대학교 경영학박사(회계학 전공)
강릉원주대학교 회계학과 교수

여은정 연세대학교 경영학박사(회계학 전공)
강릉원주대학교 회계학과 교수

김태완 서울시립대학교 세무학박사(세법 전공)
강릉원주대학교 회계학과 교수, 세무사

이다솜 서강대학교 경영학박사(회계학 전공)
강릉원주대학교 회계학과 조교수

회계의 이해

2020년 12월 10일 제 1 판 1쇄 인쇄
2020년 12월 15일 제 1 판 1쇄 발행

저 자 반선섭 · 박창래 · 여은정 · 김태완 · 이다솜
발 행 인 권 영 섭
발 행 처 (주)**신 영 사**

(주)신영사

경기도 파주시 심학산로 12(출판문화단지)
등 록 : 1988. 5. 2 / 제406-1988-000020호
전 화 : 031-946-2894(代)
F A X : 031-946-0799
e - mail : sys28945@naver.com
홈페이지 : http://www.shinyoungsa.co.kr

정가 15,000원 ISBN 978-89-5501-740-3